U0578823

上海社会科学院 区域国别高等研究院
ADVANCED INSTITUTE OF AREA STUDIES, SASS

世界发展研究丛书

总主编 / 朱国宏
副总主编 / 王健　程福财

走过"默克尔时代"

德国对外关系的理论与实践

彭桀 著

Through Merkel's Era

Theory and Practice
of German Foreign Relations

社会科学文献出版社
SOCIAL SCIENCES ACADEMIC PRESS (CHINA)

总　序

当前，世界秩序正经历新一轮大变革大调整，大国战略博弈全面加剧，人类文明发展面临新机遇、新挑战。基于对世界形势的敏锐洞察和深刻分析，以习近平同志为核心的党中央作出了"当今世界正处于百年未有之大变局"的重大论断。深刻认识这一"变局"的丰富内涵，充分了解世界主要国家和地区正在发生的变化，牢牢把握"变局"给人类文明进步和中华民族伟大复兴带来的影响，是我国不断开拓发展空间、实现"第二个百年"奋斗目标的紧迫要求。

随着国家综合实力不断增强，我国与欧美、东南亚、中亚、非洲、拉美等地区的交流合作不断加深，相互依存度持续提升。另外，美西方近年来推进的对华"脱钩""断链"等战略打压遏制政策，给我国的对外开放造成许多新的困难与不确定性。因此，我们迫切需要更加完整准确地理解世界，迫切需要加大对世界其他国家和地区，特别是主要国家和重要区域的研究。

从现实的情况看，我国对其他国家和地区的研究都不够深入系统，缺乏专门的力量。长期以来，我们专注于国内问题研究，对国内政治经济社会文化发展的国际背景缺乏深入系统的经验研究。这与我国不断发展壮大的国家综合实力与不断拓展的国际影响力不相适应。从国际经验看，美国对世界其他国家和地区研究的进程，与美国不断发展壮大并保持世界强国的状况始终高度一致。从 20 世纪初开始，一大批美国人类学家、历史学家、经济学家等开始对中国、日本、俄罗斯等国和东南亚、非洲等地区进行了深入研究，出版了一批富有影响力的研究著作与报告，为美国外交战略的制定与实践提供了重要参考。和美国相比,我国的国别与区域研究明显滞后,亟待发展、壮大。

2022 年 9 月,国务院学位委员会、教育部印发《研究生教育学科专业目录(2022 年)》和《研究生教育学科专业目录管理办法》,将"区域国别学"正式设立为交叉学科门类下的一级学科,推动了我国区域国别研究的发展。同年 12 月,为充分发挥学科门类齐全、跨学科特征显著、区域国别研究基础较好的优势,上海社会科学院建立了区域国别高等研究院,以强化我院对世界其他国家和地区的系统研究。该研究院为我院学科发展与智库建设创新发展的跨学科研究平台,以对世界特定国家和地区的专题研究为中心,积极服务我院学科发展与国家高端智库建设。

上海社会科学院区域国别高等研究院以下属特定国别与区域研究中心为主体力量,对特定国家和地区进行跨学科研究,力图充分解析这些国家和地区政治、经济、社会、文化等多方面或特定方面的发展现状、趋向与逻辑。我们尝试从不同的学科出发,透过对相关国家和地区的特定议题的专项研究,尝试完整理解这些国家和地区的整体发展脉络、特点与趋向。这显然是一项富有挑战性的系统工程。当前,我国的区域国别研究本身还面临学科理论范式有待发展,学科研究方法有待创新,学科融合发展路径有待探索等一系列问题。学界同仁对其学科属性、发展目标与路径的认识尚缺乏统一的认识。在技术层面,对世界其他国家和区域的研究,往往需要更多的资源和投入,开展实证调查研究的难度较大。这些是区域国别研究无可回避、必须克服的难题。不过,惟其如此,才更有系统地组织推动的必要。

呈现在读者面前的这套丛书,正是上海社会科学院区域国别研究团队,特别是一批青年科研人员专心研究的成果。他们尝试以系统科学的论据,揭示相关国家和地区发展的脉络与逻辑。我们期待以此与学界同仁、读者加强交流切磋,共同推动我国区域国别研究的深入进行。

朱国宏

上海社会科学院区域国别高等研究院院长

2023 年 10 月 29 日

下篇　德国对外关系的实践议程

导　言

　　德累斯顿上空的炸弹和空中的《玫瑰骑士》打造了一种令人不安的形象，在我看来，这种形象似乎表明，战争与文化、教育与毁灭、政治与诗歌、精神与暴力的紧密结合已经成为构建德国精神的一部分。

——沃尔夫·勒佩尼斯（Wolf Lepenies）[1]

　　正如勒佩尼斯所言，德国是一个具有双重性格的国家，这既定下了德国在对外关系中的主基调，也决定了德国的政治前途。政治前途问题也称为民族问题（national question），这一政治领域的术语最早盛行于19世纪的欧洲，主要涉及欧洲近代大变局下的统一、分裂、瓜分、割据、图存、灭亡等攸关国家、民族生与死的大命题，[2] 如犹太人问题、爱尔兰问题、亚美尼亚问题等。学界对德国政治前途的研究同样由来已久，这类研究自然被称作"德国问题（Deutsche Frage）"[3] 研究。"德国问题"是自1848年革命后长期存在的政治前途问题，牵涉几乎所有欧洲大国的利益。在此后长达一个半世纪的时间里，与"德国统一还是分裂"相关的论辩给欧洲人带来了长期的困扰。德国这只"帝国黑鹰"，是悬在欧洲人心头的达摩

---

① 〔德〕勒佩尼斯：《德国历史中的文化诱惑》，刘春芳、高新华译，译林出版社，2010，第 3 页。

② Mikulas Teich & Roy Porter, eds. , *The National Question in Europe in Historical Context*, Cambridge：Cambridge University Press, 2009.

③ Dieter Blumenwitz, *Denk ich an Deutschland: Antworten auf die Deutsche Frage*, München：Bayerische Landeszentrale für politische Bildungsarbeit, 1989.

克利斯之剑。这柄剑曾刺得欧洲体无完肤，又被大国联手封印。二战结束后，德国以崭新的姿态迎接世人的检阅，"德国问题"似乎已消弭在新生的和平主义信仰中。然而两德的统一又再度催生欧洲人的疑虑，也同时扰动着世界的神经。不断有人提及，对德国每一步对外行动的意图都需要加以警惕。

从历史与现实来看，"德国问题"一直是困扰欧洲的关键问题。美国前国务卿亨利·基辛格（Henry Kissinger）认为，"至少已有三个世纪，德国的安排一直是欧洲稳定的关键"，"德国似乎不是引起它的邻国对它抱有野心，就是威胁到它的邻国的安全"。① 法国著名学者皮埃尔·哈斯纳（Pierre Hassner）也发出相似的疑问："什么样的德国将融入怎样的欧洲，以至于对欧洲来说它不是太强也不是太弱？"② 戴维·卡莱欧（David Calleo）说道："在国际上，一个统一的德国对任何稳定的欧洲秩序来说，总是太大、太有活力了。不可避免地，这样的德国威胁到它的邻国的政治独立和经济福利。反过来，德国有活力的扩张经常被认为来自德国的内部驱动——政治结构、经济、文化和社会体系在 19 世纪和 20 世纪的发展。"③ 因此，"德国问题"是关于德国在欧洲的定位的问题，一旦德国的相对位置得以确定，邻国就能明确与德国的关系及互动模式。

于是几百年来，德国人曾经有过的国家形式从来都不是由他们自己独立决定的，而是由他们和邻国共同决定的。④ 在俾斯麦统一德国以前，德国四分五裂。英国、法国、西班牙等近代民族国家很早之前就建立了政治上的中央集权，经济上也已开始走上资本主义道路，但德国却一直处于内部厮杀和分裂的状态。位于欧洲十字路口，作为欧洲国家交往的必经之地，德国自然成为大国眼中的一根刺。在欧洲大国将殖民的触角伸向全球的时候，德国仍然是一个政治分裂、经济落后、充满"诗人和思想家"的国家。而这并没能让欧洲大国放松警惕，大国们清楚地察觉到，一旦德国挣脱内部纷乱的枷锁，德国的发展壮大"似乎要同时威胁到几个大

① 〔美〕亨利·基辛格：《选择的必要：美国外交政策的前景》，国际关系研究所编译室译，商务印书馆，1972，第 159 页。
② 转引自 Jonathan Story, ed. , *The New Europe: Politics, Government, Economy since 1945*, Oxford: Blackwell Publishers, 1993, p. 165。
③ David P. Calleo, *The German Problem Reconsidered: Germany and the World Order, 1870 to the Present*, New York: Cambridge University Press, 1978, p. 1.
④ 晓可：《试论欧洲传统的德国问题》，《国际政治研究》1991 年第 4 期，第 61 页。

国"①。甚至有学者认为，"德国在中欧的地理位置不仅是德国人的负担，而且还是持续的欧洲问题，它使欧洲各国产生了压力与反压力，以及希望、威胁、焦虑、冲突、战争"②。直到普鲁士领导德意志统一，顺利搭上了第二次工业革命的快车，德国才终于开启了资本主义的新发展，这也使其迅速成为欧洲大陆最强大的国家。但德国始终是个异类，它的图腾是如此模糊不清，以至于后世百年，德国最主要的任务都是寻找自我。

从 19 世纪后叶开始，欧洲大国的力量对比和国际关系格局发生了翻天覆地的变化。在 1890 年以后的半个多世纪里，德国成为多次世界政治大地震的震中。③ 两次世界大战及冷战对峙时期，"德国问题"都不出意外地成为关键。詹姆斯·雷塔拉克（James Retallack）认为，德国统一后的历史偏离了西欧国家正常的通往自由民主的道路，德国的野蛮行径与其丰富的思想哲学实际上是不相称的。④ 然而我们也看到，二战后的德国在对外行为上一直想努力摆脱"德国问题"的束缚，它变得和平、规矩，与先前穷兵黩武的形象大不相同。今天的德国已经被世人所接纳，甚至连年被评选入最受欢迎的国家之列，德式的严谨、内敛、刻苦已为人所津津乐道。这无疑是德国在对外关系中苦心经营多年的结果，但德国好像还没有打破双重性格的魔咒。德国的总理们是伟大的，二战后的德国在重大的对外决策上几乎没做错任何一道选择题，德国因此而成为国际社会的优等生。然而，当历史进入 21 世纪的第三个十年，当默克尔离开德国的政治舞台，留给继任者的不光是德意志民族的荣耀，还有巨大的责任。德国总理们的荣耀与责任都不亚于旧时神圣罗马帝国的掌权者，他们的远见注定影响着国家的前途和命运。

2021 年岁末，奥拉夫·朔尔茨（Olaf Scholz）领导的社民党胜利了，社民党、绿党与自民党组成"交通灯联盟"，德国里程碑式地出现三党内阁。其关注社会公平、气候变化、数字变革，誓将德国变得更好。德国的

---

① 丁建弘：《俾斯麦统一德国的前提与后果》，载中国德国史研究会《德国史论文集》，三联书店，1981，第 49、57 页。

② Reneta Fritsch-Bournazel, *Confronting the German Questions: Germans on the East-West Divide*, Oxford: Berg Publishers, 1988, p.77.

③ 〔美〕保罗·肯尼迪：《大国的兴衰——1500 年到 2000 年的经济变化和军事冲突》，梁于华等译，世界知识出版社，1990，第 220~221 页。

④ 〔英〕詹姆斯·雷塔拉克：《威廉二世时代的德国》，王莹、方长明译，北京大学出版社，2013。

外交新路也即将由三党的代表色"红、绿、黄"所铺就。但它们由于观念差异，也存在政策分歧。过往的经验告诉我们，内部立场不一致，往往就会引发外部关系的动荡。德国的领导者应该明了，只有内外互相成就，一个国家才能够延续生命力。

　　本书将对当代德国的对外关系进行介绍与分析，在反思历史的基础上观察今天及未来的德国，特别是研究当前德国对外关系中的那些难题。本书总共分为两部分，各有三章。第一部分为德国对外关系的理论议程，涉及德国对外行为的理论解读、德国对外关系的历史回溯，以及德国对外政策的框架设计；第二部分为德国对外关系的实践议程，包括德国在欧洲一体化中发挥的作用，德国与美、俄、中这三强的关系，以及全球层面的德国当代对外战略。从"默克尔时代"到"后默克尔时代"，仅仅一字之别，但却是德国国家复兴路上的一个台阶。

　　问题只在于，台阶是向上，还是向下呢？

上 篇

德国对外关系的理论议程

第一章
探本溯源——国家对外行为的解读路径

一个大国唯一健全的基础，这一点正是它大大地有别于小国的，就是国家利己主义，而不是浪漫主义。为一个不符合自己利益的事业去打仗，对一个大国来说是不相称的。

——奥托·冯·俾斯麦（Otto von Bismarck）

在开始本书的讨论之前，我们需要对外交和对外关系进行概念辨析。很多人认为外交就是对外关系，这实际上是错误的。相比于对外政策、对外行为或对外关系，外交（diplomacy）是狭窄的。英国学者戈尔－布思（Lord Gore-Booth）认为："外交是指以和平手段处理国与国之间的事务。"哈罗德·尼科尔森（Harold Nicolson）认为："外交就是用谈判的方式来处理国际关系，它是外交官的业务或技术，是大使和使节用来调整和处理国际关系的方法。"[①] 而国家的对外关系不仅包括谈判等和平的手段，也涉及合作、援助，甚至还包括战争、冲突、竞争、威慑等若干可能带来负面结果的形式。因此，外交显然不能等同于对外关系，但外交又是国家对外关系中重要的一类行为。直白地讲，本书将立足于更大的范畴，讨论"≥德国外交"的德国对外行为[②]。在国际关系研究中，解读国家对外行为的理

---

① 转引自蔡翠红、戴丽婷《第四次工业革命与外交变革探究》，《国际政治科学》2021年第2期，第122~151页。

② 对外行为也叫"对外政策行为（Foreign Policy Behavior）"，一般由对外政策驱动。本书为行文方便，在书写中将之简化为对外行为、对外行动，它们大体上是相同的概念。

论方法多样，本章介绍三种较常见的解读路径，并尝试初步分析不同理论视域下的德国对外关系，使读者对国际关系有一个初步的概念轮廓。

第一，理性主义国际关系理论将国家考虑为"理性人"，即理性且自私的行为体，其在对外关系中为自己谋求最大利益。这源自亚当·斯密（Adam Smith）自由资本主义中有关"经济人"的概念。所谓"经济人"，是指精于计算、有创造性、能寻求自身利益最大化的人。[1] 国家是理性的、利己的行为体——这是国际关系理论中以肯尼斯·华尔兹（Kenneth Waltz）为代表的结构现实主义和以罗伯特·基欧汉（Robert Keohane）为代表的新自由制度主义对国家的基本假定，也是在理性主义国际关系理论中被广泛接受的观点。我们也可以通过将集体视为理性的个人来考察诸如国家之类的集体的行为。[2] 采用理性主义的逻辑来理解国家的对外行为，这是国际关系研究中最常见的形式。

第二，对外行为受到观念因素的影响。由于人的认知能力是有限的，或信息不充分、外部压力等，个体的行为决策常常并非理性的，最常见的如国家的报复行为。因此，一些学者对国际关系的理性假定进行批评，并另辟蹊径地挖掘国家对外行为的新根源。例如，美国经济学家赫伯特·西蒙（Herbert Simon）的"有限理性"（bounded rationality）概念就影响较广，因为其更精确地揭示了人类行为。[3]"有限理性"承认国家只追求满意标准，而非最优标准，因此"有限理性"模型也叫"最满意模型"，认为行为体处在完全的理性和完全的非理性之间的有限状态。从这个逻辑来看，我们必须考虑行为体的认知限制、动机限制及其相互影响的限制，对外关系是包括观念在内的种种内部因素的外在表达。[4]

第三，国家对外行为还潜在地取决于一种历史文化因素。当前，学者虽越来越普遍地采取经验性方法对历史文化进行研究，但其在将实证科学奉为圭臬的美国学界仍并非主流，在重视哲学、历史、法学等规范主义的

---

[1] 张宇燕、李增刚：《国际经济政治学》，上海人民出版社，2008，第40页。

[2] Annette Freyberg-Inan, *What Moves Man: The Realist Theory of International Relations and Its Judgment of Human Nature*, New York: State University of New York Press, 2004, p. 80.

[3] 〔美〕赫伯特·西蒙：《现代决策理论的基石》，杨砾、徐立译，北京经济学院出版社，1989，第45页。

[4] 当然，国际关系的观念文化论，如建构主义，也并不排斥理性，甚至依赖于理性，这一流派的理论家们只是提出理性外的一些可能。本部分则借用"有限理性"作为一个易于理解的框架。

欧洲则相对有更大的市场。文化决定论（cultural determinism）倾向于认定，民族存在一种先天的文化基因，这种基因决定了民族国家的价值观念、思维逻辑与行为方式。这种文化基因是在千百年的历史长河中逐渐形成并固定下来的。例如，罗纳德·英格尔哈特（Ronald Inglehart）等学者发现，西方世界内部在价值取向上虽有较高的一致性（相对于其他地区而言），但在"世俗—理性价值"或"传统价值"上各国有不同的趋向。[1]换言之，即便是同属西方世界的国家，其对外行为也因文化基因而有差异。将行为归因于文化——虽然有人批判这一论点属于先验论的范畴，但他们也多认可文化对塑造行为的重要性，只是否定文化的决定性。

第一节 最大化原则：基于理性主义的观察

在国际问题研究乃至当前的社会科学研究中，理性主义一直被认为是主导的研究方式和逻辑视角。在国际关系理论中，基欧汉将主流的经典现实主义（Classical Realism）、新现实主义（Neo-Realism）和新自由制度主义（Neo-Liberalism）统称为理性主义（Rationalism）。[2]基于这些范式的对外行为一般通过理性路径进行解释。

一 理性主义的范式逻辑

现实主义通常被认为是国际关系学科中占主导地位的理论，在各种国际关系理论中的影响最大。[3]蒂莫西·邓恩（Timothy Dunne）将现实主义的核心要素归纳为三个S，即国家主义（Statism）、生存（Survival）、自助（Self-help）。[4]经典现实主义的集大成者汉斯·摩根索（Hans Morgenthau）奠定了现实主义流派的范式基础，现实主义六原则更是其思想的核心架构。现实主义六原则包括：（1）政治如一般社会那样，受根植于人类本性

① Ronald Inglehart & Christian Welzel, "Changing Mass Priorities: The Link between Modernization and Democracy," *Perspectives on Politics*, Vol. 8, No. 2, 2010, p. 554.
② Robert O. Keohane, *International Institutions and State Power: Essays in International Relations Theory*, Boulder: Westview Press, 1989, p. 160.
③ Jennifer Sterling-Folker, ed., *Making Sense of International Relations Theory*, London: Lynne Rienner Publishers, 2006, p. 13.
④ 转引自 John Baylis & Steve Smith, eds., *The Globalization of World Politics*, Oxford: Oxford University Press, 1998, p. 110。

的客观规律支配；（2）用权力界定利益，这是现实主义国际政治的主要标志；（3）权力界定利益是普遍适用的客观概念，但利益的内容也要视制定对外政策时所处的政治和文化环境而定；（4）虽然政治行为具有道德意义，但不应把个人道德同国家道德混为一谈，生存是民族国家的首要职责；（5）现实主义拒绝把特定国家的道义愿望与普遍适用的道义法则等同起来；（6）现实主义强调政治学的独立性，坚持权力界定利益为其核心标准。在摩根索看来，所有的国际政治问题都是权力问题，权力是国家对外行为的决定性因素，它既是手段，又是目的。国家的对外行为是为了权力均势，其借此维护自身的安全和国际体系的稳定。① 现实主义形成于20世纪20~30年代，到50~60年代在国际关系研究领域占据统治地位，至今也拥有长盛不衰的生命力。

新现实主义起源于20世纪70年代末，是在对经典现实主义的批判中兴起的，也被称为"结构现实主义"。该理论认为经典现实主义从国家层面解释国际关系，试图从个体层面解释整体，是种还原论（Reduction-ism），而不是系统理论。因为国家与国家之间存在差异，如并非所有国家都无限追求权力最大化，经典现实主义并不能科学地解释一些国家的对外行为。新现实主义不再探求国家内部的驱动力，而是从结构角度分析国际关系，认为国际权力分配（distribution of power）决定了国际关系与国家的对外政策。这种结构决定国家行为的逻辑根本上是由国际体系的无政府结构造成的。因此，虽然新现实主义范式的理论核心仍是权力，但华尔兹对经典现实主义的部分理论进行了修改，如将国际关系的第一推动力从人性改为国际体系的无政府性；国家首要考虑的战略目标是自身的生存和安全，并非无限制地获取权力；权力是种手段，并非国家对外行为的目的。其中，国家的最终目标是安全，而非权力——华尔兹称这是对经典现实主义最重要的修正。因此，新现实主义更加重视"无政府状态"、"自助"与"权力平衡"。②

新自由制度主义是在对结构现实主义的挑战中发展起来的，这一理论始于研究国际政治经济领域的国际机制。其中，对现实主义理论最重要的

① 转引自 Cynthia Weber, *International Relations Theory: A Critical Introduction*, London: Routledge, 2001, p. 15。
② Kenneth Waltz, "Structural Realism after the Cold War," *International Security*, Vol. 25, No. 1, 2000, p. 5.

批判就是否定了"冲突"是国际关系的实质，强调"合作"。新自由制度主义继承了现实主义的三大命题，即"无政府状态""具有单一性和理性的民族国家是国际关系的基本行为体""国家是自私的"。但该理论却从中得到了诸多有悖于现实主义的推论，如"无政府状态并非国际冲突的充要条件"[①]；"国家是单一且理性的，因此需要国际秩序，需要合理解决冲突，考虑以最小代价获取最大利益"[②]；"国家是自私的，其利益处于对外关系的首位，但自私的行为体之间不一定只有冲突，也有为了利益而进行的合作。在无政府国际社会的有序状态下，国家之间的合作才是国际关系的实质"[③]。国家间的经济联系，更是被新自由制度主义者看作维持国际秩序的基础，因此这一理论也被叫作"经济跨国主义"或"复合相互依存"。伴随着经济的全球化与一体化以及各国经济利益的日益融合，国家间的相互联系和相互依存会越来越普遍、越来越深刻，这种日益发展的相互依存，将会深刻地改变国际关系的性质。[④] 对于包括经济利益在内的诸多利益，单个国家已经难以独自追求，复杂的相互依赖已经成为对当前国际关系的基本描述。

二　理性主义范式对德国对外行为的解读

理性主义对国家对外行为的考虑，综合起来是建立在"权力"、"安全"和"利益（特别是经济利益）"三个理性主义国际关系流派的"关键词"的基础之上的。德国与其他国家的积极或消极的互动、德国对欧洲一体化的参与和推进、德国与国际机制的融合与协作等，都能从这三个方面找到解释。

（一）权力地位视角

基于国际政治的现实，摩根索对权力的阐述十分直接，他认为国际政治像一切政治一样，是追逐权力的斗争。无论国际政治的终极目标是什

①　Robert Axelrod & Robert O. Keohane, "Achieving Cooperation under Anarchy: Strategies and Institutions," *World Politics*, Vol. 38, No. 1, 1985, pp. 226 – 259.

②　Robert O. Keohane, "Institutional Theory and the Realist Challenge after the Cold War," in David A. Baldwin, ed., *Neorealism and Neoliberalism: The Contemporary Debate*, New York: Columbia University Press, 1993, pp. 269 – 300.

③　Kenneth A. Oye, "Explaining Cooperation under Anarchy: Hypotheses and Strategies," *World Politics*, Vol. 38, No. 1, 1985, pp. 1 – 24.

④　李少军：《国际政治学概论》，上海人民出版社，2002，第49页。

么，权力总是国家的直接目标。① 德国思想家马克斯·韦伯（Max Weber）从社会学角度出发，认为权力是把一个人的意志强加于其他人的行为之上的能力。② 韦伯曾言：德国参加第一次世界大战，沉迷于这场权力的灾难，不是出于虚荣，而是出于对世界历史的负责任的态度，因为德国，作为一个居于世界强权之间的、拥有七千万人口的民族，必须成为一个"强权国家"，要拥有对"地球之未来"的发言权，因为德国有责任对"地球之文化形成做出解释"，在"盎格鲁萨克森惯例"和"俄罗斯官僚主义"之外做出另一套独特的解释。③ 很多德国知识分子认为"权力征伐即天然义务"。韦伯无疑是一个热诚的自由主义者，但也是坚定的民族主义者和帝国主义者。这是一种典型的德国式悖论。德国无论怎么做，似乎都难逃权力论的解释逻辑，并且将自己的行为动机包装成"德国对人类未来的责任"。

这种基于人类未来的德国权力观，肯定是难以被其他国家所接受的。一旦接受这种权力观，无异于接受了德国有权力主宰他国的命运这一观点。这种权力的解读在卡尔·施米特（Carl Schmitt）等学者的思想中都能够寻得踪迹。我们或许可以指出其中的一个根源——它应该与马丁·路德（Martin Luther）宗教改革中的"天职（Beruf）"思想一脉相承。天职观对人们的职业活动赋予神圣性和崇高性。就国家行为而言，天职观一方面对德国对外行动赋予了最高形式的道德意义，这是其好的一面；另一方面，又不可避免地认为德国有义务领导人类的共同命运，将国家行为"宗教化"，甚至极端化。对德国而言，其对外行为的目的无外乎为自己确立在欧洲和全球的权力地位。人们因此会做出如下解读：德国的对外援助从根本上讲是利己的，德国的对外经济行为是为了成为贸易霸主，德国的对外战略是为了追求政治大国的地位，等等。二战后，德国实现了从战败国到全球大国的飞跃，这一飞跃显然已经印证了权力论者的观点，使支持的一派感到满意。

---

① Hans Morgenthau, *Politics among Nations*, New York: Alfred A. Knopf, 1978, p. 29.
② 〔德〕马克斯·韦伯：《论经济与社会中的法律》，张乃根译，中国大百科全书出版社，1998，第 323 页。
③ 辛薾：《融入欧洲——二战后德国社会的转向》，上海社会科学院出版社，2005，第 68 页。

（二）安全生存视角

拿破仑（Napoléon Bonaparte）曾说过，一个国家的政策取决于其地理。[①] 地理位置塑造了德国的对外行为。在欧洲的历史与现实中，德国始终处于大陆腹地的中心。德国东邻波兰、捷克，南接奥地利和瑞士，西与荷兰、比利时、卢森堡和法国为邻，北与丹麦接壤并临北海和波罗的海，与北欧国家隔海相望。[②] 这样复杂的地理位置使德国天然具有不安全感与不确定性。因此，从安全角度去解释对外行为，在一定程度上也是种心理感知的结果。当然，它必然还是以理性判断为基础的。安全需求在亚伯拉罕·马斯洛（Abraham H. Maslow）的需求层次中居第二位，仅高于起居饮食等基本的生存需要，包括自身安全、财产安全和政治安全等。安全是国家安身立命的基础之一，是满足获得权力、尊严等高阶需求的先决条件。"人几乎总是在希望着什么，这是贯穿他整个一生的特点。"[③] 一方面，某些不当的对外行为可能会带来安全感的缺失，因此需要另一种适当的对外行为来填补安全感的空缺；另一方面，不断获取安全感本来就是一种国家本性和国家首要战略目标，追求安全的过程时刻都在上演。这是丛林法则、弱肉强食下的必然逻辑。

如果说德国的对外行为的动机是谋求安全，那么这一论点一定颇有说服力。安全因素在德国对外关系的历史上曾长期是核心的驱动力。德国历史上多次与邻国发生争端，导致安全危机。但是，在安全威胁的命题下，现实主义推导出战争，自由主义则推导出合作。起点相同，终点却大相径庭。战后德国百废待兴，需要选择一些化解安全危机的方式，而欧洲一体化这一战后德国最关键的外交选择的根本目的就是维护国家安全。前总理赫尔穆特·施密特（Helmut Schmidt）认为，德国由于 20 世纪上半叶的历史，以及它处于被异常多直接邻国包围的地理位置，从其战略利益角度考虑，比起法国更需要依靠一体化。[④] 而当前德国与美国的跨大西洋关系、与俄罗斯的博弈或合作等，在保障安全的意义上均能得到解释。签署多边

---

① Adrian Hyde-Price, *European Security in the Twenty-First Century: The Challenge of Multipolarity*, London: Routledge, 2007, p. 121.

② 顾俊礼：《德国（Germany）》，社会科学文献出版社，2007，第 225 页。

③ 〔美〕A. H. 马斯洛：《动机与人格》，许金声、程朝翔译，华夏出版社，1987，第 29 页。

④ 李世隆：《一体化的欧洲——德意志人的历史情怀》，载朱绍中主编《德国在扩大的欧盟中》，同济大学出版社，2006，第 483 页。

安全协定、高层领导互访、建立更紧密的经贸关系等,都能填补某些领域的安全真空,无论这种安全是地缘上的、政治上的,还是经济上的。

(三) 经济利益视角

经贸作为人类社会古老的互动关系,不仅是构建国际关系的重要形式,更是推动全球化发展的重要动力。1985 年,经济学家西奥多·莱维特(Theodore Levitt)首次提出全球化的概念,即商品、服务、资本和技术在世界性生产、消费和投资领域的扩散。[1] 全球化在当代的飞速发展是任何一个历史时期都无法比拟的。自 20 世纪 60 年代后期开始,国际经贸研究逐渐与国际政治研究衔接,人们逐渐发现,"所有的政治都是国内政治"[2],"所有的经济都是国际经济"[3]。一国为获得经济利益,将不可避免地深入参与国际活动,与他国交往。由此展开的种种对外行动将必然影响国家间关系。有部分学者认为全球化是由大国操控的,甚至将全球化现象解读为一种维持霸权统治的"帝国的事业"。[4] 查尔斯·金德尔伯格(Charles Kindleberger)就认为,霸权国家的出现会降低国际贸易的风险及交易成本,霸权国家的衰落会使贸易成本增加。[5] 因此国际成员有义务维持霸权国的地位。更多的自由主义学者则认为,国际自由贸易和全球化促进国家经济和全球福利。[6] 奥兰·扬(Oran Young)等制度主义者就从全球化中看到了多元主义的价值。基于经济等利益解释国家对外行为的新自由制度主义观点是当前的主流。

德国是一个高度依赖出口的工商业国家,千年以前德国就拥有"琥珀之路(Amber Road)"的多个重要贸易节点。琥珀贸易后来也带动了更多

---

① Theodore Levitt, "Globalization of Markets," *Harvard Business Review*, Vol. 61, No. 3, 1983, pp. 92 - 102.

② Thomas P. O'Neill & Gary Hymel, *All Politics is Local: And Other Rules of the Game*, New York: Time Books, 1993.

③ Peter F. Drucker, "Trade Lessons from the World Economy," *Foreign Affairs*, Vol. 73, No. 1, 1994, p. 99.

④ Noam Chomsky, *Hegemony or Survival: America's Quest for Global Dominance*, London: Penguin Books, 2003; Alex Callinicos, *Imperialism and Global Political Economy*, Cambridge: Polity, 2009.

⑤ Charles P. Kindleberger, *The World in Depression, 1929 - 1939*, Berkeley: University of California Press, 2013.

⑥ Anne O. Krueger, "Why Trade Liberalisation is Good for Growth," *The Economic Journals*, Vol. 108, No. 450, 1998, pp. 1513 - 1522.

品类、更大规模的货物交易。12 世纪以后，汉萨同盟、莱茵同盟等德意志城市之间的经济、政治联盟盛极一时，更是表明贸易对德国的重要意义。19 世纪末叶，通过经济自由竞争，德国成为新兴大国。① 德国大量输出资本，进入资本充裕国家的行列。② 经贸是德国的生存血脉，德国始终把获得经济利益视为国家对外行为的重要目的。当代德国积极推动的欧洲一体化，也是始于经济领域的。在全球范围内，德国的对外行为也主要是为了拓展商业利益。2019 年德国经济的外贸依赖度高达 70.8%，美国只有 19.7%，③ 这能够解释为什么相比于美国，德国不得不选择维持多边主义体系，因为德国已经如此深地嵌入国际体系。

第二节 集体有意识：观念建构的自我及其他

理性主义对国家行为体设下的基本假定是，国家是单一且利己的理性行为体，其身份和利益并不受国际社会所影响，而是单纯受内部因素的影响。但是国家往往也受到观念因素的影响，无论是"民主国家之间不打仗"还是"女性领导者治理下的国家更爱好和平"，这些论断无不体现观念的力量。国际关系的建构主义（Constructivism）理论则主张将国家放置在社会中来进行此类分析，将人的社会属性赋予国家。在国际关系中，国与国之间是一种"有意识"的意义联结。

一 观念主义的范式逻辑

20 世纪 90 年代以来，非主流国际关系理论流派如雨后春笋般涌现。国际关系建构主义理论流派的拓荒者亚历山大·温特（Alexander Wendt）认为，国际政治的社会性结构不仅影响行为体的行为，更重要的是建构行为体的身份和利益。④ 温特不排斥理性主义国际关系理论中的合理成分，如国家是理性行为体，国际社会处于无政府状态，国家所追求的对象是权

① William G. Hynes, *The Economics of Empire: Britain, Africa, and the New Imperialism, 1870 - 95*, London：Longman, 1979.
② Herbert Fels, *Europe, The World's Banker, 1870 - 1914: An Account of European Foreign Investment and the Conection of World Finance with Diplomacy before World War I*, New York：Norton, 1965, pp. 68 - 69.
③ 数据来源：世界银行数据库，https：//www.worldbank.org/en/home。
④ 李颖：《西方建构主义国际关系理论评介》，《国际政治研究》2001 年第 4 期，第 34 页。

力、安全和利益，国家是国际关系研究的主要的分析单位等，这些都是建构主义者所赞同的观点。但是，国际政治毕竟是复杂的现象，因此新现实主义理论没能对其进行充分解释。① 建构主义认为，理性主义在解释行为体行为时仅将"物质"作为唯一的原因，忽视了"观念"的力量。正如温特所言，"观念的作用是无所不在的"②。温特当然不反对"理性"，其逻辑过程正是基于理性推导的。而在他对国家对外行为的阐述中，还存在一种被理性包裹的观念成分。观念主义的逻辑起点是认可国家具有"人格化"特征。我们常说的"美国和苏联争夺世界霸权""英国在海外殖民地的利益"等，实际上就是将国家看成了社会中的人。这种话语和观念，不断地将国际社会建构为与人类社会相似的体系。温特直言不讳地指出："国家是真实的行为体，我们可以把意愿、信念、意图等人的性质合情合理地赋予国家。"③ 从逻辑来看，这一断言若成立，还需两个重要的立论基础。

第一，国家是一个整体，其内部的任何部分都不能代表国家，就像人的大脑单拿出就不能被称为人一样。温特的"本质国家（essential state）"，强调把国家一切附带的成分剥离开来，只观察所有时间范畴、空间范畴之内国家所共同具有的特征。比方说考虑精英与大众的区别，在这里便是毫无意义的。另外，个体主义者试图把国家还原为政府或者领袖，或在外交决策层面将政策的制定归为领导者或领导集团的职责，这种忽略"体系层次"的做法更是有可能将国际关系理论推向一个狭窄的空间，不符合科学行为主义兴起之后主导国际关系研究的系统结构论的发展趋势。试问，在遭遇"9·11"事件的美国，若当时执政的并非共和党人小布什（George Walker Bush），那么美国对外政策会不会同样关注反恐和中东？答案是肯定的，这与领导者个人或党派的风格关系不大，政策的制定是基于情境的分析结果，需要从体系层面把握和考虑。国际政治心理学也提出，"研究国际关系的心理维度是该学科研究不可或缺的一部分，尤其因为该学科受

---

① Alexander Wendt, "Constructing International Politics," *International Security*, Vol. 20, No. 1, 1995, pp. 71 – 81.

② 〔美〕亚历山大·温特：《国际政治的社会理论》（新一版），秦亚青译，上海人民出版社，2008，第97页。

③ 〔美〕亚历山大·温特：《国际政治的社会理论》（新一版），秦亚青译，上海人民出版社，2008，第196页。

限于情境论的解释"①。

国家是群体自我（group self），具有群体层面的认知能力。② 爱德华·卡尔（Edward Hallet Carr）认为："没有集体行为体的特征，日常国际关系研究就不可能具有意义。"③ 这表明，国家的集体特征是必须被考虑的。建构主义将国家放置在社会中考虑，把人的社会属性赋予国家。国家是施动者，因此具备三个核心特征：群体施动的"观念"，既可以使集体行动机制化又可以认可集体行动的决策机构，集体行动的物质基础。④ 最终，国家的内部结构使国家具有了群体施动的特征，使其具有人格，并在一定程度上影响对外政策的实践。温特从未否认个人在国家对外行为中发挥的作用，但若将国家对外行为还原为个人使然，这仍是不可能的。因为这种施动完全是因其成员之间的结构关系而得以存在的，但这些结构的作用是建构不可还原的意图性能力。⑤ 因此，"观念帝国"像是个协调良好的庞大机器。

从根本上讲，从观念向度解释国家对外行为，呼应了温特所提出的"弱式物质主义"：当人们的需求得到满足时，便产生了满足感；而当这些需求没有得到满足时，便产生了焦虑、恐惧等挫折感。⑥ 国家也一样，会有喜怒哀乐。

第二，国家不能脱离国际社会而存在，即便是最孤立的国家，其对外立场或行为也受到他国或群体关系亲疏冷热的影响。"身份认同（identity）"是建构主义的重要分析对象，这一概念源自社会心理学，用来解释人格结合机制，即人格与社会及文化之间怎样互动，从而维系人格的统一性和一贯性。⑦ 同时，它还具有某种身份特征的含义，被看作个体在社会中

---

① James Goldgeier, "Psychology and Security," *Security Studies*, Vol. 6, No. 4, 1997, pp. 137 – 166.

② Heinz Kohut, "Creativeness, Charisma, Group Psychology," in Heinz Kohut, *Self Psychology and the Humanities: Reflections on a New Psychoanalytic Approach*, New York: Norton, 1986, pp. 171 – 211.

③ Edward Hallett Carr, *The Twenty Years' Crisis, 1919 – 1939*, New York: Harper Torchbooks, 1939, pp. 147 – 149.

④ Barry Buzan, *People, States, and Fear*, 2nd ed., Boulder: Lynne Rienner, 1991, pp. 65 – 66.

⑤ 〔美〕亚历山大·温特：《国际政治的社会理论》（新一版），秦亚青译，上海人民出版社，2008，第 217 页。

⑥ 〔美〕亚历山大·温特：《国际政治的社会理论》（新一版），秦亚青译，上海人民出版社，2008，第 129 页。

⑦ 沙莲香主编《社会心理学》（第二版），中国人民大学出版社，2006，第 44 页。

的位置及地位的标识。① 身份认同是个体对自己归属于哪个群体的认知，是自我概念中极其重要的一个方面。② 身份认同无疑具有社会属性，社会赋予每个个体身份的意义，而认同需要在社会中逐渐建构和完善起来。社会认同理论（social identity theory）试图解释个体和群体行为，认为在群体情境中，当人的群体身份凸显时，人的行为动机更多取决于群体成员的身份，而非个体身份。③ 因此，社会认同使个体认识到自己所在群体的成员所具备的资格，以及这种资格在价值上和情感上的重要性。④ 社会认同需要建构在互动关系中，特别是要考虑群体的区分，这种区分强化了个人观念中对与自己相同或类似的那部分人的认同，以及强调对具有不同特征的另一部分群体的差别意识。

威廉·萨姆纳（William Graham Sumner）根据人们对群体的态度及立场，将群体划分为内群（in-group）和外群（out-group）。⑤ 社会认同通过社会分类（social categorization）、社会比较（social comparison）以及积极区分（positive distinctiveness）建立起来。⑥ 内群成员对群体表现积极，表现出认同、忠诚等；内群与外群往往是对立的，内群成员对外群成员有敌意，难以产生身份的同一性。内群成员对所属群体的积极情绪与亲密观念，源于内群对成员需求的满足以及群体对成员的重视程度高等，而内群与外群的对立也能够加强内群的认同和团结。⑦ 社会认同理论认为，个体通过社会分类，对自己的群体产生认同，并产生内群偏好和外群偏见；个体通过维持积极的社会认同来提升自我价值，特别是通过内群与外群的不断比较，强化内群优于外群的意识。⑧

---

① 张淑华、李海莹、刘芳：《身份认同研究综述》，《心理研究》2012 年第 1 期，第 21 页。

② Kay Deaux，"Reconstructing Social Identity," *Personality and Social Psychology Bulletin*, Vol. 19, No. 1, 1993, pp. 4 – 12.

③ 王沛、贺雯主编《社会认知心理学》，北京师范大学出版社，2015，第 341 页。

④ Henri Tajfel, ed., *Differentiation between Social Groups: Studies in the Social Psychology of Intergroup Relations*, London: Academic Press, 1978.

⑤ William G. Sumner, *Folkways: A Study of Mores, Manners, Customs and Morals*, Boston: Ginn and Company, 1906, pp. 12 – 15.

⑥ Henri Tajfel, "Social Psychology of Intergroup Relations," *Annual Review of Psychology*, Vol. 33, No. 1, 1982, pp. 1 – 39.

⑦ 尹继武：《国际政治心理学的知识谱系》，《世界经济与政治》2011 年第 4 期，第 64 页。

⑧ Henri Tajfel, "Experiments in Ingroup Discrimination," *Scientific American*, Vol. 233, No. 5, 1970, p. 223.

在温特的建构主义国际关系理论视域下，他也借鉴了认同研究的诸多理念，认为行为体个体化的内在本质，是区别于他者的根本特征。行为体在社会中看待他者时赋予自己某种特定身份，在一定的环境中理解自己的社会角色结构。① 最终，基于"移情联系"，行为体和他者建立了积极认同关系，将他者看作自我的延伸，最终便出现了"集体认同"。它依赖于类属身份，因为集体身份涉及共有特征。② 集体认同的目的是把自我和他者合成为同一种身份。③ 温特指出，"身份认同决定利益"，追求各类利益的国家的对外行为是观念的结果。特别是共有观念（shared ideas），它是建构主义视域下人际关系的重要结构。

二 观念主义范式对德国对外行为的解读

正是因为百年来欧洲各语言族群（ethno-linguistic groups）之间的各种纷争不断，甚至导致了 20 世纪的两次世界大战，民族国家的"社会认同观"起源于欧洲。二战结束后，社会认同在反思历史中应运而生，故而产生了"欧洲一体化"这一人类历史上最伟大的民族国家联合的政治创举。沿着建构主义的链条，即行为体观念变化→相互联系的意识或共有知识（shared knowledge）和利益的变化→结构、权力政治、国际制度变化，我们便可以解读德国二战结束后的对外政策。

战后联邦德国④的外交处于一种"被渗透"的系统中，对外政策受外界干预或摆布，不断被动地发生变化，德国的外交并不是自主的。战后德国面临巨大的重建压力，且面对始终意图报复的欧洲邻国，因而只能坚定地站在西方阵营，成为对抗东方国家的前哨，只有这样它才能维持生存。一方面，由于资本主义与共产主义的意识形态对抗，德国的对外关系囿于这一观念对立的情境中；另一方面，由反思战争带来的和平主义理念使德国倾向于同周边国家和解，特别是以欧洲一体化的形式加速形成群体认同。同时，德国与西欧国家存在历史、宗教等文化上的共同根源，这些都

---

① Alexander Wendt, "Collective Identity Formation and the International State," *American Political Science Review*, Vol. 88, No. 2, 1994, pp. 384 – 396.

② 〔美〕亚历山大·温特：《国际政治的社会理论》（新一版），秦亚青译，上海人民出版社，2008，第 224 页。

③ Sandra Lancaster & Margaret Foddy, "Self-extensions: A Conceptualization," *Journal for the Theory of Social Behavior*, Vol. 18, No. 1, 1998, pp. 77 – 94.

④ 除非强调东西德的历史互动，本书均将联邦德国简称为"德国"。

是加速德国融入西方的重要条件。有学者指出，西欧一体化和大西洋组织的建立对西德政治的迅速恢复起着决定性影响。[①] 德国要避免其作为一个"独立国家"而脱离西方阵营。

20 世纪 70 年代以来，国际局势发生变化，德国生存压力减小，德国于是采取"新东方政策"，尝试与苏东国家建立友好关系。这一政策的观念驱动力在于，美国深陷越战泥潭，苏联势力日盛，而美苏之间也出现缓和迹象。德国在西方的政治影响力也处于迅速恢复之中，德国看到了民族统一与复兴的可能。在复兴观念的驱使下，德国需要在更大的国际舞台上改善国家形象，改善与东方的关系是其中重要的一环。因此，东西方的阵营对抗出现一定程度的缓和，内外群摩擦减弱，作为一种群际关系就会发生积极变化。这也是德国成功推动对外政策转型的动力。

20 世纪 80 年代以来，第三世界国家开始现代化发展，德国的外交布局也更加全方位。特别是统一后，德国从"正常国家"走向"全球大国"，在对外关系中不断进行"德意志民族是最优秀的民族"的自我叙事。德国国家利益的实现需要德国在全球范围内加紧战略布局，如通过大规模不计成本的援助对第三世界国家施加影响。同时在欧盟内部，德国也越发体现出"唯我独尊"的一面，如对陷于危机的成员国强加德国教条式的解决措施。即便在国际场合奉多边自由为圭臬，德国长期以来也潜在具有民族主义观念，这在其一系列对外行为中可看出端倪。

这是一种"成就感"的内在需要，是由观念决定的。从附庸于西方阵营到在全球独立寻求国家利益，德国的转变也是观念不断更新的结果。观念的推动作用真的这么强吗？怎么解释这种观念的滚雪球现象？群际关系理论中有一种社会支配理论（social dominance theory），其认为人类社会由以群体为基础的社会阶层构成，其中有一个处于社会的顶端、占支配地位的群体和多个处于底层的弱势群体，该理论试图解释群体间的不平等是如何产生的。[②] 我们借这一理论来进行浅显的阐述。

这一理论主要涉及个体，从个体角度评价群际关系，即社会支配取向

---

① Wolfram F. Hanrieder, ed., *West German Foreign Policy: 1949 – 1979*, Boulder: Westview Press, 1980.

② F. Pratto, J. Sidanius, L. M. Stallworth, B. F. Malle, "Social Dominance Orientation: A Personality Variable Predicting Social and Political Attitudes," *Journal of Personality and Social Psychology*, Vol. 67, No. 4, 1994, pp. 741 – 763.

（social dominance orientation），认为每个人的社会支配取向在阶层社会里发展，而基于不同的利益诉求，不同阶层个体的社会支配取向也存在差异：高阶层的个体更认可阶层差异的存在，而低阶层则希望减少阶层差异和社会的不平等。具有高社会支配取向的个体倾向于采用策略取得领导者的地位，社会支配取向能够预测个体对权力的渴望与使用。与具有低社会支配取向的个体相比，具有高社会支配取向的个体，渴望拥有更高的权力，更多的支配他人的机会。从某种程度上讲，社会支配理论解释了个体差异，从而补充了社会认同理论的遗漏，也使我们在观察德国对外行为的演变中有了更好的理论支撑。

第三节　基因的史诗：哲学与民族性

无论是作为国际关系主流理论的建构主义，还是新马克思主义等非主流批判理论，往往都被称作"文化解释论"，这是由"文化"概念本身的复杂性和包容性决定的。本节所指的"文化"相对狭窄一些，是人文主义的，是哲学和历史的。霍兰德（E. P. Hollander）曾将社会心理学研究划分为三个阶段，即哲学思辨、经验描述与实证分析。[1] 哲学似乎是我们了解一种群体心态和行为的逻辑起点。德国被誉为"哲学王国"。当然，有学者批判哲学缺乏实证基础，认为德国哲学更是被"过分膜拜"。但这一文化路径还是为理解德国的对外行为提供了独特视角——至少对理解德国这个国家来说，哲学是不能被轻易忽视的。

一　哲学文化因素的范式逻辑

不同的民族拥有不同的哲学文化基因，从而出现了不同的政治实践。这自然涉及民族性的问题。关于哲学与民族性之间的关系，中国与西方哲学家的解释十分多元。熊十力认为不同哲学的民族性差异源自不同的民族传统和精神，"凡有高深文化之民族，其哲学上家派纵多，而其一国家或一族类特有之精神必彼此不约而皆能尽量表现之，此之谓国民性"[2]。冯友

---

[1] E. P. Hollander, *Principles and Methods of Social Psychology*, Oxford: Oxford University Press, 1981.

[2] 熊十力：《十力语要初续》，上海书店出版社，2007，第181页。

兰认为:"民族哲学之所以为民族底,不在乎其内容,而在乎其表面。我们以为民族哲学之所以为民族底,某民族的哲学之所以不仅是某民族的,而且是某民族底,其显然底理由是因为某民族的哲学,是接着某民族的哲学史讲底,是用某民族的言语说底。"① 西方学者的分析令人眼花缭乱,从文化人类学到语言学转向,从经验主义到科学行为主义⋯⋯无论研究方法如何,他们的研究结论大致统一,最终结论均验证了卡尔·马克思(Karl Marx)曾阐述的:"哲学家并不像蘑菇那样是从地里冒出来的,他们是自己的时代、自己的人民的产物,人民的最美好、最珍贵、最隐蔽的精髓都汇集在哲学思想里。"② 因此,哲学思想是民族性的集中体现。

从过程来分析,民族成员的实践(practices)奠定了哲学的思想基础,在长期化和个性化的实践行为中,民族形成了集体特有的对自然、社会和人的根本看法及思维方式,民族哲学因此而独特起来,并以哲学家的思想输出为最终表现形式。所谓"实践",正是指行动中的文化。③ 米歇尔·福柯(Michel Foucault)将世界定义为一组文本性实践活动。④ 皮埃尔·布迪厄(Pierre Bourdieu)等后现代思想家也认同实践的价值。布迪厄还提出习性(habitus)这一概念,其成为从实践维度消解主体与结构、个体与社会、身体与精神等二元对立范畴的核心。⑤ 在布迪厄看来,习性是持久的、可以转换的潜在行为倾向系统,作为实践活动和表象活动的生成和组织原则起作用,而由其生成和组织的实践活动以及表象活动,能够客观地适应于自身意图。⑥ 这一过程使过去沉积在感知、思维和行动中的经验,能够转化为未来的生存经验和实践行为,将"历史的必然性转化为性情"。这种性情的产生与特定历史和地域有极大相关性,后者框定了某一民族需要面对的特定挑战,民族与外部世界的关系是以深刻反思与批判为基本特征的哲学所着力解决的任务。在社会心理学看来,哲学若被视为一种内部过

---

① 冯友兰:《三松堂全集》(第五卷),河南人民出版社,2000,第273页。

② 《马克思恩格斯全集》(第一卷),人民出版社,1995,第219~220页。

③ Ann Swidler, "Culture in Action: Symbols and Strategies," *American Sociological Review*, Vol. 51, No. 2, 1986, pp. 273-286.

④ 参见 James Der Derian, Michael J. Shapiro, eds., *International/Intertextual Relations: Postmodern Readings of World Politics*, Lexington: Lexington Books, 1989。

⑤ Pierre Bourdieu, "Structures, Habitus, Practices," in P. Bourdieu, *The Logic of Practice*, Stanford: Stanford University Press, 1990, p. 54.

⑥ 〔法〕皮埃尔·布迪厄:《实践感》,蒋梓骅译,译林出版社,2003,第80~81页。

程，甚至被理解为更实证化的"认知"，那么它的生成与外部刺激（stimu-lus objects）是密不可分的。①

不可忽视的是，尽管哲学具有超越民族性的普遍意义，如结构和内容存在共性——德国古典哲学甚至与佛学也有一些交叉之处——但辩证地看，正是由于民族特色和民族风格的存在，哲学才成为可能，民族和哲学的不断互动是哲学得以存在的根本原因。由艾德蒙德·胡塞尔（Edmund Husserl）、雅克·拉康（Jaques Lacan）等人提出"主体间性"是这种互动的一种独特表达，他们认为主体正是由于结构中的"他性"而得以存在②，从而在根本上强调了民族与哲学的依存关系。这就是为什么以英国、德国、法国为代表的西方哲学和以中国、印度、阿拉伯国家为代表的东方哲学能够并存。③ 哲学具有民族性，受外部条件的影响，并与民族实践互相构成。

二 哲学文化因素对德国对外行为的解读

海涅（Heinrich Heine）曾说过，"德国被康德引入了哲学的道路，因此哲学变成了一件民族的事业。一群出色的大思想家突然出现在德国的国土上，就像用魔法呼唤出来的一样"④。德国的哲学就像民族血液，在复兴之路上起到凝聚的作用，并使德国人虽在欧洲列强的夹缝中存活，却又有着令人惊讶的民族文化优越感。在地缘上，德国被欧洲政治框定在一个小小的区域内，但其在文化思想上却不断想要挣脱，一种狭隘的民族主义由此产生。陈乐民等学者认为，以黑格尔为代表的德国古典哲学与日耳曼民族主义有着完全不可撕裂的关系⑤，我们如今从诸多德国哲学家的观点中也能窥见这个民族所谓"狭隘的民族主义"的情绪内核。基于德国统一前分裂且孱弱的历史，德国先哲展开了民族精神的探索。

赫德（Johann Herder）认为，最自然的国家，是一个国家所包含的人

---

① 王沛、贺雯主编《社会认知心理学》，北京师范大学出版社，2015，第366页。
② 参见 Charles Taylor, *Human Agency and Language: Philosophical Papers 1*, Cambridge：Cambridge University Press, 1985。
③ 例如，英国基于利益/民族经济发展需要，产生了以直觉、实践和实验为特征的经验主义哲学；法国基于政治/民族启蒙思想需要，产生出启蒙唯物主义哲学。它们的形成都受外部条件的变化的影响。
④ 〔德〕亨利希·海涅：《论德国》，薛华、海安译，商务印书馆，1980，第307页。
⑤ 陈乐民、周弘：《欧洲文明扩张史》，东方出版中心，1999。

民只具有单一的民族特性；拿破仑横扫欧洲，激发了以费希特（Johann Fichte）为典型的当时德国人的保守且极端的民族主义。[1] 费希特认为国家疆界应由语言来决定，他的《对德意志民族的演讲》收录了 1807～1808 年在柏林演说的 14 篇演讲稿，对民族解放和复兴发挥了巨大作用；[2] 雅恩（Friedrich Jahn）建立了秘密抗法组织"德意志联盟"，他通过自己的著作《德意志的民族性》唤醒德国人的民族精神；[3] 青年时代的黑格尔（Georg Wilhelm Friedrich Hegel）受法国大革命的影响颇深，推崇卢梭的自由主义精神，反对民族分裂，渴望统一，但他渴望德意志统一的积极愿望又与其民族主义的偏颇思想交织在一起，其提出国家、民族必须独立自主，并论证了走向独立与自主的方式，即战争的合理与必然，把日耳曼人视为世界优等民族；尼采（Friedrich Wilhelm Nietzsche）等德国古典哲学时代之后的哲学家更是将德国民族主义上升到极端的高度，并使之成为纳粹直接的精神食粮。我们似乎能在哲学与民族精神之间找到太多交叠之处，这些思想在德国哲学史的长河中是普遍存在的，亦广泛代表了当时德国人的思维逻辑，并推动了德国的对外行动。德国为民族统一与崛起等了太久，这种外部挑战与生存压力使其纯粹思辨与唯心主义传统也在某种意义上成为"哲学民族"统一与复兴的理论先导。

一个民族的哲学内核与该民族所遭遇的外部环境有着直接且必然的联系，正如德国渴望统一的愿望与其在夹缝中存活的困境相关。人们所恐惧、愤怒、喜爱、渴望的东西，自然而然被内化到民族血液中，成为独特的民族印记，最终通过少数具有归纳与演绎才能的哲学家表达出来，这并不意外。这些思想逻辑甚至成为基因，一代一代地传下去，甚至于今天看到的某些出现在德国的保守主义与排外思想，大抵与其有着相同的思想渊源[4]。

---

[1] Johann Gottfried Herder, *Ideen zur Philosophie der Geschichte der Menschheit*, *Zweiter Teil*, Riga/Leipzig Verlag, 1786, S. 315.

[2] 〔德〕费希特：《对德意志民族的演讲》，梁志学等译，商务印书馆，2010。

[3] 雅恩甚至说波兰人、法国人、犹太人是德国的不幸。原文：Polen, Franzosen, Pfaffen, Junker und Juden sind Deutschlands Unglück。参见 Kurt Bauer, *Nationalsozialismus*, Vienna/Cologne/Weimar: Böhlau, 2008。

[4] 极端思想有相同的渊源，如德国知识界三位右翼思想家尼采、荣格和伽达默尔，与现当代右翼思想家斯宾格勒、海德格尔、施密特等，都有反启蒙的共性。联想到近年德国极端右翼的思潮，彼此之间的交叠之处就更为明显。参见 Richard Wolin, *The Seduction of Unreason: The Intellectual Romance with Fascism from Nietzsche to Postmodernism*, Princeton: Princeton University Press, 2006。

但不可否认的是，德国哲学家奥特弗利德·赫费（Otfried Höffe）如此说过："哲学具有世界主义的特点，谁进了它这所学堂，谁就天生是一位世界主义者，是全世界全人类的公民。"① 在当前多危机时代，席卷全球的保守思想普遍存在，这更像是人类"集体无意识"的一种天性的定时发作，其中这所谓的"时"便指的是外部生存状况恶化之时——德国历史上如此，今天亦如此；一国如此，全球亦如此。那些历史上流行过保守思想与极端民族主义哲学的国家，在面对外部压力变化之际，总是更容易展现极端的行为，这点在德国尤为明显。德国时而开放包容时而保守极端的行为，使其足像个"精神病患"②。历史表明，外部世界催逼着德国走向和平，而在德国的内在意识中，和平的基因似乎是不足的。一些现象表明，处于矛盾中的德国在两极晃晃荡荡。这也是欧洲一些对德国疑虑较大的人的观点。

像本章一开始就说过的，考虑到外交与国际关系存在交叉之处，如果说制定外交政策的政府机构更多地展现其理性选择的一面，那么国与国之间的关系则受到观念建构性的影响。在更广泛的意义上，在整个德意志文明的向度，德国的外部行动显然受其哲学与历史的影响。③ 我们虽然不容易看到，但它一直都存在。

第四节 何事最难为？德国对外身份定位的重构

在对上述三种国际关系理论范式进行解读后，我们发现每一种都可以合理分析德国的对外政策及行为。那么德国在对外行为中到底是什么样的身份定位呢？这个问题对于统一后的德国而言，有举足轻重的意义。曾有人问古希腊哲学家泰勒斯（Thales of Miletus）：何事最难为？他只应道：认识你自己。

身份定位往往影响着一个人和一个国家的信念、价值、意愿、能力、

---

① 〔德〕奥特弗利德·赫费：《世界哲学简史》，张严、唐玉屏译，社会科学文献出版社，2010，第 233 页。

② 〔德〕埃米尔·路德维希：《德国人：一个民族的双重历史》，杨成绪、潘琪译，文汇出版社，2019。

③ 〔德〕沃尔夫·勒佩尼斯：《德国历史中的文化诱惑》，刘春芳、高新华译，译林出版社，2010。

动力等方面,它既是自我主观设定的,又必须在结构、环境与他者的期望、压力之下形成。因此,身份定位虽然是建构主义的核心概念,但很难说得清它是物质问题还是观念问题,它具有综合性、系统性。"大国""小国""霸权国""崛起国"这些我们耳熟能详的身份定位,都限定了国家对外行为的利益所在。小国谋小国的利益,大国求大国的利益。在对外关系中,德国自然也有德国的利益。

一 统一后德国的对外定位论争

两德统一以来,短时间内出现了大量讨论德国未来对外政策和国际定位的研究,特别是在德国国内,兴起了一波研究热潮。这一热潮的出现一来反映了世界,特别是欧洲对于德国前路的不确定性,人们始终存有德国或会重蹈覆辙的疑虑;二来这些爆炸式的讨论也帮助德国在各种定位选项之间做出合理选择,为德国对外关系的未来新篇章打下坚实基础。并且,在今天的"后默克尔时代",回首三十余年前的这一身份之辩也丝毫不过时。直到今天,这一争论始终存在。在德国历次重大的对外战略调整中,如何定位自身都是一个关键问题。因此,这一争论对我们理解当前及未来德国的对外行为,也是具有重要价值的,是应该反复思考的。

根据政治学家君特·赫尔曼(Gunther Hellmann)的总结,当时德国可选择的国际身份有四种,彼此之间有明显的差异性。[①] 具体而言,选项包括:世界霸权(world power)、西方强权(wider west)、欧洲强国(Carolingian Europe)和中欧国家(Mitteleuropa)。这四种身份定位选项在地缘上的影响力逐渐减弱。以当时的德国的国家资源来看,这四种被学者提出的且进入德国决策层视野的身份定位都有实现的可能性,德国只需要考虑竞争意愿、战略途径和当时的国际机遇及外部认可。从某种意义上讲,这是德国当代国际政治的首次"大战略(grand strategy)"谋划。自二战结束后,德国首次进行了全面自主的对外战略设计。

(一)定位之一:世界霸权

这一论调的支持者认为,德国想要成为占有一极的世界霸权国家,就必须重新成为军事强国,甚至拥有核武器这一世界级强国特有的标配。该

---

① Gunther Hellmann, "Goodbye Bismarck? The Foreign Policy of Contemporary Germany," *Mershon International Studies Review*, Vol. 40, No. 1, 1996, pp. 1 – 39.

定位还要求德国和美国这一冷战后的唯一超级大国分庭抗礼，成为与美国平起平坐、共同领导世界的一支力量，引领全球秩序。为此，德国一方面需要迅速扩充军备，扩张势力范围；另一方面则需要弱化其所一贯坚持的多元制度主义，采取传统大国的现实主义崛起老路。

从德国当时在世界发展之中发挥的作用来看，这一选项显然具有可行的一面，德国在西方已经位居次席了。但是国际社会肯定不允许德国成为一个拥有核武器的军事国家，德国一旦在军事上有越格的表现，势必遭到旧时"受害国"的联手反制。而且，"非军事化"原则也是德国做出的庄严承诺。两德统一之际，两德与美、苏、英、法召开"2+4会议"，德国明确以裁军、不制造和拥有核武器及生化武器为承诺，换取大国对两德统一的认可。在德国国内，反核武器的观念在德国民众心中扎根许久，社会中大部分成员不赞成德国成为军事大国。

因此，虽然成为世界强国的能力是有的，但德国的主观意愿不足，同时其面临巨大的外部压力。从当时的一些声音来看，统一后的德国人自信满满，德国对世界霸权这一身份定位选项处于渴望与纠结之中，在寻我之路上犹豫不定。

（二）定位之二：西方强权

西方强权的身份定位意味着德国不得不继续嵌入北约和欧盟机制，尤其是北约。一方面，德国意识到美国依然是提供安全庇护的"武林盟主"，因此要尽力维护美国主导的机制；另一方面，德国还要有所作为，使这两大机制更加强大、更具活力，从而显示出其在西方世界的关键价值。

冷战结束后，"东扩"成为两大机制政治进程的重心所在，是西方世界胜利战果的延续。甚至在北约从军事同盟向集体安全体系转型的过程中，还出现了将俄罗斯纳入其中的讨论，以展现西方的强大。绝大多数专家认为，过去德国在北约和欧盟中的实践已证明是成功的，其与西方国家保持了良好的关系。这两大机制覆盖范围的向东扩大，将使德国获得新的安全保障，拓展新的生存空间，使东部边界潜在的麻烦和困扰得到化解，与东部邻国进一步形成纽带。因此，若德国能够积极推动以"东扩"为代表的西方政治任务，或在这些西方世界拓展新疆界的战役中扮演重要角色，其将能在西方立足，成为西方世界一个强大的代言人。在说到西方国家时，人们将不再只提及美国，还会提及德国。

然而，西方强权这一身份定位也存在实践上的难点，德国既需要主张西方价值观，借助西方规范机制推广自由主义，代表西方整体利益，又需要主张一部分基于现实政治的民族主义政策，这样才能更广泛地获得政治权力，一如美国的所为。对德国而言，平衡西方利益和民族利益的关系是这一身份定位所设下的难题。

（三）定位之三：欧洲强国

持这一论调的人认为，德国对外政策的理念、目标和具体的方针、结构，都应该继续聚焦在欧盟内部，甚至是欧盟的核心圈，与邻国建立一个越来越深化的政治和经济共同体。从当时的情况来看，欧盟的核心圈大致包括德国、法国、卢森堡、荷兰、比利时和奥地利，几乎囊括了历史上的整个加洛林帝国，因此这也被称为"加洛林欧洲"的设想。① 加洛林时代曾是西欧统一与繁荣的象征。

欧洲强国这样的一个定位，要求德国以自己为中心，推动西欧核心国家通过与执行在一体化相关方面的条约、协定，就算其他国家尚未准备好或者不愿意接受，也可在德国的地区影响力以及"加洛林欧洲"的整体推动下继续被拖入欧洲一体化进程。欧洲可以说是德国的根本，德国国内的欧洲主义者、务实主义者、多边主义者，以及西欧各国或执政或在野的一些有影响力的政治家都赞成这一联合的选择。冷战结束后，欧洲各国针对一体化的某些方面虽争议不断，但推动联合的决心并未遭到根本挑战。

但是，如果以德国为权力中心加深一体化，很可能会引发成员国的不满，这是由于欧盟的根本基石是平等原则。内部不平等的制度、凌驾于他国的等级制，将从根本上动摇共同体，而德国无法承担由此产生的负面后果。同时，欧洲强国的战略选择还务必考虑与法国的关系。"兼顾"是德国的一项必须做好的功课，否则其注定难逃历史上加洛林王朝被"三家分晋"的命运。

（四）定位之四：中欧国家

另外还有一种声音认为，德国应该基于对中东欧国家长久的政治存在

---

① Konrad Seitz, "Deutschland und Europa in der Weltwirtschaft von morgen: Partner in der Triade oder Kolonie?" *Merkur*, Bd. 48, 1994, S. 828 – 849.

的历史，单方面向欧洲中东部扩展影响力，在东欧剧变后势力真空的情况下，在中东欧地区形成以德国为中心的新权力结构。当然此举显然是违背西方国家意愿的，甚至可能引发德国与西方盟友的对抗。[①]

这一定位及路径存在前提条件，即德国的国家利益与西方的利益之间存在矛盾，因此德国才要尝试与中欧各国建立独立于欧盟的新机构。然而，虽然东部地区的稳定是新德国的重中之重，但东部国家由于历史与现实，有很大概率不愿意加入由德国主导的新机制，而是会选择北约和欧盟。德国当然没有必要选择如此激进的现实主义与民族主义对外战略，特别是在刚刚实现统一的时候。一旦在此时表现出战略野心，这将意味着德国再次忽视历史教训，与传统西方取向背道而驰，注定会导致德国与西方各国关系的再次恶化。

因此，大多数学者认为这一定位选项是非常不切实际的，但这种设想的出现本就是德国民族情绪的一种表达。在今天的德国内部，这种声音一直存在，甚至德国各界都顺理成章地将相邻的中东欧作为其发挥影响力的"后院"。德国需要找到一个民族主义的出口，一个彰显大国地位的要地。但处理这种可能引发国际矛盾的民族主义，守住在中东欧来之不易的影响力，可能并不容易。

上述四种身份定位方案，分别对应"突破"、"平衡"、"兼顾"与"坚守"四项任务，每一种在德国国内都有市场，说明其存在些许可取之处，但又存在无法逾越的限制性条件。德国无法通过民族主义成为有核武器的全球霸权国；无法以唯我独尊的机制统领中欧和东部地区；不可能在不顾成员国反对的情况下主导西欧的"加洛林国家"推动欧洲一体化；更难以在跨大西洋地区与美国平起平坐，即便德国投入巨大，苦心经营。

这就好似奥德修斯的十年返乡路，路途崎岖艰险。德国寻找身份定位的旅程如寻根之旅。在对每一种身份定位的讨论中，德国都表达了对权力的渴望、崛起的抱负，这是德国的根本所在。德国必须找到一条规避限制性条件的路径，以实现其宏伟的战略目标。只有排除万难、探本溯源，才能真正认清自己。

---

① Jorg Brechtefeld, "Mitteleuropa als Option deutscher Außenpolitik," *Welt Trends*, Bd. 6, 1995, S. 76 – 97.

二 德国对外定位论争的核心

冷战时期，德国对外关系广被诟病，被指"德国外交不是基于自主权的外交，不是真正的民族国家外交，更不是广泛自治的外交"①，彼得·卡赞斯坦（Peter Katzenstein）说得更为言简意赅，称德国处于一种"半主权（semi-sovereign）"状态，认为德国的对外政策不是基于独立的国家利益的，而是受到各种外部因素的干预。② 冷战后对德国身份定位的论争从一开始就具有"自主化"的意味。

德国统一以来的对外身份定位论争表明，虽然外界有各种各样的身份定位，或叫好，或叫座，但核心的争执出现在"国际主义—欧洲主义—多边主义"与"民族主义—疑欧主义—单边主义"之间。这两条轴线在政治光谱上无疑是相异的。前者表明德国的国家利益应该与国际社会的总体利益相协调，德国的行动不仅是为了自己，也是为了人类福祉；后者表明德国的国家利益高于一切，甚至凌驾于西方盟国或国际社会之上，德国应捍卫民族利益。但，分野真的如此简单吗？

（一）轴线之一：国际主义—欧洲主义—多边主义

德国的国家利益并不是孤立的，而是与外界紧密互动、相互联系的。③ 德国应为维护普遍的国际利益而制定国家对外政策，要在维持世界和平、维护人类价值方面做出贡献，特别是在保障人权和消除贫困方面。所以对德国而言，对外政策的制定必须在一个更加复杂和相互依存的世界的背景下进行。学者和政策制定者为此还提出了"世界内政（Weltinnenpolitik）"的说法。④ 虽然民族国家依然是国际社会的核心行为体，但是为了解决全球化时代人类面临的重大问题，德国必须通过跨国机制或超国家机构来进

---

① Lothar Rohl, "Einige Kriterien nationaler Interessenbestimmung," in Wolfgang Heydrich, Joachim Krause, Uwe Nerlich, Jürgen Nötzold, Reinhardt Rummel, Hrsg., *Sicherheitspolitik Deutschlands: Neue Konstellationen, Risiken, Instrumente*, Baden-Baden: Nomos Verlagsgesellschaft, 1992, S. 741 – 759.

② Peter Katzenstein, *Policy and Politics in West Germany: The Growth of A Semisovereign State*, Philadelphia: Temple University Press, 1987.

③ Dieter Senghaas, "Deutschlands verflochtene Interessen," *Internationale Politik*, Bd. 50, 1995, S. 1 – 37.

④ 1989 年 1 月 29 日，德国外长根舍尔（Hans-Dietrich Genscher）于达沃斯论坛上发表讲话《潮流变迁：从世界政治到世界内政》（Gezeitenwechsel-Von der Weltpolitik zur Weltinnenpolitik），这是"世界内政"这一提法比较有代表性的一个阐释。

行对外行动。这种尊重国际制度的多边机制是协调国际成员立场、整合国际成员力量的重要形式，特别是欧盟这样的超国家行为体，在当时作为一种"未来的治理结构"而被国际社会寄予厚望。[①]

德国对外部世界的依赖程度在提升，对与邻国和更广泛的世界保持良好关系持积极的立场。国际利益是高于国家利益的，德国必须基于国际主义原则，肩负起在国际事务中的责任，成为负责任的成员。这种责任有别于传统大国那种基于"世界警察"身份的领导者责任，指的是平等的多边主义合作下的领导者责任。只有这样，才能推动形成符合普遍利益的国际秩序。也就是说，德国外交的目标不应该是通过胁迫、强制，甚至暴力的手段实现其私利，而应该是通过灵活、柔和的手段，注重利益互补的交往过程，从而实现人类的整体利益。[②]

为了达成国际利益目标，德国要在全球层面增强联合国的力量，在欧洲层面增强欧盟的力量，以及将北约转型为"非军事化"的集体安全组织，避免其任何扩张计划。[③] 尤其"欧洲主义"这一欧洲联合的理想，是德国必须强化的，甚至是德国国际主义对外政策的基石。德国选择欧洲主义出于三个原因：其一，防止欧洲内部再次出现针对德国的制衡机制；其二，在冷战后多强共存的时代，这使欧盟在国际事务中更具竞争力；其三，德国《基本法》做出了德国作为欧洲成员要努力维护世界和平的承诺。从成本收益角度考虑，德国继续选择欧洲一体化的道路是明智且合理的。欧洲主义者中较为激进的一派认为，德国应该努力使欧洲走向联邦，[④]甚至连前总理施密特都对此保持乐观。从三十年后的今天来看，这种"欧洲联邦制"的想法显然是不切实际的，但这种"激进的联合主张"还是表明了一种对欧洲主义充分认可的思想。

不过，这并不表明德国能够借这样一条路径获得更多的属于本民族的

---

① Joschka Fischer, *Risiko Deutschland: Krise und Zukuft der deutschen Politik*, Köln: Kiepenheuer und Witsch, 1994, S. 232.

② Beate Kohler-Koch, "Deutsche Einigung im Spannungsfeld internationaler Umbrüche," *Politische Vierteljahresschrift*, Bd. 32, 1991, S. 605 – 620.

③ Volker Rittberger, "Nach der Vereinigung-Deutschlands Stellung in der Welt," *Leviathan*, Bd. 20, 1992, S. 207 – 229.

④ Gabriele Brenke, "Zusammenfassung der Diskussion," in Karl Kaiser, Hanns W. Maull, Hrsg., *Die Zukunft der europdischen Integration: Folgerungen für die deutsche Politik*, Bonn: Europa Union Verlag, 1993, S. 114 – 122; Jens Hacker, *Integration und Verantwortung, Deutschland als europäischer Sicherheitspartner*, Bonn: Bouvier Verlag, 1995, S. 288 – 289.

国家利益，甚至还会由于与世界的"过度捆绑"而丧失部分国家利益。但这似乎并不要紧，因为德国在实践中逐渐发现，这样一条基于跨国利益的轴线也能为其所用以实现国家利益。例如，多元主义或欧洲主义虽是一种多边自由，但在实践中也具有较明显的现实主义特征。比方说，欧洲主义认可德国和法国必须是欧洲一体化的轴心；认可欧洲的价值观优于其他地区，应成为可被推广的世界标准；认可只有欧洲联合起来，才能在国际社会中战胜其他竞争性力量。因此，虽然这条轴线的底色是自由主义，但也有些许现实主义的色彩。德国可以在追求集体的普遍利益的原则下，实现自身利益。所谓"利己"肯定存在，只是个程度问题。

（二）轴线之二：民族主义—疑欧主义—单边主义

二战结束后，盟国在德国主导的"西方化"实际上是种"去德意志化"，也就是通过祛除德国人的民族身份认同，一劳永逸地解决德国的军事威胁问题。冷战结束后，德国以和平统一的方式告诉国际社会，它成为平等的一员，并且走上建设"正常国家"的新路，但也因此打开了"潘多拉魔盒"的一角。

被压抑了近半个世纪的德国终于自信了，德国国内出现一波民族主义声浪，主张在移民、福利、安全等议题上采取保守的民族主义政策，呼吁德国人重新审视骄傲的民族身份，热爱家庭和所在的这片土地。民族主义者力图复兴德国曾有的历史辉煌，一方面对纳粹历史轻描淡写；另一方面又不想被视为"极端分子"，主张和新纳粹主义（Neo-Nazism）划清界限。这给人一种矫揉造作的伪善之感。这一派人士质疑国际主义的可行性，否定德国向西方转向的必要性，控诉多边主义对德国国家利益的实质性侵害。当然，这种思想的呼声并不算高，并且没有与对外政策结合，德国精英层依然是中规中矩的。

民族主义的对外政策到底应该是什么样子？这一问题没有被纳入当时德国执政者的考虑范围，但是却在公众层面埋下了一粒种子。这粒种子随着德国在全球化与国际化进程中遇到重重障碍而不断生根发芽，在每一次欧洲遭遇危机时，就会带来民族情绪的疯狂反扑。

如果说欧洲是德国对外战略的地缘基点，那么欧洲主义和疑欧主义则是硬币的正反两面。疑欧主义者首先对民族国家的作用和欧盟的作用进行评估，虽然认可欧盟所取得的成果，但是在纷繁复杂的国际社会中，又认为未来共同体的作用将变小，甚至变得越发负面，可能会伤及本国的利益。其认为全球化背景下的国际竞争与合作，还是需要由民族国家进行。因此疑欧主义者反对继续深化欧洲一体化，反对有可能提上日程的"欧洲联邦"的雄伟蓝图。德国的疑欧主义者认为，冷战结束后的德国不仅是一个正常国家，还逐渐成为一个大国。[①] 在多极化世界中，压制、威慑等传统的政治手段依然奏效，其效果显著优于多边制度协调。

疑欧成为民族主义的一个外在表达形式，而单边主义则是实现这一目标的具体手段。当然，这种"单边"并不意味着与外界为敌，而是在遵守西方规则的基础之上，采取使国家利益最大化的现实手段。例如，由于支持北约也能实现德国的国家利益，那么德国就可以继续信守承诺；东部邻国加入欧盟将利于德国安全，那么德国就可以继续推动东扩政策。但从根本上看，德国对任何多边制度都应保持高度警惕，最大可能地挖掘其可以"利己"的部分。

有趣的是，在德国的逻辑中，轴线之一认可现实政治的作用，轴线之二也并不完全反对自由主义与多边制度。德国更像是在两个绝对相左的极端中寻找一个平衡点。浮士德与魔鬼做了交易。可到底，哪条轴线才是"魔鬼"呢？

三 德国对外定位的选择与转变

冷战后的德国处在一个十字路口，德国对外政策的两派激烈争执。德国既有民族复兴的大国渴望，又囿于国际制度与和平宪法；既要符合国家利益，又不得不肩负国际责任；既必须维持多边秩序，又得在必要的时候"专断"；既要德意志民族国家崛起，历史旧账和地缘现状又决定了不能走传统军事强权的老路。

为此，在激烈的争辩中，一批学者呼吁德国选择实用主义。如今我们可以看到，德国的路线是：以国家利益为基础，融合多边主义和国际主义，尽可能削弱负面的极端民族主义，保留对国家复兴的民族热情作为动力，通过以价值观为外交准绳塑造国际秩序，积极推动国际制度，借势拓展自身的权力，最终实现德国的崛起。这种"多边的实用主义"认为，德

---

① Christian Hacke, *Weltmacht wider Willen*, *Die Außenpolitik der Bundesrepublik Deutschland*, Frankfurt am Main: Ullstein, 1993, S. 521 – 522.

国依然需要依赖于开放的世界,依赖于与盟友的安全合作,并且德国意识到其国际责任的增加,认识到维护世界秩序是实现大国崛起所必须承担的义务。因此,德国虽希望实现种种雄心壮志,但又只能选择一条基于多边规制的道路,这便是冷战结束后,德国实用主义外交哲学的来源。

随后,德国开始建构自己的外交审美。德国在对外政策中选择了"文明型力量(Zivilmacht)"的身份,这一身份符合西方利益、审美和价值观,这一身份定位使德国通过多边制度,既实现德国利益,又不忘西方利益和全球利益。近年来,随着德国崛起的加速,德国加速普及自己的政治美学,在对外政策中又将自己定位为"塑造型力量(Gestaltungsmacht)",表明德国越发基于国家利益而务实地展开自主性外交,通过强化自己的偏好,塑造交往对象与对外关系。德国的外交新美学基于西方政治价值观,借国际格局变化起势,是符合自我本质的进化。

(一)"文明型力量"的定位

随着国家与国家之间日益增加的相互依赖,这种依存关系有力地防止国家通过单边战略和独断手段获取权力和利益。[①] 复合相互依存状态促使国家不断摸索机构和机制建设,探索使国际关系处于稳定环境的种种措施,包括优化国际分工、通过自由化和制度化减少交易成本等。确实,从成本收益角度看,这些措施都利于避免无谓的损失。定位为"文明型力量"的国家或国际组织,以积极推动国际关系文明化、非暴力化、法制化为目标,主张自由、民主和人权等价值观念。"文明型力量"力图通过维护合法性来推动政治或外交,而非通过权势手段,即用一种被公认的内部规范取代暴力原则。这一思想继承了康德(Immanuel Kant)的"永久和平论"的理念与卡尔·多伊奇(Karl Deutsch)"安全共同体"的构想。汉斯·莫尔(Hanns Maull)指出,德国和日本这样的"文明型力量",在军事上相对退缩,更愿参与冲突管理方面的事务。德国是"文明型力量"最具代表性的国家。

"文明型力量"具有六个原则。第一,通过建立与维持集体安全制度与合作来减少使用武力解决国内与国际冲突。第二,在多边合作中让渡部

---

① Hanns W. Maull, "Japan, Deutschland und die Zukunft der internationalen Politik," in Jochen Thies, Günther van Well, Hrsg., *Auf der Suche nach der Gestalt Europas*, Bonn: Festschrift für Wolfgang Wagner, 1990, S. 171 - 192.

分主权，建立国际制度，加强法治。第三，促进国家内部与国家间的民主决议，加强平等参与的决策形式。第四，在冲突管理中减少暴力，强化和平手段。第五，促进国际社会的均衡与可持续发展，提升国际秩序的合法性。第六，促进国际劳动分工和加深相互依存关系。[①] 在德国的对外实践中，其作为"文明型力量"体现了三个特点。第一，德国具有高度的意愿和能力，通过采取多边行动促进国际关系文明化。第二，德国通过将部分主权转移给国际机构来实现集体安全，大力推进符合集体利益的国际制度。第三，即便短期内损失了国家利益，德国也努力推动国际秩序走向文明。[②]

（二）"塑造型力量"的定位

随着全球化的深入发展，资本主义的横冲直撞也带了若干负面影响，如地区发展不平衡的现象进一步凸显、地区风险迅速演变为全球危机、激烈的市场竞争激发排外主义等。成功抵御多场危机的德国对国际社会的影响越来越大，因此国际社会对其的期待也越来越多。在这一背景下，德国的对外身份定位出现了新的变化。2009 年至 2013 年，在基多·韦斯特韦尔（Guido Westerwelle）任外长期间，外交部规划办公室主任托马斯·巴格（Thomas Bagger）提出了"塑造型力量"的概念，其成为德国新对外战略的核心，它是指有权塑造结果和事件的一种能力或状态。[③] 这一概念的提出反映了美国单极时代的终结和多中心世界的崛起，被视为德国在国际决策中发挥重要影响力的机会。因此，除努力维护有效运作的传统机制之外，德国还需要重新建立以其自身为中心的机制，应对全球化新挑战，甚至打造符合德国要求、德国标准、德国审美的全球治理结构。

全球治理问题专家安德鲁·库珀（Andrew Cooper）表示："除美国和中国之外，德国由于其经济表现、其珍贵的社会模式及先驱者的角色，目前可能是世界政治上最具潜在影响力的国家。"[④] 这一评价代表了各界对德

---

① Hanns W. Maull, "Zivilmacht Bundesrepublik Deutschland, Vierzehn Thesen für eine neue deutsche Außenpolitik," *Europa Archiv*, Bd. 47, 1992, S. 269 – 278.

② Knut Kirste, *Rollentheorie und Außenpolitikanalyse. Die USA und Deutschland als Zivilmächte*, Frankfurt/Main: Peter Lang, 1998, S. 460 – 462.

③ 国际政治的"塑造性力量"在 20 世纪末就已经被学者提出，但直到最近十年在欧洲和德国才受到重视。

④ 参见 Dirk Messner, "Deutschland als Gestaltungsmacht in der gloablen Nachhaltigkeitspolitik: Chancen und Herausforderungen unter den Bedingungen umfassende Globalisierung," *Zeitschrift für Außen-und Sicherheitspolitik*, Bd. 8, 2015, S. 379 – 394。

国统一三十年的充分肯定，使德国重新审视其在国际关系中的角色。德国学者指出，"塑造型力量"类似于一种霸权形象，有四个特征。第一，主要是通过维护地缘经济利益，较少通过维护地缘政治利益，以对解决全球问题做出贡献。第二，偏好通过区域和全球层面的多边合作维护国家的政治、经济与军事利益。第三，谨慎运用现有权力及潜在权力，对于外界期待积极反馈，不推动权力政治。第四，在利益面前可选择使用否决权，向某些不合利益的事情说不。[1] 与"文明型力量"不同，这一新的身份定位要求德国不再是国际体系中具有平等身份的国家，而是领头者，是一个塑造其他成员价值观念与发展模式、主导国际秩序和多边机制的主动性的形象。

基于上述分析，我们可以看到，德国对外身份的定位从"文明型力量"跃迁为"塑造型力量"，这是对"两条轴线"基于实用主义的平衡与再造。德国还是维护国际制度与多边主义的，但这并不妨碍德国采取维护民族利益的措施。二者在很多时候并不冲突。但当二者不可避免地相冲突的时候，德国到底愿不愿意牺牲自己的利益？至少从最近十年看，这种可能性变得越来越小。在很多人看来，在德国人挣脱"魔鬼"的寻根路上，它自己俨然成为欧洲人的梦魇。

这是一个可怕的事实。

当"后默克尔时代"悄然来临，德国对外战略到底会发生什么变化？我们如何理解未来即将发生的变化？一切都要从头说起，从德意志民族的起源说起，从当代德国对外战略的制度安排说起，从德国在全球政治中的具体实践说起。

---

[1] Eberhard Sandschneider, "Deutschland: Gestaltungsmacht in der Kontinuitätsfalle," *Aus Politik und Zeitgeschichte*, Bd. 5, 2012, S. 3 – 9.

第二章

鉴古知今——德国历史中的对外政策

从三十年战争以来，如果没有外国的非常明显的干涉，就不再能解决一项全德性的事务。[1]

——恩格斯（Friedrich Engels）《暴力在历史中的作用》

德国对外关系的历史是一部跌宕起伏的连续剧，与外部世界的互动在德意志民族国家多次形成与分化的嬗变中都是重要动力。在德意志民族千年的对外关系历程中，包括武力征伐、贸易互市、文明交融、外交博弈，种种美好的和不快的体验都深刻地烙印在今天德国的国家意识中。我们可以看到，德意志在历史上的克制、理智与狂热、暴戾处于共生的状态，现当代德国的对外行为，在若干年前早已埋下伏笔。"太阳底下无新事"，今日的不安、困惑与乱象，可能就是历史过往中曾出现过的章节。所以从某种意义上讲，"今天也是历史"。

本章的目的在于，通过介绍德国的民族发展演进，特别是涉"外交"等对外交往的历史，以增强对德国当代变迁的理解，并为接下来对当代德国对外关系的分析提供背景和基础。当历史照进现实，当代研究不会失焦，只会更清晰。

---

① 《马克思恩格斯全集》（第二十一卷），人民出版社，1965，第468页。

第一节　历史与国际关系

在中国，"鉴古知今"是我们的一个哲学信条，在西方世界同样是一条金科玉律。法国作家安德烈·马尔罗（André Malraux）曾说过："若要读懂历史，必先翻阅过去。"在德文中，"历史"与"故事"都是同一个单词 Geschichte，因此歌德（Goethe）的"撰写历史/故事是摆脱过去的一种方式"[1] 便成为一个哲学谜题。种种"历史即异国"的迷思增加了我们对于跨越虚无与真实之间鸿沟的焦虑感。从这个意义上看，历史本身起到的作用绝不能说微乎其微，但却受到很多人的冷眼。在科学行为主义大行其道的 20 世纪，历史传统甚至被贬低为逸闻趣事。以外交研究为例，以往的外交研究总面临"外交的历史"或"历史的外交"的路径选择难题。一旦选择其中一种解读方案，就大体上决定了研究的最终命运。两种路径有着截然不同的考察方式。"外交的历史"基于简单的对外行为，试图窥悉对外行为的演进对社会进程的影响；"历史的外交"则基于厚重的历史叙事，感知历史变迁之下国家对外行为演进的路径。这是两种学科不同的研究语言和审美偏好。狄尔泰（Wilhelm Dilthey）指出，历史作为一种人文学科要遵从内心的体验（Erlebnis），科学则要求运用因果关系说明现象。[2]这显然只是科学和人文百年争论中最温和的一隅。当代的某些美国学者索性一吐为快："政治学家不是历史学家，也不该被视为历史学家。"[3]

美国学者确实对历史与国际关系的"分离论"孜孜以求，常年严格的科学实证训练加深了其对人文历史的成见。"探求总体的历史演进，总结人类社会一般规律"的西欧范式在美国国际关系"范式霸权"的排挤下生存更为艰难。英国学者克里斯托弗·索恩（Christopher Thorne）将国际关系评价为准神学般的、高度抽象的"超理性活动"，对国际关系理论缺乏

---

[1]　原文：Geschichten schreiben ist eine Art, sich das Vergangene vom Halse zu schaffen。

[2]　Wilhelm Dilthey, *Der Aufbau der geschichtlichen Welt in den Geisteswissenschaften*, Frankfurt am Main: Hofenberg, 2017.

[3]　原文：Political scientists are not historians, nor should they be。参见 Colin Elman & Miriam Fendius Elman, "Diplomatic History and International Relations Theory: Respecting Difference and Crossing Boundaries," *International Security*, Vol. 22, No. 1, 1997, pp. 6 – 11。

历史基础、凭空预测未来的趋势大为光火。① 这类言辞激烈的批判虽令部分"老欧洲派"大呼过瘾，但多数欧洲学者更愿意采取一种折中策略。英国历史学家爱德华·卡尔（Edward Carr）认为，历史学家和科学家在很多方面是相似的，在寻求解释这一根本目的上，在提出问题与回答问题的根本步骤上，是团结一致的。② 法国思想家雷蒙·阿隆（Raymond Aron）坚信理论的逻辑离不开历史的逻辑，理论的真实性和有效性必须接受历史的检验。③ 美籍德裔哲学家卡尔·亨佩尔（Carl Hempel）认为，经验科学的方法论具有内在统一性，普遍规律在历史学与自然科学中起的作用是相似的。④ 直到今天，学科对立虽然在逐渐消解，但其消失远没有我们想象的那么快。不过历史有助于解读国际现象，这已经成为当前时代不争的共识。在对 18 世纪以来社会科学与历史学的关系进行系统梳理后，英国政治哲学家彼得·伯克（Peter Burke）认为二者之间的互补更为可取，只有互补才能摆脱不同种类的狭隘主义（Parochialism）。⑤

我们重新回到德国哲学，黑格尔的"历史理性"要求以理性还原历史的真实性。黑格尔虽然被诟病对经验主义存在重大误解，但其终究认可历史是可被真实呈现的，并非佛陀的"凡所有相，皆是虚妄"。在不断的批判与反思中，"人类行为与社会发展遵循历史唯物主义逻辑"这一具有划时代意义的理论范式是马克思和恩格斯给予人类思想的极大贡献，德国哲学和德国现实之间的联系问题终于被提出了。在《德意志意识形态》这部著作中，他们写道：

> 由此可见，这种历史观就在于：从直接生活的物质生产出发阐述现实的生产过程，把同这种生产方式相联系的、它所产生的交往形式即各个不同阶段上的市民社会理解为整个历史的基础，从市民社会作为国家的活动描述市民社会，同时从市民社会出发阐明意识的所有各种不同的理论产物和形式，如宗教、哲学、道德等等，而且追溯它们

① Christopher Thorne, "International Relations and the Promptings of History," *Review of International Studies*, Vol. 9, No. 2, 1983, pp. 123 – 135.

② Edward Hallett Carr, *What Is History*? New York: Vintage, 1967.

③ Raymond Aron, *Politics and History: Selected Essays*, London: The Free Press, 1978, p. 210.

④ Carl Hempel, "The Function of General Laws in History," *Journal of Philosophy*, Vol. 39, No. 2, 1942, pp. 35 – 48.

⑤ Peter Burke, *History and Social Theory*, Ithaca: Cornell University Press, 2005.

产生的过程。这样做当然就能够完整地描述事物了（因而也能够描述事物的这些不同方面之间的相互作用）。这种历史观和唯心主义历史观不同，它不是在每个时代中寻找某种范畴，而是始终站在现实历史的基础上，不是从观念出发来解释实践，而是从物质实践出发来解释各种观念形态。①

历史绝对不是"空洞的能指（empty signifier）"，不是神秘主义，不是虚无主义，历史能够帮助解决实践中遇到的问题。当历史与科学进行有机结合，这将对解释某个现象的发生与演进产生巨大的作用。德国外交的发展历程始终伴着民族的兴衰起落，既是内部社会发展的结果，又是由外部环境所塑造的。无论是辩证唯物主义的"内因 - 外因论"，还是国际关系理论中的"结构 - 还原说"，说到底都要求以综合与宏观的视野解读事物的发展规律。

第二节　对外关系雏形的显现：部族、王朝与帝国

与世界上的很多国家一样，德国历史也始于部族文明。公元前 5 世纪，德意志最早的部族在斯堪的纳维亚半岛和波罗的海沿岸逐水草而居，过着居无定所的蛮荒生活。彼时，欧洲南部亚平宁平原上的罗马人已建立辉煌的文明，写就人类文明史册中最波澜壮阔的篇章。虽尚未得到文明世界的照拂，但在此后的四百年间，这支"蛮夷部落"却极大扩展了在中欧地区的生存空间，形成东日耳曼人（哥特人、勃艮第人等）、北日耳曼人（诺曼人、维京人等）和西日耳曼人（盎格鲁人、撒克逊人等）三支部落群。与早期的中华民族相似，早期的日耳曼也是个由多部落构成的民族体的统称，内部人员物资交往频繁，但也充斥着血腥的征伐。

日耳曼人（Germanen）是罗马人对北方异族的统称。凯撒（Gaius Julius Caesar）的《高卢战记》与历史学家塔西佗（Publius Cornelius Tacitus）的《日耳曼尼亚志》记录了日耳曼人最初的生活状态，称他们极其封闭，

---

① 马克思、恩格斯：《德意志意识形态（节选本）》，人民出版社，2018，第 36 页。

几乎不与外族交流，还称他们是信奉战争的游牧民族，骁勇强悍。[①]

一　进击的部族：最早的德意志人

说到日耳曼人，就不得不提罗马人。罗马人虽然不像古希腊人那样善于利用外交制度，但罗马在共和国时期已经能够较为娴熟地使用外交工具。例如，公元前 138 年至公元前 119 年，汉武帝两次派遣张骞出使西域，通过丝绸之路间接同罗马展开贸易；公元 166 年，罗马帝国派使臣到达汉都洛阳，并送上犀角等礼物。相较以贸易起家的希腊人，罗马人习惯武力征服。公元前 58 年，凯撒大帝北征高卢，歼灭 8 万余名日耳曼士兵，两个民族的恩怨也就此展开了。

公元 1 世纪，罗马人终于将异族所在的"小日耳曼尼亚"（日耳曼人生活的莱茵河以西地区）划为上日耳曼尼亚行省和下日耳曼尼亚行省，囊括进其管辖范畴，推行罗马化甚至残酷的镇压。罗马人在处理日耳曼问题时采取两条策略，一是在已征服的日耳曼区域实行内政化的策略，如给予进入罗马帝国境内的外族人以罗马公民的权利、在高卢和中欧地区推广拉丁文化和拉丁语等；二是对未征服的日耳曼区域采取军事化的策略，大举兴兵。但自始至终，莱茵河以东的大日耳曼尼亚地区都未曾全部被罗马人征服，莱茵河与多瑙河一直都是罗马人与日耳曼人之间的天然边界。[②]

相比于政治老手罗马人，日耳曼人并没建立起成熟、完善的行政体制，"外交"也就无从谈起，日耳曼部族当时还不知外交为何物。虽然与政治学意义上的外交相去甚远，但日耳曼人已有了对外交往的意识，出现了较低级范畴的对外关系，逐渐展开了与罗马人的贸易。双方在莱茵河与多瑙河等边界设立了贸易关卡，原材料、农产品、手工制品等方面的贸易往来尽最大可能维持了双方的和平与稳定。

在频繁的对外交往中，日耳曼人逐渐学会了罗马人的农业生产技术，掌握了相对于游牧更为先进的生产力；同时，商业需要人力高度集中的手工业生产，这也为日耳曼早期城市形态的出现奠定了基础。开埠于公元前 16 年的特里尔（Trier）至今仍保留许多古罗马时期的遗迹，是日耳曼从部

[①] 〔古罗马〕凯撒：《高卢战记》，任炳湘译，商务印书馆，1979，第 149 页；〔古罗马〕塔西佗：《阿古利可拉传　日耳曼尼亚志》，马雍、傅正元译，商务印书馆，2009，第 63 页。

[②] H. Grundmann, Hrsg. , *Handbuch der Deutschen Geschichte*, München: dtv Verlag, Bd. 1, 1991, S. 73.

落文明走向城市文明的见证。除生产力的提升外,外部因素也为日耳曼的兴盛提供了难得的机遇。公元2世纪后叶至3世纪,罗马帝国瘟疫肆虐,劳动人口锐减,政府对奴隶和自由农民的剥削更加残暴严重,农民起义连绵不绝,军队叛乱与军事政变也同时困扰着帝国,使罗马面临全面的危机。瞅准时机的日耳曼人不断侵袭罗马边界,占领罗马人的土地。除生产力提升及罗马帝国日渐衰败外,第三个重要因素则是日耳曼的民族融合。公元4世纪,日耳曼的民族大迁徙开始。日耳曼人与罗马人有时建立同盟,有时剑拔弩张,分分合合近一个世纪,罗马帝国境内的日耳曼部族不断进行内部融合,建立了数个足以撼动罗马帝国的部落王国,不仅使罗马帝国的行省制度名存实亡,还把帝国推到了覆灭的边缘。

公元5世纪后叶,战胜罗马帝国在北部高卢的最后统治者西格里乌斯(Syagrius)后,日耳曼人的一支部族法兰克人建立了法兰克王国,该王国先后经历墨洛温王朝(481~751)和加洛林王朝(751~843)两个时期。对外关系的开展需要国家形态,日耳曼人第一次建立了盛极欧洲的封建王国。这一时期的对外行为的主线就是扩张,复杂的王权继承关系并没有影响扩张政策的实行,甚至于在墨洛温家族的宫相(Hausmeier)"矮子"丕平(Pippin der Jüngere)篡权并建立加洛林王朝后,丕平之子查理曼(Karl der Große)继续奉行扩张法兰克王国的国策,并在53次铁血征伐中成就了法兰克帝国。最终,在得到教皇的加冕后,查理大帝君临天下,所向披靡。德意志人似乎始终有寻找"有神力者"的趋向,无论是旧时还是当世。

查理大帝死后三十年,法兰克帝国一分为三,在《凡尔登条约》和《墨尔森条约》签署后,东法兰克王国、西法兰克王国和中法兰克王国的地域范围最终得到确认,在地理上成为今天德国、法国与意大利的雏形。有趣的是,查理大帝的三位孙辈"德意志人"路德维希(Ludwig der Deutsche)、"秃头"查理(Karl der Kahle)和洛塔尔一世(Lothar I.)于公元842年派遣使者(共110人)协商分割帝国的事宜,并于次年签署"分家条约"。[①]"最早的德意志人"通过战争建立了法兰克王国,但却通过外交协商瓦解了法兰克帝国。

---

① C. Brühl, *Deutschland-Frankreich*, *Die Geburt zweiter Völker*, Köln: Böhlau, 1990, S. 353.

二 历史的开端：德意志的诞生

时间是打磨文明的利器。虽然都具有日耳曼人的血脉，但东西两个法兰克王国的文化逐渐差异化。高卢地区的西法兰克王国深受罗马文化影响，语言逐渐拉丁化；东法兰克王国的生活方式依然维持着古老民族的本来面貌，使用传统的日耳曼方言，源自古萨克森语 thiod（民族、部落）一词的 deutsch（德意志）逐渐被东法兰克王国的人所接受。"德意志"最初是个语言范畴，是与罗曼语和法兰克语具有同等地位的东部语言，随着民族意识强化，语言成为民族认同的来源并得到维护。"德意志"一词也逐渐取代东法兰克，成为民族的新身份。

按照《圣经》的说法，大洪水之后，诺亚的三个儿子分别走向东、西、南三个方向。现实中的法兰克帝国分为三块，似乎和故事也有那么点相似之处。更像的恐怕是诺亚之后的事了。"巴别塔"的传闻寓意深远，它告诉我们语言是民族形成的重要基础。德意志人自"分家"之后的身份历程，似乎复刻了寓言。

公元 10 世纪以后，德意志王国成为由萨克森公国、施瓦本公国、巴伐利亚公国、法兰克公国和洛林公国五大公国构成的联合体。通过五大公国的选举，"捕鸟者"亨利一世（Heinrich Ⅰ. der Vogler）于公元 919 年当选为德意志国王，此举既避免了权力真空可能导致的被西法兰克王国吞并的结果，又使德意志王国拥有了崭新的开端。[1] 在所处的封建时代，德意志的诞生看起来如家务事一般，现代民族国家意义上的对外关系显然不存在，但雏形早已具备，其逻辑与今日也无大不同。

亨利一世的儿子奥托一世（Otto der Große）继位后，面对内忧外患始终临危不乱，德意志王国的领土范围甚至得到扩大。他通过战争、联姻与培植亲信等各种方式，成功稳定了五大公国，其中两个直接由奥托掌握，另外三个与其有血缘或姻亲关系。德意志王国的贵族集团这一政治基础由此稳定了下来。奥托在对外关系上需要面对法国和意大利这两大"宿敌"。在处理对法国的关系上，奥托将自己的同胞姐妹分别嫁与法王路德维希四世（Ludwig Ⅳ.）与公爵胡戈（Hugo der Große）。然而法王视公爵胡戈为

---

[1] W. V. Giesebrecht, *Geschichte der deutschen Kaiserzeit*, Leipzig: Dunker & Humbolt, Bd. 1, 1881, S. 207.

政治威胁,三角一般的姻亲关系给奥托介入法国内政提供机遇。在奥托的军事协助下,法王削弱了胡戈的政治影响力。在处理对意大利的关系上,奥托趁意大利国王去世,通过政治操弄将意大利内部的权力真空转变为于己有利的政治机会,率大军浩浩荡荡地挺进意大利,迫使意大利贵族臣服,并迎娶国王遗孀,顺理成章地成为意大利国王。①

奥托对外政策的顺利实施是具有重要前提的,即维持与罗马教皇的良好关系,借助教会的"神圣性授权"武力征伐东部斯拉夫人的土地,凶狠打击马扎尔人。奥托还建立了一套独特的"帝国教会制度",以平衡教会与贵族的关系。由于教会与各个政治势力并无瓜葛,他便让神职人员担任公职,并享有贵族的特权,从而将教会作为制衡世族的武器,置于自己的王权之下。同时,教会人员具有良好的文化水平,使德意志的行政效能大大提升。公元955年,新任教皇约翰内斯十二世(Johannes Ⅻ.)一上任就陷入罗马贵族的争斗之中,其地位岌岌可危。奥托承诺保护教皇并率军襄助,因此被教皇加冕为"奥托大帝",奥托实现了效仿查理大帝建立欧洲帝国的野心。在历史观念中,德意志的国王是神圣的,是神的宠儿。这一点和封建时代的中国并无二致。国王是内政与外交的唯一决策者,他的才能往往决定了一个王朝,乃至一个国家的命运。

三 帝国的兴起:神圣罗马帝国的"荣光"

奥托大帝建立了神圣罗马帝国,开创了由君主确认教皇继承人的先例。他的后嗣依然坚守帝国教会制度,但教皇却不甘受世俗皇权的制约,努力扩大对世俗政治的影响。此外,帝国境内的主教到底是由国王授职还是由教皇授职,成为关乎权力正统性的关键问题。

教皇坚称,"国王也是俗人,不具有任命权",否决了国王具有天然的神圣性身份。并且,教皇还与帝国境内的反对派联手,对时任德意志国王亨利四世(Heinrich Ⅳ.)施加压力,甚至罢黜其帝位,迫使亨利四世最终妥协,也让皇权长期遭到教权压制。教皇与德皇围绕主教授职权的争斗持续了百余年,皇权最终败于罗马教权,这由如下两个直接原因导致。

第一,教皇乌尔班二世(Urban Ⅱ.)以收复圣地为名发动十字军东征,极大地树立了教皇在欧洲各国的威信。此后的近两百年,九次十字军

---

① G. Althoff, *Die Ottonen. Königsherrschaft ohne Statt*, Stugart:Kohlhammer, 2005, S. 96.

东征使教会在欧洲具有绝对性权威。第二，德意志王国的诸侯们束缚了国王的手脚。德国贵族与王室的那些"觊觎王位者"借助上升的教权抗击德意志的王权，内部动荡持续存在。因此，与教会的关系在很大程度上左右了德意志的内外政策。

例如，亨利五世（Heinrich V.）作为英王的女婿，在英法冲突中自然支持英国，但面对强大的法国王室大军，德意志的军队只得临阵逃脱，这恶化了其与英法的关系。德国在英法之争中扮演了一个"懦夫"般的角色。面对东部邻国，德意志也一改强硬姿态，主动放弃部分领土以求边疆稳定。在内外交困的局面下，德国贵族们对王权的觊觎之心极度膨胀，选帝侯们围绕权力的争斗使德意志始终难以复兴。"神圣罗马帝国"远没有想象的强大。

历史表明，符合国家利益的外交得以有序推进的前提永远是内部的稳定。终于，腓特烈一世（Friedrich I.）在世族的斗争中胜出，凭借出色的才干使神圣罗马帝国国力达到顶峰。德意志国王需要教皇加冕才能成为合法的国君，但腓特烈一世显然将其关注点聚焦国内，其与教皇的关系冷淡。作为斯陶芬家族（die Staufer）与韦尔夫家族（die Werfen）两大对立家族的后代，腓特烈一世有优越的先天条件缓和德意志最严重的两大世族间的矛盾，并把树立皇权作为施政核心，通过采取划分贵族领地、授予并确认管辖权、调节继承权与新设国王直辖地区等"重新洗牌"的手段，将王室的领地连成一片。腓特烈一世对萨克森公爵"狮子"亨利（Heinrich der Löwe）的打压也最终成功稳定了国内政治。

作为神圣罗马帝国的"天选之子"，腓特烈一世开始稳健推进帝国外交。第一，随着社会经济的发展，教皇的地位日益受到意大利城市自治共同体的严峻挑战，罗马教皇需要腓特烈一世的支持。同时，罗马教会因继任问题而产生内部分裂，这也为腓特烈一世创造了外交空间。腓特烈一世拉拢与教会不睦的英国国王亨利二世（Henry II.），通过和亲与之结成政治同盟。第二，腓特烈一世频频征战东部地区，使波兰和匈牙利俯首称臣。他还利用"狮子"亨利在帝国东北部地区的势力阻拦了丹麦的扩张。法国、西班牙甚至拜占庭的王公贵族都忌惮腓特烈一世，神圣罗马帝国从而得到全欧洲的承认。第三，德意志觊觎意大利富饶地区的财富和税收，为强化在意大利的政治权力，腓特烈一世一生总共六次出兵意大利。传闻其红色胡须是被意大利人的血染成的，腓特烈一世还被称为闻风丧胆的

"巴巴罗萨"（Barbarossa，红胡子）。在政治上，腓特烈一世在行政、司法、财产、税收等方面颁布了四部针对意大利（主要是北部城市）的法律，这些法律使德意志王权在意大利实现了极大规模的覆盖，但也引起了教皇和市民的不满。

腓特烈一世于公元1190年意外去世后，其子亨利六世（Heinrich Ⅵ.）、其孙子腓特烈二世（Friedrich Ⅱ.）继续扩张，使西西里王国臣服。通过东归的骑士团，德意志王国在东部的政治影响力也越来越大，使东部邻国不敢进犯。同时，德意志对南部的雄心丝毫未减，意大利始终是其帝国战略的重心。德意志的内政外交的基本政策并未发生变化，其实行依然极度依赖统治者的个人才能。当没有政治才干的后继者继任时，帝国必然会由盛转衰，出现动荡。

历史的车轮不可避免地再次来到关键路口。13世纪中叶，德国又陷入了王权争斗。与历史相同，教会和贵族，甚至有影响力的新兴市民阶层与德意志王权的博弈不亦乐乎。域外的英、法等国为了商业利益也伺机而动。1254年到1273年，各方争夺极其激烈，风云诡谲，史称德意志的"大空位时期"。

四 永恒的王朝：地缘要冲哈布斯堡

彼时的欧洲，蒙古大军西征铁骑的势如破竹犹在眼前，诸侯的争权夺势加剧了德意志的内耗。在帝国的东部，一个小小的戍边侯国逐渐引起人们的注意。"奥地利（Österreich）"意为东部王国，自建立以来就处于帝国视线的边缘，没有得到德意志的青睐。随着王权竞争的白热化，奥地利的所有者哈布斯堡家族成为一个绝佳的选择。首先，奥地利地处帝国东部，肩负抵御外族的重任；其次，奥地利处在德意志与东南欧的交界地带，是其贸易的必经之路；最后，哈布斯堡家族似乎无意改变诸侯之间的权力格局，其权势不足，各大世族颇为放心。在这样的情形下，哈布斯堡家族的鲁道夫一世（Rudolf Ⅰ.）被推举为国王。

但这位哈布斯堡王朝的奠基人并非等闲之辈，他拥有着过人的政治才能。对内，鲁道夫一世积极与诸侯建立密切联系，稳定家族来之不易的地位。对于不愿臣服的诸侯，则收回其权利，甚至发动征伐。鲁道夫一世还通过立法重新确认哈布斯堡的家族领地，大大扩张了家族势力。其推动实行长子继承制，打消了诸侯插手家族事务的可能性。对外，为得到教皇的承认，鲁道夫一世声明将遵照教皇的意愿放弃对意大利的政治权力，并承诺组织一次新的东征。但由于教皇频频更换，且诸侯对鲁道夫一世的内政颇感不满，最终他未能加冕为皇帝。虽然时局对鲁道夫一世有些不公，但哈布斯堡家族并未停下脚步，继续向东拓展势力范围成为这一东方新王者的对外战略选择。不仅东部的土地得到大量开垦，农民生计得到保障，大大小小的城市也在东部新开发的地区出现，商业繁盛。①

德国在这一时期逐渐邦国化，其内部的封建割据造成了王国的政治分裂。鲁道夫一世死后，由于世族惧怕哈布斯堡王朝继续扩张，王位落入其他家族手中。随后的一百余年，几大家族轮流坐庄，国王之位数度易主。

随着法国中央王权的加强及英国议会制度的建立，法国与英国对德国境内诸侯的影响力大增。诸侯国需要考虑自身安全、经济利益，还要考虑与德意志其他诸侯国之间的政治与姻亲关系。这为外来势力介入德国政治提供了契机。同时英法之间也存在难以调和的领地和贸易冲突。这些都使德意志的外交面临极其复杂的局面。例如，哈布斯堡家族与势力正盛的法国结盟以求摆脱选帝侯的制约，而美因茨大主教等莱茵地区和佛兰德地区的诸侯与贵族则倾向于利用英国制衡哈布斯堡。哈布斯堡家族的德意志国王阿尔布雷希特一世（Albrecht I.）还试图利用教皇与法王的争斗，以期获得教皇的承认，为哈布斯堡家族赢得第一个帝国皇帝的头衔。再如，在英法百年战争的第一阶段，卢森堡家族的德意志国王查理四世（Karl IV.）奉行中立原则以稳定帝国西部，英法战争也使教廷陷入意大利内斗，但查理四世志不在成为欧洲居中的调停者，而是为家族在波希米亚、匈牙利、勃艮第等地谋权夺势，并为其子继任德意志国王而筹谋。

在欧洲中世纪的黄昏时分，王国的对外政策显然仍是为了家族利益而实施的权术阴谋。1356 年，查理四世颁布德意志的第一部基本法《金玺诏书（Goldene Bulle）》，以法律的形式确认了德意志国王的选举程序，确认了德意志选帝侯的各项权利。在各自的邦国内，选帝侯拥有至高无上的权力，同时还有权参与国王的内政外交决策。这一法令虽缓解了诸侯内斗，成为后来德国联邦制的起源，但也阻碍了德国迈向统一的民族国家的进程。以民族国家利益为目的的外交仍在酝酿之中。14 世纪的德国上空，始

---

① F. Rörig, *Die europäische Stadt und die Kultur des Bürgertum im Mittelalter*, Göttingen: Vandernhoeck & Ruprecht, 1955, S. 16.

终阴云密布。

13 世纪的哈布斯堡家族或许没有想到，历史进入 15 世纪以后，哈布斯堡王朝将统治德意志帝国长达四百年，几乎将选举制变为世袭制，几乎每一位哈布斯堡的德意志国王都被加冕为神圣罗马帝国的皇帝。但与此同时，德意志民族中最具战斗精神的一脉——普鲁士人（Preußen）在东部悄然崛起。从渊源来看，条顿骑士团（Deutscher Orden）这支由德意志贵族组成的骑士军团自十字军东征后便游荡于中欧，渴望立足。而波兰那时又屡遭近亲"古普鲁士人"的袭扰，波兰大公请求条顿骑士团帮助扫荡古普鲁士人。借助这个难得的机遇，条顿骑士团消灭了古普鲁士人，在波罗的海东南岸建立了德意志文明的新根据地。条顿骑士团还借用了"普鲁士"的名字，逐渐走向鼎盛。

波兰万万没想到，普鲁士竟"借尸还魂"，成为波兰历史上最大的梦魇。从 13 世纪到 17 世纪，普鲁士与波兰围绕采邑分封进行政治博弈，双方的恩怨长达四百年。虽后来臣服于波兰，但普鲁士始终静待时机，意图从蛰伏中反扑。几百年后，当哈布斯堡王朝不可避免地走向衰落时，德意志复兴的重任则正落到普鲁士的肩膀上。世界历史也随着德意志的每个脚步而发生变化。

第三节　近代对外关系的基石：欧洲民族国家的建立

中世纪末期，欧洲近代的序幕徐徐拉开，人类历史也即将踏上新的征程。城市的自由风气大大地促进了市民阶层的形成，与中世纪天主教的压制人性、等级森严形成鲜明对比。西欧资本主义迅速发展，新兴资产阶级既渴望摆脱宗教的束缚，建立世俗文化，又渴望拓展新的贸易路线，赚取更多的金钱。在这样的背景下，文艺复兴与地理发现成为两条必然的路径。

14 世纪至 16 世纪，兴起于意大利城邦的文艺复兴（Renaissance）席卷整个欧洲，科学技术与人文艺术成为刺向教会的两柄利刃。随着航海技术的大发展，欧洲的船队频繁出现在世界各地的海洋上，积极拓展新的贸易路线和贸易机遇。15 世纪后半叶，中世纪的精神支柱罗马教廷走向衰落，西欧中央王权迅速崛起，资产阶级积累了巨大财富，欧洲各国都在尝试摆脱教会的束缚。于是在 16 世纪初，一场如海啸一般的宗教改革最终强势改变了教会对欧洲的神权统治。随之而来的启蒙运动则又一次开启民智，极大地推进了 17 世纪以后欧洲各国的政治改革与反封建革命。在这样的背景下，在看似平静的哈布斯堡德意志王国，风暴与暗流彼此交织。

一 三十年战争：宗教派系的决裂与民族国家的兴起

中世纪后期，西班牙、法国与英国等国出现了宗教领域的新变化。西班牙教会出现了国家化现象，成为欧洲独立性最高的天主教会；法国建立了中央集权的君主制国家，将教会置于君权之下；英国从亨利七世（Henry Ⅶ.）开始，加快脱离罗马教廷的步伐。反观德意志，帝国始终是松散的联邦，政治上没有建立强大且统一的中央政权。而历任国王对教皇加冕的看重，使每个站在德意志之巅的豪族望门都不免陷于教会所设下的继承性、正统性的观念圈套。因此，教会始终有能力在政治上操纵德国贵族，在经济上剥削和压迫德国民众。

1517 年，罗马教皇利奥十世（Leo X.）派约翰·台彻尔（John Tetzel）在德国各地兜售赎罪券，诓骗百姓，借机聚资敛财，时为教士的马丁·路德以激情澎湃的檄文《九十五条纲领》揭开了宗教改革的序幕，提出"教皇无权赦免人的罪行，只有上帝可以""世俗权力高于教权""人人均在上帝与《圣经》面前平等"等主张，直截了当地揭露了教会的腐败与贪婪。实际上，当时的贵族、银行家、商人、新兴资产阶级、农民和城市底层贫民各色人等都希望通过反对教会的路德运动提升政治地位和改善经济境况，规模浩大的起义不断动摇帝国的根基。但反对路德的人自然也存在，他们出于利益驱使，要继续维护旧有的制度。

最终，这一观念差异体现在德意志各诸侯国对立的立场上，德意志的政治斗争使哈布斯堡王朝加速走向日薄西山的境地。在更广泛的欧洲层面，支持宗教改革派与支持罗马教廷派形成两大阵营，彼此激烈冲突，最终导致了一场具有划时代意义战争的爆发，并促使出现了真正意义上的属于民族国家的外交。

随着宗教改革运动在欧洲各国的影响力持续增加，欧洲原先一致化的信仰体系分崩离析，罗马天主教、东正教、英国国教、新教的加尔文宗和路德宗在欧洲各国的影响区域互相交叉，在任何一片区域都没有形成稳定的信仰根基。在神圣罗马帝国，北部区域路德宗影响力较大，南部靠近意大利的地区是罗马天主教影响力较大，西部靠近法国的区域则是加尔文宗影响力较大。哈布斯堡王朝虽然追随罗马天主教教廷，但邦国并非如此。自 17 世纪初起，新教就成为波希米亚王国的信仰，天主教势力逐渐衰弱。人们坚信的宗教走向多样化，致使社会冲突加剧。"信仰世界"与"现实世界"都显现了严重矛盾，一出荒诞剧即将拉开帷幕。

1618 年，作为哈布斯堡的世袭领地，波希米亚全邦被德意志皇帝要求改信天主教，以便皇帝指派的天主教国王能够顺利上任。波希米亚人将新国王的官员从宫殿窗口抛出，史称"掷出窗外事件"。这场德意志的内部风波引发了全欧洲两大势力的介入，历史上第一次全欧洲大战由此开启，并加速推动形成近代意义上的国际关系与外交。参战一方是以神圣罗马帝国、西班牙帝国、匈牙利王国和奥地利大公国等为代表的天主教联盟，另一方则是法兰西王国、英格兰王国、瑞典王国、波希米亚王国和萨克森选帝侯国等为代表的新教联盟。从 1618 年至 1648 年，这场"三十年战争"最终以天主教联盟的失败而告终，德国损失严重，人口锐减 30%，经济凋敝，民不聊生。新教联盟则战果丰硕，在欧洲的权势地位获得极大提升。《威斯特伐利亚和约》的签订成为近代国际关系史的开端。

《威斯特伐利亚和约》有三个重要影响。第一，在宗教领域，新教各派内部就某些问题达成一致意见。领主若在新教内改宗，不得强迫臣民改宗。对于罗马天主教、路德宗等得到承认的天主教宗派，信徒有信仰自由的权利。欧洲的宗教势力范围也由此得到确认，罗马教廷的影响力受到严重削弱。第二，在国内领域，德国政治分裂加剧，诸侯国重新划定地盘，领地的统治者还获得了外交权。德意志帝国变成一个极为松散的联邦，德皇的影响力如明日黄花，哈布斯堡王朝走向末路。第三，在外交领域，法国和瑞典得到了德国的部分领土，因此有机会成为帝国议会的等级代表，参与德国的内务。瑞典力量大增，成为北欧强国。和约的签订还为法国后来的崛起埋下伏笔。

威斯特伐利亚体系是近代国际关系史上第一个国际关系体系，确立了以主权和平等为基础的外交准则，为通过国际会议与国际法解决国际争端打下基础，民族国家登上历史舞台，各国的外交使节制度开始设立，有力地推进了外交事务的发展。此后，欧洲人将注意力从教会和神学转向国家和政治，人类历史开始驶入现代化的快车道，但也为后世开了"大国混战"的历史先河。

德国思想家韦伯的《新教伦理与资本主义精神》分析了新教的宗教观

念与资本主义发展背后的精神驱动力之间的正向关系，分析了像美国这样的新教徒占多数国家如何走向成功。但是这与德国似乎毫无关系，威斯特伐利亚体系建立后的近两百年，英、法等昔日敌手在全球开疆拓土，而德国则被彻底边缘化。"三十年战争"无疑是世界历史的里程碑。用"法兰西思想之王"伏尔泰（Voltaire）的话来说，1648 年之后的神圣罗马帝国，"既不神圣，也不罗马，更非帝国"。

二 帝国的覆灭："普奥"的争雄与图存

此时的英国与法国，民族国家建设正如日中天，德国仍不愿改弦更张。1648 年之后的哈布斯堡王朝依然存在——只是以一种格格不入的方式。神圣罗马帝国仍旧和罗马教廷绑在一起，继续打压新教徒和犹太人，哈布斯堡家族始终认为帝国就该如此，需要上帝给予神圣性的授权。这是长久以来德意志王国存在的方式，也表明了哈布斯堡并不愿意接受失败，这导致其止步不前。"三十年战争"后，德意志与西班牙结束了紧密的同盟关系；德意志与法国之间的战争断断续续，法国既试图在国际事务中排挤德国，又试图干预哈布斯堡德意志王国的内政；在东南欧，面对奥斯曼的疯狂进攻，德意志的生存压力十分艰巨。18 世纪的德意志境内，大大小小的邦国有三百多个，内忧外患，一地鸡毛。

一方面，当时神圣罗马帝国的皇帝，即奥地利国王查理六世（Karl Ⅵ.）膝下无子，长女玛丽娅·特蕾莎（Maria Theresia）于 1740 年继承奥地利王位，其丈夫弗朗茨·斯特凡（Franz Stephan）成为神圣罗马帝国的皇帝。这一事件引发国际争议，西班牙、普鲁士及巴伐利亚、萨克森等提出异议，英国和俄国则支持奥地利的这一决定。最终爆发了长达八年的"奥地利王位继承战"。另一方面，普鲁士的霍亨索伦家族尚武好战，极为重视军队建设。公元 1660 年，"三十年战争"结束后的第十二个年头，波兰不再享有对普鲁士的宗主权。普鲁士通过推行开明专制（enlightened despotism）[①] 政策，已然成为冉冉升起的欧洲强国。

巧合的是，在特蕾莎继位的 1740 年，霍亨索伦家族的腓特烈二世

---

① 开明专制是指，面对资本主义、启蒙运动带来的各种反抗斗争，欧洲专制君主在某些方面迎合资产阶级的要求，采取利于资本主义发展的开明举措，如先进的生产技术、宽容的宗教政策等，司法制度上也做出部分改革。这一政策积极促进社会发展，但其根本还是为了维护封建的专制统治。

(Friedrich Ⅱ.) 也继承了普鲁士王位。"普奥之争"不可避免地成为未来一百年德意志的剧情主线。似乎从这个时期开始,一个民族的双重性格开始形成。此时的神圣罗马帝国已成为一个政治上的虚体,奥地利国王虽贵为神圣罗马帝国皇帝,但其野心已经从全帝国退回到哈布斯堡的家族领地。这是一个离奇的历史阶段,普鲁士与奥地利一方面为了国家利益而厮杀,另一方面又放不下"德意志"这三个字的无上荣光。历史学家曾言:"德意志是一个不那么规范的政治实体,它是个怪物。"①

普鲁士这边,腓特烈二世上任之初,旋即以女性不可继承奥地利王位为由发动战争,并夺取了奥地利的西里西亚,一举确立了普鲁士的大国地位。为了减轻俄国与奥地利的威胁,普鲁士积极促成瓜分波兰的协定,实现了普鲁士地区的大一统。普鲁士还与英国签订同盟协议,使英国与奥地利传统关系变得紧张。通过外交与战争,以及国内大踏步的政治改革,腓特烈二世实现了霍亨索伦家族的大国夙愿。奥地利这边,特蕾莎与法国和俄国签订同盟协议,企图包夹普鲁士。特蕾莎还通过进攻性的对外策略,迫使奥斯曼与巴伐利亚割让土地。奥地利也参与了瓜分波兰。② 特蕾莎之子约瑟夫二世(Joseph Ⅱ.)继任后,虽然母子二人在瓜分波兰问题、巴伐利亚继承问题上存在差异,但在外交立场上大体差异不大:联合俄国打击普鲁士,与法国扭转敌对状态并保持结盟关系。凡是支持普鲁士的,奥地利都要联合一切力量反对。母子两人也通过开明专制实现了国家改革,为现代奥地利的形成打下基础。普奥这出"争雄德意志"的剧目进入白热化阶段。

德意志的新历史似乎需要一场旧帝国的覆灭仪式,德意志需要将旧帝国轰轰烈烈地送往坟墓,才能迎来崭新的一页。随着资本主义的发展,西方市民的自由意识增强,要求建立共和政体的呼声蔓延整个欧洲,帝制受到极大挑战。1789 年,法国大革命爆发,宣布根据人民主权原则建立新国家,成为人类走向现代共和的一部史诗。普鲁士的腓特烈二世和奥地利的

---

① Samuel von Pufendorf, *Die Verfassung des deutschen Reiches*, Berlin: Insel Verlag, 1994, S. 198.
② 据说特蕾莎未参加且反对瓜分波兰,一来是道德上过意不去,二来是由于波兰是法国的盟国,瓜分波兰将会破坏法奥之间以姻亲建立的关系(特蕾莎小女儿为法国太子妃)。这一政策是其子即当时的神圣罗马帝国皇帝约瑟夫二世策划实施的,为的是树立个人威望,并使奥地利获得大量领土。参见 H. Möller, *Fürstenstaat oder Bürgernation*, *Deutschland 1763 –1815*, München: Siedler, 1994, S. 297。

利奥波德二世（Leopold Ⅱ.）认为新政权违背神的原则和世界秩序，是赤裸裸的犯罪，声称以武力对抗。

在共同的敌人面前，以维护旧秩序为纽带，普鲁士和奥地利这对德意志冤家走到了一起。但法国的攻势正盛，特别是在军事奇才拿破仑势如破竹的枪炮铁骑之下，奥地利与普鲁士丧失大片领土，被迫签订领土割让条约，德意志的领土只剩易北河以东一小片区域，领邦也缩减到四十多个。1804年，拿破仑成为法兰西帝国皇帝，德意志西南地区的领邦随即臣服于法国。在摇摇欲坠了好多年之后，德意志终于毫不意外地彻底分崩离析了。

1806年，帝国最后一位皇帝弗朗茨二世（Franz Ⅱ.）宣布退位，至此神圣罗马帝国彻底消亡。弗朗茨二世于是成为奥地利帝国的第一位皇帝。拿破仑的军队长驱直入，与俄国形成掎角之势，夹在中间的普鲁士只得被动地任人宰割。直到第七次反法同盟大破法军的1815年，普鲁士才恢复了1792年的德法疆界。奥地利则于1815年建立了松散的德意志联邦，以求再次团结德意志各邦国。德意志始终深谙"合久必分，分久必合"的道理，其也知道，一旦德意志完成统一，将会给欧洲和世界带来什么。这幕德剧一直在不断更新，注定不会停止。

在这段时期的欧洲，反抗法国是绝对主线，德意志各邦国是"难兄难弟"，肩负起反法重任。可见，外交从来都是关乎国本的要紧事。弗朗茨二世决定维护奥地利的既得利益，从而放弃了神圣罗马帝国的荣耀身份，也放弃了哈布斯堡王朝数百年的苦心经营。随着法国日益侵蚀普鲁士的国家利益，甚至在征服的德意志地区建立了傀儡的"莱茵联邦（Rheinbund）"，腓特烈·威廉三世（Frederick William Ⅲ.）不能再继续保持中立，因而选择与拿破仑对抗，普鲁士加入反法同盟，维护国家利益。我们从中可以看到，"家族"在欧洲国际关系中的作用越来越弱，取而代之的是愈加强烈彰显存在的"民族国家"。

三　普鲁士之路：德意志新王者的降临

1814~1815年，随着拿破仑大势已去，由奥地利外交大臣梅特涅（Klemens von Metternich）策划并组织的一次近代史上规模最大、时间最长的外交会议在维也纳召开了。除奥斯曼帝国外，所有欧洲国家都派代表参会。会议打算重新确定拿破仑战败后的欧洲政治版图，重新划分领土，恢复被推翻的各国王朝及封建秩序。梅特涅通过灵活的外交手腕确立了欧洲的均势,即由俄国、奥地利、普鲁士和英国支配欧洲的国际政治秩序,这被称为"维也纳体系",是继威斯特伐利亚体系之后的又一个国际体系。普鲁士在领土方面收获最多,而奥地利的政治威望得到恢复。德意志双雄均有所获。

梅特涅是坚定的保守主义者,联合俄国、普鲁士与王朝复辟后的法国结成同盟,同时还强迫邦国,要求共同维护德意志和欧洲所谓的正统秩序。如 1815 ~ 1818 年爆发了德国大学生运动,德国大学生号召政治自由与民族统一,梅特涅视其为威胁并联合普鲁士和其他德意志邦国进行镇压。"四国同盟"此后残酷打压各国的革命,使欧洲专制制度又苟延残喘了三十年。梅特涅的思想和政策影响了当时的整个欧洲。对普鲁士而言,1815年以后的领土面积虽然扩大数倍,但疆域分散,这制约了国内大市场的形成。面对战后重建任务,普鲁士迫切需要稳定的财政收入。普鲁士经过多年的苦心筹谋与艰难博弈,组织德意志各邦国建立了关税同盟,形成一大片经济区。关税同盟将奥地利排除在外,普鲁士有力主导了德意志的经济统一,这成为德意志统一的重要历史节点。

奥地利与普鲁士体现了两种发展逻辑。奥地利坚决反对自由,这一政策贯穿了梅特涅 39 年的政治与外交生涯,直至其 1848 年被迫逃往伦敦。反之,于 1840 年继位的普鲁士威廉四世(William Ⅳ.)则在一定程度上表现出自由化倾向,采取了一系列措施以结束复辟政策。这一差异集中体现在 1848 年欧洲革命中。这场自由主义对抗专制君权的"民族之春(Spring of Nations)"波及了除俄国、英国和少数北欧国家之外的欧洲各地,德意志一些邦国出现改革派新政府。奥地利作为德意志政治风暴的中心,以武力镇压革命,死守反动阵线。愤怒的大众最终将梅特涅赶跑,并迫使皇帝斐迪南一世(Ferdinand Ⅰ.)退位。另外,面对自由浪潮,在民众的抗争压力下,普鲁士国王威廉四世则成立了一个温和自由主义的新政府,召开立宪会议,宣称建立联邦制的德意志帝国,以民选的议会来充分保障公民的自由。

这一立场虽然不是威廉四世的本意,但却受到推崇自由主义的邦国及政治领袖的响应,各邦于 1848 年 5 月至 1849 年 4 月召开法兰克福国民议会,讨论自由与统一的议题。在自由方面,君主立宪成为与会各方的共识,议会讨论了后续临时政府的过渡问题。在统一方面,议会提出两种方案,一个是成立包括奥地利和波希米亚在内的大德意志,将奥地利与波希米亚并入德国；另一个是成立以普鲁士为中心的小德意志，不包括奥地利。由于第二个方案将奥地利的德意志人地区与其他民族地区割裂，遭到奥地利政府的反对，奥地利与南部诸邦退出议会。普鲁士的威廉四世也拒绝小德意志方案，一来是对奥地利有所忌惮，二来是新宪法规定国王对法案没有否决权。威廉四世拒绝接受议会授予的帝位，坚持君权神授。实际上普鲁士和奥地利在长达一年的会议期间又重新恢复了君主专制。至此，革命彻底失败了，会议只是拖延或阻碍变革的工具。

1848 年这场革命是具有历史意义的，《共产党宣言》当年的问世激励着欧洲革命者们战斗的决心。被誉为"民族之春"的 1848 年欧洲革命席卷整个欧洲，成为共产党人参加的第一次战斗，是无产者的第一次大联合。这一事件大大促进了德意志的民族觉醒。

可以看到，奥地利在统一问题上仍想保持松散的德意志联邦，但是普鲁士则越发想要建立大一统的德意志国家。这种想法随着普鲁士在第二次工业革命中的突飞猛进而越来越强烈。德意志重要的工业及金融设施，基本都在普鲁士和加入关税同盟的邦国内。1861 年，威廉四世病故，其弟威廉一世（Wilhelm Ⅰ.）继承王位。威廉一世旋即任命才华出众的俾斯麦为首相兼外交大臣。俾斯麦在经济上以降低关税来拉拢英国，在政治上支持俄国镇压波兰起义，并许诺法国可以吞并比利时和卢森堡等莱茵河左岸地区的土地，同时还与意大利结盟。俾斯麦成功与多数强国保持紧密关系，并巧妙地利用了德意志的民族主义，对外发动三场战争，实现德意志的大一统。这是三场足以载入史册的普鲁士光荣之战，是俾斯麦的杰作。

第一，德丹战争。1864 年，俾斯麦以维护德意志的民族主权为名，联合奥地利对丹麦发动战争，以惩戒丹麦对北德地区两块争议领土的吞并。在战争结束后，三国签订《加斯坦因条约》，普鲁士和奥地利最终分管两块领土。第二，普奥战争。1866 年，普鲁士与奥地利的德意志权力之争达到顶峰，普鲁士借口奥地利撕毁《加斯坦因条约》，对奥地利发动战争。战后奥地利的北方四邦成为普鲁士领土，松散的德意志联邦瓦解，奥地利被迫退出德意志的统一进程。普鲁士则联合美因河以北的邦国与自由市共同成立北德意志联邦，普奥战争的胜利成为普鲁士向统一的德意志迈出的重要一步。第三，普法战争。面对美因河以南的由法国支持的四个邦国，俾斯麦不愿将其排除在德意志之外，普鲁士决定与法国决一雌雄。1870 年，霍亨索伦家族的一位亲王被选为西班牙国王，法国反对德意志亲王担任西班牙国王。俾斯麦煽动南德与北德的德意志民族情绪，以保卫民族荣耀为名，组织庞大的武装力量打击法军，迫使法皇拿破仑三世（Napoléon Ⅲ.）投降。投降两天后的9月4日，巴黎爆发革命，法兰西第三共和国建立，法兰西第二帝国灭亡。普鲁士军队乘胜追击。次年1月，普鲁士国王威廉一世在凡尔赛宫加冕为皇帝，成立德意志帝国。普法战争使普鲁士王国最终完成了德意志的统一伟业。

四　二世而亡矣："大陆政策"与"世界政策"

由普鲁士建立的德意志帝国，不仅完成了德意志长久以来的统一梦想，也标志着维也纳体系的覆灭。与普鲁士的辉煌完全不同，奥地利帝国被迫接受"双元帝国制"，建立奥匈帝国，哈布斯堡王朝近乎走到末路。1848年匈牙利革命被镇压后，匈牙利民族独立之声不绝于耳，为防止匈牙利再次独立，奥地利帝国与匈牙利于1867年签订《奥地利—匈牙利折中方案》，改组为奥匈帝国，成为政合国，这指两个及以上的国家在各自宪法中明示同一国际法主体和最高统帅权。简言之，其成为"内政独立、外交统一"的国家联合体。匈牙利由此获得高度自治权。

德意志统一后，俾斯麦明确将欧洲大陆视为德国的对外政策重点，努力维持以德国为霸主的欧洲和平。德国对外关系的首要任务是防止法国崛起，阻断其向德国复仇的可能性。为此，俾斯麦于1873年主导建立了德奥俄三皇同盟（俄国随后退出，俾斯麦于1887年与俄国签订《再保险条约》，俄国保证在德法之间保持中立），于1882年建立德奥意三国同盟（后罗马尼亚于1883年加入）。这表明德国既拉拢俄国，防止俄国与法国夹击地理位置居中的德意志，又联合奥匈帝国，以应对俄国和法国的潜在结盟可能。这一外交政策是由德法矛盾已上升为欧洲主要矛盾的现实所导致的。同时，德国还要暗地里抑制俄国的扩张，特别是俄国在中欧地区与巴尔干的扩张。在巴尔干地区，俄国与奥匈帝国存在矛盾，这给德国提供了难得的外交机会。在近东和中亚地区，俄国还和英国有利益冲突，俄国在地中海的势力扩张也威胁到英国通往印度的海上航线。

德国巧妙利用了这些利害冲突避免了潜在敌手对自己的威胁，主导了当时的欧洲权力格局，为新生的德意志帝国赢得了宝贵的发展空间。这一对外政策的转变是德国政治权力斗争的结果。1888年，末代德皇威廉二世（Wilhelm Ⅱ.）继位，在内政外交上与俾斯麦分歧颇大。例如，在外交领域，威廉二世作为英国女王维多利亚（Victoria）的外孙，自然亲近英国。威廉二世希望在海外得到英国的帮助，获得殖民地及自然资源，以便于德国的工业化。但俾斯麦仍视维持与俄国的关系为外交重要方向。在诸多难以调和的矛盾下，"铁血宰相"俾斯麦递出辞呈，告老还乡。此时德英之间的矛盾还不凸显，随着德国对外政策的转变，德英矛盾在接下来的数十年里愈演愈烈，大国在世界范围内的利益冲突加剧。

　　威廉二世的内政外交战略着眼于德国的世界大国地位及绝对崇高的个人威望。德国需要市场与资源，因此在一定程度上放弃了俾斯麦时代的贸易保护主义，德国与奥匈帝国、意大利、比利时、瑞士、塞尔维亚、罗马尼亚等国家签订了贸易协定。威廉二世的"世界政策"与德国工业的极大繁荣有很大关系，外向型经济使德国加大了在世界范围内的扩张，一如英国等老牌资本主义国家。[1] 德国国内的民族主义情绪也成为"世界政策"的精神动力，国内要求殖民扩张的声浪逐渐成为德国外交的主导之声。"世界政策"意图通过扩建海军和占领殖民地成为与英法相同的世界霸权。德国决定彻底扭转俾斯麦时期的对外路线，采取亲英疏俄的策略，放弃与俄国续签《再保险条约》，并以大幅度牺牲非洲殖民地利益为价码，与英国签订《赫尔果兰—桑给巴尔条约》，以结英国之欢心。这一德国的外交新立场直接促成了俄国与法国的结盟。与此同时，由于英国继续在非洲扩张，德国不得不对英国提出抗议，这为两国尚在襁褓中的关系增添了不确定性。除此之外，在近东、远东等地，德国与其他列强之间的殖民地争夺也十分激烈。

　　德国激进扩张的政策缺乏谨慎周密的计划，其锋芒毕露的扩张打破了各国相对稳定的格局，列强决定联手应对德国的威胁。1904 年与 1907 年，英国分别与法国和俄国签订条约，解决了殖民地的利益冲突。威廉二世的对外政策最终导致德国处于孤立的境地，其盟友也只剩下实力较弱的奥匈帝国与意大利。德意志帝国不免走向"二世而亡"的惨境。但威廉二世治下的德国第一次走向全球，只是和英法不一样，德国的初尝是个惨败的经历。在此后的百年间，德国的"全球之旅"似乎停了下来，直到德意志再次以完整的形态面对世界。德国不做好万全的准备就不愿再出发，"谨慎"

---

① Baron von Falkenegg, *Die Weltpolitik Kaiser Wilhelm's II.: Zeitgemässe Betrachtungen*, Berlin: Boll u. Pickardt Verlagsbuchhandlung, 1901, S. 63.

是历史给予德国的一个小贴士。

第四节　现当代德国对外关系：从战争机器到文明力量

20世纪被誉为"战争世纪"，人类第一次无限接近灭亡。两场席卷全球的热战及一场持续近半个世纪的冷战把人们推向痛苦的边缘，至今仍令人心有余悸。德国在这三次"战争"中都是最关键的角色。

一战后德意志千年帝制消亡，二战后纳粹毁灭，直到冷战后，德国才终于以统一的身份迎来新生。世界体系不断被摧毁并重建，德国在棋手和棋子的身份间经历了数次转变，民主共和也出现了数度兴衰。在20世纪历史变迁的各个重大节点上，德国都以独特的身份参与其中。德意志这一曾经数次挑起争端的"战争机器"，如何演进为呼吁和平的文明力量，是本节的重点。解读20世纪的德国对外关系，对于进一步理解21世纪后德国对外关系的演进逻辑，具有根本性和基础性的意义。

一　帝制的终结："一战"及魏玛共和的初次尝试

19世纪末至20世纪初，在威廉二世"世界政策"的极力推动下，德国在非洲、亚洲和南太平洋斩获许多殖民地。德国一改俾斯麦时期冷视殖民的对外政策，在殖民扩张及海军建设方面进展迅速。虽然仍旧不及老牌"日不落帝国"英国，但德国的企图已经严重威胁到英国与法国的海外利益。1894年，俄法同盟成立；1904年，英法协约签订；1907年，英俄协定签署。至此，英国、法国与俄国建立同盟关系，以应对德国咄咄逼人的战略攻势。

两大军事集团一方面加紧军事建设，打起了军备竞赛；另一方面，在巴尔干、北非等关键区域展开数场激烈博弈。特别是在多民族、多宗教的巴尔干地区，土耳其的统治地位受到地区人民的挑战与域外势力的干预，最终导致土耳其于1913年败退，撤离巴尔干。而巴尔干作为战争火药桶，不可避免地被对抗中的欧洲大国所引爆。土耳其撤离后，巴尔干的领土分割成为塞尔维亚、保加利亚和希腊等国针锋相对的焦点。

塞尔维亚与希腊都反对保加利亚占有面积最多的土地，后引发战争，保加利亚虽有奥匈帝国支持，但依然战败，投入以德国为首的"同盟国"

的怀抱。而在巴尔干问题上始终得到德国支持的奥斯曼土耳其虽撤离了巴尔干，但依然是德国的盟友，德国希望土耳其起到对抗俄国、遏阻英法的作用。欧洲由此形成两大军事阵营：德国、奥匈帝国、土耳其和保加利亚组成的同盟国集团和以英国、法国与俄国为首的协约国集团。在法德、俄奥与英德这三组不可调和矛盾的激烈碰撞下，战争一触即发。1914年的"萨拉热窝事件"引发了第一次世界大战。

1914年6月28日，奥匈帝国皇储斐迪南大公（Franz Ferdinand）夫妇在萨拉热窝视察时，被塞尔维亚青年加夫里若·普林西普（Gavrilo Princip）枪杀。普林西普仇恨奥匈帝国统治波斯尼亚，认为波斯尼亚应与克罗地亚等斯拉夫地区并入塞尔维亚，组成统一的南斯拉夫。这一设想在巴尔干地区民间始终有基础。愤怒的奥匈帝国希望借此铲除塞尔维亚，并扩大在巴尔干的势力范围。

奥匈帝国对塞尔维亚提出多项严苛要求，塞尔维亚在满足绝大多数要求的前提下，仍受到奥匈帝国的军事打压。德国起初误判了形势，认为即便发动战争也是区域性的，奥匈帝国可以自行处理，对协约国也做出了错误估计，认为协约国不会跟进这一事件。但令德国没想到的是，协约国在奥塞冲突问题上立场强硬，表示并不会惧怕同盟国挑起的战争，以此施压德国。协约国显然将这一事件作为打压德国的政治机会。[1] 德国此时才开始真正担忧战争的可怕后果，但为时已晚，即便德国试图安抚冲突双方，还是错过了外交干预的最佳时机。

一个月后的7月28日，奥匈帝国对塞尔维亚宣战，第一次世界大战由此爆发。战争逐渐成为各国民族情绪的发泄手段，德国上下对捍卫年轻的德意志帝国充满极大热情。随着意大利转投协约国，美国加入协约国，形势开始不利于同盟国。德国与奥匈帝国的国内政治、经济与社会乱作一团，危机不断，战争支出远超预期。1918年，德国被迫向协约国发出和谈意愿。在美国总统威尔逊（Thomas Woodrow Wilson）"十四点纲领"的基础上，双方展开谈判。同盟国不得不接受停战条件。德国战败了。

实际上，这场灾难给各国造成的伤害是巨大的，从各国阵亡人数来看，德国阵亡180.8万人，奥匈帝国阵亡120万人，英国阵亡94.7万人，

---

[1] David Calleo, *The German Problem Reconsidered: Germany and the World Order, 1870 to the Present*, Cambridge: Cambridge University Press, 1978, pp. 30 – 36.

法国阵亡 138.5 万人，俄国阵亡 170 万人。① 一战的惨痛后果是外交失败导致的。战后奥匈帝国解体，匈牙利等国独立，一些少数民族区域合并于域外母国，哈布斯堡家族遭到驱逐。战后德国国内也出现严重动荡。迫于战败和国内的革命压力，1918 年 11 月 28 日威廉二世退位，德意志帝国彻底化为历史尘埃。

1919～1920 年，协约国与同盟国签订系列条约，这些条约连同《凡尔赛和约》一起确立了凡尔赛体系，即在欧洲、西亚、非洲的统治新秩序。1921～1922 年，在华盛顿会议上，一系列关乎帝国主义在东亚、太平洋地区统治秩序的条约签订，形成了华盛顿体系。列强之间经过激烈的外交斗争，终于建立了 "凡尔赛—华盛顿体系" 这一战后资本主义世界的新秩序。

不破不立——从某种意义上讲，德国迎来了曙光。"十一月革命" 之后，德国迎来了第一次共和。被后世称为 "魏玛共和国（Weimarer Republik）" 的新国家的建设拉开了帷幕。新共和国需要解决的首要外交问题是战后和约的签订，即《凡尔赛和约》的签订。由于协约国对条文的规定极为严苛，如果签订，德国将蒙受惨重的损失，魏玛临时政府陷入两难，总理谢德曼（Philipp Scheidemann）拒绝签订条约，愤而辞职。1919 年 6 月 28 日，协约国向德国发出最后通牒，魏玛共和国总统弗雷德里希·艾伯特（Friedrich Ebert）被迫接受条约。德国被迫割让土地及海外殖民地，同盟国在国际格局中的地位受到严重打击，凡尔赛体系由此建立。

由于《凡尔赛和约》极大地损害了德国的利益，使德国背负难以承担的战争道义罪责与履约赔款义务，这为德国右翼民族主义的兴起提供了依据，甚至为后来的二战埋下伏笔。魏玛共和国是一个复杂的联合体，被压制的无产阶级、孱弱的新兴资产阶级、转型为大资产阶级的容克贵族，以及时刻渴望复仇的军人等同时处在一个被压抑的新生政权之下。它仍有帝国时代的封建烙印，因此其向新兴资产阶级共和的转型是异常艰难的。魏玛共和国只是一个妥协的结果，一次初步的尝试。

二 希特勒风暴：纳粹的兴起及 "二战"

在魏玛共和国成立的最初几年，战争赔款都是外交方面的核心议题。

---

① Martin Vogt, Hrsg., *Deutsche Geschichte: Von den Anfängen bis zur Wiedervereinigung*, Stuttgart: J. B. Metzler Verlag, 1996, S. 566.

新生的苏联于 1922 年放弃赔偿，德国与苏联恢复外交关系。美国帮助制定了"道威斯计划"，试图用恢复德国经济的办法来保证德国偿付赔款，此后美国资本大量流入德国，极大地刺激了经济复苏。1925 年，德国与英国、法国、意大利、比利时、捷克斯洛伐克和波兰签署一系列文件，文件总称为《洛迦诺公约》，该公约保证维持德国与西部邻国的边界现状，对改善德国的外交关系、稳定欧洲的对外格局有积极意义。次年，德国成为国际联盟成员，任常任理事国，德国回归国际社会。同时，德国的经济也恢复到战前水平，经济发展势头良好。

但德国最终还是没能走上稳定的发展道路。实际上在魏玛共和国时期，德国国内经济社会政策就存在问题，只是隐藏在"外资狂欢"之下。1929 年美国出现经济大萧条，资本顷刻间撤离德国，德国经济随之面临崩溃。本就没有压制住的国内右翼民族主义势力，以及对经济不满的社会底层联合起来，催生了一股强大的保守力量。1928 年议会选举中仅获 2.6% 选票的纳粹党，在 1930 年的选举中获得 18.3% 的选票，一跃成为议会第二大党。1932 年纳粹党的选票份额达到 37.3%，[①] 主流政党已无力阻挡其势头。1933 年之后，德国成为纳粹党统治的一党专制国家。短短 14 年，魏玛共和国就走到了尽头。

1933 年，保守主义总统兴登堡（Paul von Hindenburg）任命希特勒（Adolf Hitler）为德国总理。希特勒上台后，便着力推动"一个国家、一个民族、一个领袖"的政策，在政治、经济、社会、民族等领域进行大刀阔斧地改革，确立了纳粹一党制与个人独裁。在外交方面，希特勒加强军备建设，以英法等国不对等的裁军侵犯德国利益为由，退出国际联盟与国际裁军会议。希特勒于 1936 年 3 月宣布废除《洛迦诺公约》，不顾《凡尔赛和约》的规定派出 3 万德军进入莱茵非军事区，沿德国西部边界建设防御工事。1936 年 11 月，德国与日本缔结反共产国际协定，1937 年 11 月，意大利加入此协定，轴心国集团形成。同时，希特勒对于吞并奥地利，建立一个大德意志国家有极大兴趣，德国积极培植奥地利国内的亲德极端势力。1938 年 3 月，奥地利被德国吞并。接下来的牺牲者是捷克斯洛伐克。1938 年 9 月，希特勒利用西方大国的绥靖心态，与英、法、意签署《慕尼

---

① 数据来源：德国联邦议会网站，https://www.bundestag.de/resource/blob/190456/f8d637d10 39a06a614cff0264f8b5d10/reichstagswahlergebnisse-data.pdf。

黑协定》，将捷克斯洛伐克境内的德语区——苏台德地区占领。西方大国的妥协显然没能换来和平，也没能按英法的预期将"德意志祸水"东引至苏联。1939 年 8 月，苏联积极筹谋，和德国秘密签署《苏德互不侵犯条约》，波兰成为大国博弈的又一个牺牲品。1939 年 9 月，德国入侵波兰，此时的英国和法国才被迫对德国宣战，但为时已晚，希特勒把侵略欧洲的密令付诸了实践。丹麦、挪威等周边国家相继沦陷，法国也于 1940 年 6 月向纳粹德国举了白旗。

纳粹德国起初的攻城略地是西方大国不作为的结果，是它们自私自利地与苏联战略对抗的一部分。面对英国与苏联，德国寄望于逼迫英国和谈和出兵打败苏联。德国的这两个目的均未成功。在西侧的大西洋地区，英国得到了美国的军事支援。1941 年美国参战后，德国的海空投入逐渐透支。1944 年，英美盟军在法国北岸诺曼底登陆。三个月后，法国光复。在东侧的大陆地区，德国在入侵苏联的初期取得了不小的胜利，激发了希特勒狂妄本性。由于德国铺展开的战线过长，德军从 1943 年起就不断败退。此时的盟军重新集结力量，向德国发起猛烈的进攻，誓夺被侵占的领土。在东西两面夹击下，德国溃败了。

1945 年 5 月 8 日，纳粹德国宣布无条件投降。由于穷兵黩武，曾经自诩为神圣罗马帝国（962～1806）和德意志帝国（1871～1918）延续者的"德意志第三帝国"最终自食恶果，短短十余年就毁灭殆尽。正如 1934 年纽伦堡纳粹党代表大会上极端主义者的宣言："希特勒就是德国，德国就是希特勒。"从某种意义上讲，希特勒最终自杀了，某一种人格的德意志也随之灭亡了。

三 冷战阴云起：阵营对抗中的两个德国

二战后，处置德国问题是各方棘手的头等要事。美国总统罗斯福（Franklin Delano Roosevelt）在 1943 年 1 月的卡萨布兰卡会议上就明确表明，要求"德国无条件投降"，之后美、苏、英达成一致意见，认为"德国应该被肢解或至少非中央集权化"。① 德国成为命运由别人主宰的山羊，大国基于各自的现实利益与威胁评估，在谈判桌上最终敲定，决议分割德

① Peter H. Merkl, *The Origin of the West German Republic*, Oxford: Oxford University Press, 1963, p. 4.

国。德国则"从根本上选择了西方式民主",走向新的共和。[1] 这个阶段的欧洲百废待兴,千疮百孔的德国则更是面临来自各个层面的困难,首要困难便是德国分裂这一政治现实。

根据雅尔塔会议和波茨坦会议的协议,德国一分为四,由英、美、法、苏四个战胜国占领,四国建立一个最高管理单位"盟国管制委员会"来管理德国事务。以美国为首的西方阵营和以苏联为首的东方阵营处于意识形态激战之中,都在各自的占领区内进行了基于本国政治架构的体制建设,最终导致德意志联邦共和国和德意志民主共和国两个主权独立国家的出现。此后,民主德国("东德")依附于苏联,在外交上与苏联保持一致。联邦德国("西德")虽从属于西方阵营,但逐渐积极地采取了一些与苏东集团缓和的举措。在冷战后建立起的美苏全球争霸的雅尔塔体系内,联邦德国历任总理的目标只有一个,那就是德国统一。

为达成这一国家的"最高利益",已彻底"去军事化"的联邦德国一方面依赖于北约,由北约提供安全保障;另一方面则提倡西欧联合,缓解邻国矛盾并希望借助欧洲的整体力量实现德国的复兴。1950 年法国提出"舒曼计划",建议西欧的煤钢共同由一个超国家的机构集中管理,此举得到了联邦德国、荷兰、意大利、卢森堡、比利时的响应。1951 年,欧洲煤钢联营成立,由此拉开了欧洲一体化的序幕。1954 年 10 月 2 日,联邦德国得到西方盟国的接纳,成为北大西洋公约组织的成员国,从敌人变成盟友。至此,联邦德国重整军备的可能性降到最低,与邻国和解的进程加速。20 世纪 50~60 年代,联邦德国一直是法国听话的小伙伴,即便在一体化建设中损失国家利益,也愿顺应法国意愿而让步。

在对东方国家的关系上,联邦德国在 20 世纪 70 年代以前一直坚持不承认民主德国的"哈尔斯坦主义",联邦德国对苏东集团的外交空间极为局促。此外,随着柏林墙的建立,苏联对联邦德国的安全威胁日益严重,1969 年勃兰特(Willy Brandt)任总理后采取"新东方政策",承认战后现状,承认民主德国并与东欧各国建交,以换取联邦德国与东方关系的改善,逐步求得德国问题的解决。1970 年,勃兰特在华沙犹太人纪念碑之前的"波兰之跪"令世界动容,向国际展现了德国忏悔过去、面向未来的

---

[1] Hans-Peter Schwarz, "Die Politik der Westbindung oder die Staatsräson der Bundesrepublik," *ZfP*, Bd. 22, 1975, S. 310.

"革新者"形象。两德关系走向正常化,即便美苏在大背景下仍处于对抗局面,两个德国在 80 年代的关系还是得到了快速发展。联邦德国慢慢推行基于本国本族利益的自主性外交。

20 世纪 80 年代末期,苏东国家陷入严重的经济困难,政治局势发生激烈动荡。在苏联"新思维"的推动下,东西方关系进一步缓和。苏东各国执政党领导者面对社会经济困境,被迫放弃极权政治和一党专政,放松了对社会的高压统治,实行政治多元化,反对势力于是纷纷通过民主选举建立新政权。东德也出现了大规模的示威游行,民众纷纷去往西德,东德处于混乱之中。西德领导人看到机会,不断喊话两德统一;东德领导者也与之进行诸多政治接触,以求与西德完成统一。然而两个德国的统一不仅是德国的内部事务,同时也涉及世界格局的变动,统一后的德国与联盟的关系、德波边界的确定、四大战胜国对德国的权利与责任等问题成为德国统一前必须解决的问题。1990 年 5 月至 9 月,美、苏、英、法和东西德先后举行四次"2 + 4"会议,最终达成协议,扫清了统一前的最后障碍。1990 年 10 月 3 日,德国重新统一,这是 1871 年德意志统一后的再次统一,德国走上了光辉的民族复兴之路。

四 德国的新生:冷战后的新德国外交

统一后的德国经济实力大大增强,政治上也极具影响力,频频以自信的形象展现在国际舞台。1991 年南斯拉夫内战,在美国和欧共体对斯洛文尼亚和克罗地亚的独立愿望明确表示反对之后,德国单方面宣布承认两国独立,以建立其在巴尔干地区的影响力。这一展现外交自主性的战略性做法令美欧大感惊讶,欧洲内部甚至出现了"德国的欧洲"即将重来的忧虑之声。随着德国影响力的提升,美国也不得不将德国视为平等的伙伴,而非曾经的受制于自己的跟班,甚至于在涉及欧洲事务的问题上,德国明确反对美国的介入,与美国针锋相对。

德国还积极与俄罗斯建立良好关系,为了国家利益而在美俄之间寻找平衡的支点。面对 21 世纪这一所谓的"亚洲世纪",科尔(Helmut Kohl)总理及政府自两德统一后就着力推动"新亚洲政策",如加强与亚洲的经济与科技合作、鼓励德国投资亚洲、积极与亚洲各国进行政治对话等,这些主张成为德国延续三十年的外交政策。当然,在对华关系方面,德国一方面推行价值观外交,批评中国的人权;另一方面又积极推动经济合作,依靠中国巨大的经济增长势头以获取发展红利。这体现了德国自主性外交战略中的实用主义特征，其具有较高的灵活性。

德国一直是欧洲一体化坚定的支持者，是欧盟东扩的坚决的推动者，是跨大西洋联盟的坚定的信念者。欧洲的联合始终是德国的主要外交任务，只是在冷战结束前，欧洲一体化是由法国牵头的"法德轴心"运转的结果，两德统一后，欧洲一体化进程越来越体现出德国主导下的"法德轴心"。在德国的努力下，1992年《马斯特里赫特条约》签订，作为对1957年《罗马条约》的修订，这一条约为欧共体建立政治联盟和经济与货币联盟确定了步骤，成为欧盟的基础。1997年成员国又签订了《阿姆斯特丹条约》，进一步完善欧盟的机制建设。为了联合与统一的欧洲，德国甚至放弃强劲的德国货币马克，接纳欧元这一前途满是问号的新生货币。在《欧盟宪法条约》频遭成员国否决这一"制宪危机"之下，德国转而推动《里斯本条约》这一简化易行版的《欧盟宪法条约》，该条约最终于2009年得到所有成员国的批准。在欧洲一体化的每一个遭遇危机的时间节点，德国都以"救火员"的身份力挽狂澜，逐渐成为欧洲最具影响力的政治力量。

但成为欧洲大国并不是德国的最终目标，德国的视野锁定全球。但它也深知战争发动者的既往身份始终是其走向政治大国的不利条件，德国一直有宏伟目标，即成为联合国安理会常任理事国，希望通过这一新身份一雪前耻。为实现这一政治目标，德国积极地联合具有相同诉求的地区大国，如日本、巴西和印度，同时在各种外交场合尽可能地赢得国际支持。德国还谋划了若干获取国际影响力的战略路径，其中国际维和与国际援助是两种主要手段。1993年，德国联邦国防军协助联合国重建索马里，这成为德国战后国际维和的首次尝试。1998年科索沃危机是德国二战后的首次参战，德国终于恢复了所谓的国家正常状态。从军事维和到军事作战，可以看到德国对政治大国地位的强烈追求。德国始终是联合国仅次于美国的第二大对外援助国，通过在全球积极开展人道主义援助与发展援助，对欠发达国家提供规模令人咋舌的援助，在全球获得了越来越大的政治影响力。

在历史的天空中，德国不再是一只漫无目的的游鸟，而成为一只寻回自我、创造新我的金雕。可以预见的是，未来德国将继续立足欧洲、面向全球，在外交自主性的基础上实现政治大国的梦想。这不是德国的突发奇想，而是大国地位的回归，是德国的夙愿。

第三章

基本面向——德国对外政策的框架设计

外交政策的核心目标是影响其他国家的政策和行动，以便自己国家的利益和价值观得到维护。可用的手段包括友善言辞，也包括巡航导弹。①

——安格拉·默克尔

纵观德国统一至今的三十年历程，以安格拉·默克尔（Angela Merkel）2005 年就任德国总理为界限，可以清晰地划分为两个阶段。第一阶段，自1990 年两德统一以来，德国进入了国家发展的新时期。进入新千年以后，德国经济发展势头良好，国际地位不断提升。"统一总理"科尔与继任者格哈德·施罗德（Gerhard Schröder）的对外关系理念虽然存在不同，但总体目标却一致，那就是恢复德国昔日的大国地位。他们的对外政策为德国的民族复兴打下良好基础。第二阶段，自 2005 年默克尔上任以来，德国在这位来自"东德"的女总理的领导下进入了一个新阶段。德文中甚至还创造了"女总理（die Kanzlerin）"一词，昭示着一个时代的来临，即"德国崛起的 2.0 时代"。在默克尔的带领下，德国成功地跨越全球金融危机、欧债危机和难民危机等障碍，在欧洲政治中的领导力一枝独秀。德国的复兴进程大大加速。

---

① 2006 年 2 月 3 日，默克尔首次以总理身份参加慕尼黑安全会议，这句话充分阐述了德国默克尔政府的对外关系理念。

如今，德国将面临"崛起3.0时代"的大考。无论默克尔的继任者是谁，属于哪个党，都回避不了德国对外政策的根本设计。这些设计延续已久，凝结了历任德国政府的政治精华。我们如何看待默克尔十六年的政治遗产？如何分析新时代的德国对外大战略？这需要对德国外交政策的框架有充分的了解。

本章将对德国对外政策的基本面进行介绍。

第一节 德国对外政策的基础：四根支柱

对外政策的基础是一国进行对外实践的重要条件，是非常具体的方面。国家的行动不可能仅考虑"国家利益"等直接的对外政策目标，也要考虑一些不得不遵循的制度性安排或限制性条件。本节提出对四个关键因素的理解。德国的对外行动，需要在一个由法律、机构、制度、民意等因素构成的框架中执行。

一 法律基础：和平宪法之于对外政策

由于德国发动的战争曾经给全人类带来过苦难，德国于战后深刻反思其对外政策的根本目的，总结历史的教训，认为自己再也不能远离文明社会的价值观了。但是，由于人类文明多样所带来的多元性，文明社会的价值观并没有统一的标准。虽然各文明所看重的价值各有不同，或许还存在价值观的对峙，但和平却是各国、各民族、各种文明的共同期盼。基于这样的共识，德国认为保障和平确实应该是其对外政策的根本目的所在，因此德国的对外政策也被视为"和平政策（Friedenspolitik）"。在德国《基本法（Grundgesetz）》这一国家的根本大法中，德国首先从法律层面保障了国家对外政策的和平原则。

德国《基本法》序言第一句就开宗明义强调："我德意志人民，认识到对上帝和人类所负之责任，作为统一的欧洲之平等成员，愿为世界和平做贡献，德国人民凭借其制宪权力，制定此基本法。"《基本法》第一条第二款写道："德国人民认可，人权的不可侵犯和不可剥夺原则，是每个人类社会，以及世界和平与正义的基础。"第二十四条第二款写道："为维护和平，联邦须加入互保之集体安全体系；为此，联邦须同意限制其主权，以建立并确保欧洲及世界各国间之持久和平秩序。"第二十六条第一款写道:"扰乱国际和平共同生活之行为,或以扰乱国际和平共同生活为目的之行为,尤其是发动侵略战争之准备行为,均属违宪。此等行为应处以刑罚。"① 《基本法》特别强调人权是和平正义的基础,因此也被称为"和平宪法"。

德国《基本法》还多次强调规范性的和平政策与《联合国宪章》的和平宗旨相吻合。《基本法》第二十五条写道:"国际法之一般规则构成联邦法律之一部分。此等规定之效力在法律上,并对联邦领土内居民直接发生权利义务。"国际法承认的价值观念与德国宪法的规定相呼应,这表明战后德国对国际规范和人类价值的尊重,以及融入国际社会的强烈愿望。德国作为国际社会中的平等成员,希望为实现和平做出自己的贡献。《基本法》对这一愿景做出了有力的保障,表明了德国人爱好和平的决心,使德国不再有重蹈战争覆辙的可能。

当然,德国《基本法》也规定了具体操作事宜。《基本法》第三十二条规定了邦州不负责外交事务,除非得到授权,否则外交由联邦统一负责;第七十三条规定了联邦政府在外交、国防、贸易等方面的权力;第五十九条规定了总统的权力,总统为联邦共和国国家元首的身份,根据国际法代表德国缔结国际条约、派遣并接受使节等,总统的外事活动纯粹是形式上和礼仪上的责任,总统不会对德国外交政策产生实质性影响。可见,宪法对德国对外政策具有根本影响。

二 机构基础:政府内阁之于对外政策

从实践上讲,政府机构是德国对外政策的输出端,包括外交部、国防部等在内的部委虽都是宏观意义上的对外政策制定方,但外交部的对外权限最大。因此在层级上,联邦总理和外交部为主要的对外政策制定方,包括外交部驻外使领馆或代表处,其他具有对外关系职能的联邦部委也是重要的对外政策参与方。

外交部的名称 Auswärtiges Amt 可以追溯到北德意志联邦时期,其是德国外交及欧洲政策的职能中心。最初,德国对外政策由总理决定,因此总理也兼管外交事务,如古斯塔夫·施特雷泽曼(Gustav Stresemann)也任外交部长一职。随着德国向现代国家转型,二战结束后,外交部长与总理

---

① 参见德国《基本法》。

的职权界限逐渐明确。目前，德国外交部长之下设有国务部长（Staatsminister）和国务秘书（Staatssekretär）两个职位。国务部长处理外交部的政务，辅助外交部长执行公务，是一个行政性职务；国务秘书代表外长管理专门领域的外交事务，是外交部的高级业务官员，德国驻外使领馆由国务秘书管理，司长例会等也由国务秘书主持。外交部目前设 11 个二级部门。1. 中央事务处（1），处理外交部内部事务。2. 政治处（2），处理北美、中东欧和中亚事务，以及协调欧盟共同外交与安全政策。3. 欧洲事务处（E），处理德国在欧洲内部的事务。4. 亚太事务处（AP），处理同亚太国家的关系。5. 政治处（3），处理同近东、非洲、拉美、加勒比地区与部分不处于亚太地区的亚洲国家的关系。6. 危机预防、稳定和冲突后恢复事务处（S）。7. 国际秩序、联合国与军控事务处（OR）。8. 经济与可持续发展事务处（4）。9. 法务处（5）。10. 文化与交流事务处（6）。11. 档案处（7）。① 在德国战后史上，自由民主党（FDP）于 1969 年至 1998 年垄断外交部长一职长达三十年。自民党人吉多·韦斯特韦勒（Guido Westerwelle）于 2009 年至 2013 年默克尔第二个任期出任外交部长，增加了自民党在德国外交部长一职上的辉煌战绩。

然而，德国对外政策在很大程度上依然体现总理的意志。德国是闻名遐迩的总理民主制（Kanzlerdemokratie）国家，总理在内政外交中具有强势地位，这与协调式民主（Koordinationsdemokratie）大不相同。总理的强势地位得到《基本法》的授权及认可。根据政治学者卡尔海因茨·尼古拉斯（Karlheinz Niclauß）的相关定义，总理民主制在如下五个方面体现其特征。第一，总理有权制定国家政策与内阁决议。第二，总理是政府的绝对核心，具有高声望。第三，总理在执政党中拥有无可争辩的权力。第四，政府/执政党与反对党之间是二元对立的，立场具有明显差别。第五，联邦总理亲自参与对外政策的制定和实施，并在外交部门中进行大量政策干预。② 外交部长一职或许由执政联盟其他政党的人员担任，但德国总理有较大权力处理对外事务。因此德国对外政策或对外关系基本上表达了总理的意志。

此外，德国的大使馆、总领事馆、领事馆和代表处等驻外机构被称为

---

① 括号中的数字或字母为外交部内部编码，参见德国外交部网站，https://www.auswaertiges-amt.de/de/。

② Karlheinz Niclauß, *Kanzlerdemokratie*, *Regierungsführung von Konrad Adenauer bis Angela Merkel*, Wiesbaden：Springer, 2015, S. 452.

联邦政府的"眼睛、耳朵与声音"。截至 2021 年 2 月，德国外交部共计227 个驻外机构，其中大使馆 153 个、总领事馆 54 个、领事馆 7 个、多边代表团 12 个，此外还有 1 个代表办公室。① 目前，约有 3000 名外交部人员活跃在驻外的外交使团中，得到了 5600 名联邦政府其他部门、联邦州、企业和其他机构的驻外办事人员的支持。另外，国防部（Bundesministerium der Verteidigung）在国际安全事务中扮演重要角色，影响德国与其他国家的外交关系。德国联邦国防军在联合国维和任务方面提升了德国的国际声誉。经济合作与发展部（Bundesministerium für wirtschaftliche Zusammenarbeit und Entwicklung）、教育与研究部（Bundesministerium für Bildung und Forschung）等也具有重要作用，在不同领域推动德国与他国的互动关系。实际上，德国各联邦部委、机构、协会、企业、民间组织，甚至公民个人，都在对外实践中起到独特作用。

三 制度基础：议会共和之于对外政策

德国是"议会共和制"的国家，这既是德国的政体，也决定了德国内政外交的相关决定虽由民选政府做出，但受到议会监督与授权。议会共和制（Parliamentary Republic）是资本主义国家常见的政体形式，是种通过议会来组织和监督政府的政治制度，议会居于国家的政治中心。政府内阁的权力不仅受到宪法的限制，而且受到议会的限制。德国的共和来之不易，因此德国人对这一政体有着极高的共识。德国两院制议会由联邦议院（Bundestag）和联邦参议院（Bundesrat）共同组成。联邦议院即下院，由议员直接选举而形成；参议院则为联邦州的代表性机构，为议会上院。德国的两院制议会在对外事务上有决定权。联邦政府虽然具有相当程度的外交主动权，为德国对外政策定下基调，但是在某些特定类型的对外政策上，政府需获得议会的批准，如军事行动的参与或国际协定的签署等。

自 20 世纪 90 年代中期以来，联邦议院在对外事务方面重新确立了自己的地位，并在两个方面形成了对德国对外政策制定更为重要的制约因素。一是联邦议院的正式权力得到扩大，二是议院对国家对外政策主导权的争夺越来越激烈。这在很大程度上是由德国政党体制和格局的转变带来的，一些新兴党派、边缘党派的选举份额越来越多，从而加强了联邦议院

---

① 参见德国外交部网站，https://www.auswaertiges-amt.de/de/。

在促进公众针对德国对外政策进行辩论上的作用。同时，联邦议院力图扩大对德国对外政策制定的影响，使德国的对外关系出现国内政治化趋势。这个转变最初是由绿党（Bündnis 90/die Grünen）引起的，绿党挑战了德国政党体系中对外政策的主流，强化了议会在进行公开辩论或最终决议方面的作用。目前，左翼党（die Linke）、选择党（AfD）等激进或极端党派都出现了有别于德国传统的对外政策诉求，联邦议会逐渐成为德国政党博弈的战场。需要指出的是，尽管联邦议会在一些对外决策中拥有更大的权力，如使用武力、签署条约或德国的欧洲政策制定方面，但从操作上看，议会仍然不可能完全回绝政府的对外政策。这是因为，德国议会体系中主要的政治断层不在行政部门和立法部门之间，而是在包括联邦政府和联邦议院在内的执政党/执政联盟与反对党之间。除非极少数的情况发生，如在议会中多数席位较少，执政党或执政联盟在席位分配上受到反对党的直接挑战，否则议会很难出现否决政府对外政策的情况。

因此，执政党或执政联盟就成为决定德国对外关系的重要力量，尤其是联合组阁的执政联盟（Koalition）。在德国等欧洲的多党制国家，下议院在通过选举确定议会席位后总会面临政府组阁的难题，执政联盟往往需要多党派的参与才能维持对在野党的优势位置，以使政策得以顺利推行。战后德国出现过多种组阁形式，如联盟党（CDU/CSU）与自民党的"黑黄联合政府"、社民党（SPD）与自民党的"红黄联合政府"、施罗德时期组建的"红绿联合政府"。① 此外，在 1966～1969 年、2005～2009 年及 2013～2021 年，在德国议会中处于政治光谱两大阵营主流位置的中右翼联盟党与中左翼社民党组建了"大联合政府（Große Koalition）"。这是两大主流政党由于在议会选举中获得的席位均未过半，且小党派获得了足以撼动政治稳定的席位数，为了形成稳定多数而采取的举措。执政联盟本就是妥协的结果，党派对于影响对外政策制定的竞争十分激烈，典型的如"红绿联合政府"对科索沃战争和伊拉克战争的态度、默克尔第二个任期组建的"黑黄联合政府"对欧元区危机的立场等。在这些决策事件中，执政联盟中的党派持有难以调和的立场。当时的绿党和自民党作为合作的"小伙伴"，均掌握了外交部，因此在对外政策中享有决策优先权和议程制

---

① 德国政党有独特的代表色，如联盟党（基民盟与基社盟）为黑色，社民党为红色，自民党为黄色，绿党为绿色。

定权。① 在对外政策上的意见相左甚至会威胁联合政府的生存。虽说"总理民主制"中的总理有最终决定权，但德国每一个对外政策的制定，首先都是执政联盟内部博弈的结果。总理也不得不考量执政联盟内部的关系，否则会出现关系裂痕或导致联盟瓦解。

四 民意基础：德国公众之于对外政策

民意也称"公众舆论（public opinion）"，虽然公众舆论不可能直接决定具体的对外政策，但它为德国政府的政策制定提供了一个公众认可度的范围，一旦在某个问题上超越了普遍的民意边界，这就可能导致政府或执政党支持度的下跌，使其国内地位和政治前途受到影响。因此，公众对外交事务的看法，可能会成为德国对外政策制定在党派政治斗争中的机遇或限制。如果对外政策的相关问题在公众中讨论得十分热烈，舆论就更有可能成为政策制定的重要约束性因素。德国作为一个民主国家，对公众意见的尊重和认可是其在国际舞台上发挥积极作用的基础。因此在一些对外政策制定前，借助媒体等形式，公众的讨论或动员总会走在前面。

例如，德国人对战争的负面立场与德国政府在对外军事行动中的克制有较大程度的相关性。自20世纪90年代以来，德国人对国家在外部署武装力量的怀疑逐渐增加，从科索沃、阿富汗、伊拉克到利比亚、乌克兰和叙利亚，德国对是否采取海外军事行动越来越谨慎。1999年，德国参与了北约在科索沃战争中对塞尔维亚的空袭；2001年，德国又驻军阿富汗。而德国民众对这两次海外行动的质疑之声巨大，迫使施罗德在2003年伊拉克战争中做出了不出兵的决定。目前，认为德国不应该参加国际军事任务的受访者比例越来越高。2005年有34%的人认为不应该参加，这一比例在2008年猛增至63%，当时只有19%的受访者支持德国军队在国外的进一步军事部署。② 2014年，民意调查中有61%的受访者反对政府在国际危机中扩大联邦国防军的战略部署。2020年，民意机构皮尤（Pew）研究中心调查发现，德国有60%的人不认可为了北约盟国而向俄罗斯发动战争，相对而言，在美国人中

① J. Kaarbo & J. S. Lantis, "The 'Greening' of German Foreign Policy in the Iraq Case: Conditions of Junior Party Influence in Governing Coalitions," *Acta Politica*, Vol. 38, No. 3, 2003, pp. 201 – 230.

② R. Köcher, Hrsg., *Allensbacher Jahrbuch der Demoskopie 2003 – 2009*, Berlin: de Gruyter, Bd. 12, 2009, S. 318 – 319.

这一比例为 29%；52% 的德国人不认同战争可以维持世界稳定，在美国人中这一比例为 21%。[①] 公众立场在一定程度上影响了德国的对外政策。

此外，媒体在公众舆论的塑造上"功不可没"。其一方面帮助德国社会设置议程，影响公众的偏好；另一方面又需要遵循民众的偏好，体现追求"大众性（popularity）"的特征。大卫·舒尔茨（David Schultz）指出，媒体的观众不能被视作公民，而是可被吸引的消费者。[②] 这虽是种消极的看法，但也说明了媒体与公众间复杂的关系，以及对国际政策产生影响的路径。但是总体来看，德国公众对外交的关注度并不算高，德国人还是主要关注本土问题，因此难言民意对德国外交有实质作用，其只能表明德国对外政策的大体走向。

除了法律、机构、制度与民意外，企业、社会动员组织、非政府组织等游说集团也扮演重要的角色。游说（lobbying）指的是政治社团代表或专职院外说客直接对参与决策的议员和行政官员进行说服工作。游说被认为是一种防止政治腐败与暗箱操作的手段，可以提升政策透明性。游说分为外部与内部两类。其一，代表广泛社会利益的社会运动组织、社会抗议团体等倾向于外部游说（outside lobbying），即通过间接的战术及手段首先影响和动员公众，形成强大的公众压力，进而影响上层权力群体的决策。[③]其二，通过直接战术及手段影响政策制定者、议员、权力精英的内部游说（inside lobbying）常被代表特定成员利益的团体所使用，如与商业利益相关的游说集团。[④] 因此内部游说被称为接触策略（gaining access），外部游说被称为公共策略（going public）。[⑤] 在游说下，德国等西方国家的对外政

---

① Pew, "Americans and Germans Differ in Their Views of Each Other and the World," March 9, 2020, https://www.pewresearch.org/global/2020/03/09/americans-and-germans-differ-in-their-views-of-each-other-and-the-world/.

② David Schultz, "From Saxophones to Schwarzenegger: Entertainment Politics on Late-night Television," in David Schultz, ed., *Lights, Camera, Campaign! Media, Politics and Political Advertising*, New York: Peter Lang Publishing, 2004, pp. 215 – 238.

③ Lisa Maria Dellmuth & Jonas Tallberg, "Advocacy Strategies in Global Governance: Inside versus Outside Lobbying," *Political Studies*, Vol. 65, No. 3, 2017, pp. 705 – 723.

④ D. Della Porta & M. Diani, *Social Movements: An Introduction*, New York: Wiley, 1999, pp. 168 – 179.

⑤ Florian Weiler & Matthias Brändli, "Inside versus Outside Lobbying: How the Institutional Framework Shapes the Lobbying Behavior of Interest Groups," *European Journal of Political Research*, Vol. 54, No. 4, 2015, pp. 745 – 766.

策将会受到干预，决策层将进行利益团体所期望的政策调整。

第二节　德国外交的利益所在：兼论道义原则

历史与现实一再证明，国际关系的复杂多变远超人们的想象。国际关系变化的核心动力是国家利益的变迁：如果国家间利益相合，将会形成良好的合作基础，并将促进国际和平与稳定；如果国家间利益相左，则会导致国际局势动荡，甚至引发国家间的冲突，使国际关系处于消极的状态。从根本上说，国家利益的决定性因素是国家的需求，即国家在某一发展阶段表现出的对物质、观念等利益的诉求，如获取石油资源、拓展海外市场、赢得国际尊重等都属由国家的需求引发的利益。潜在语境是：国家在这些领域目前处于资源稀缺的状态。因此，在有限的国际社会中竞夺战略资源之时，国家之间采取合作的态度将出现双赢的结果。反之，对同样参与竞逐的国家而言，冲突就会是一场零和博弈。因此，经历过无数次战争的德国如今认为，在国际社会中，国家利益与国家责任不应失衡，而是相辅相成的。这个观念有助于化解国际关系中由国家利益对立引发的冲突和矛盾，国家在积极拓展利益的同时，也要担负起大国的责任，维护国际社会的良序。这就是所谓"能力越大，责任越大（Aus großer Kraft folgt große Verantwortung）"。

一　利益分层：对德国国家利益的理解

在对国家利益的理解上，学者经常进行类型化或层次化处理。比较通用的是将国家利益分为政治利益、安全利益、经济利益等。如果简单地将德国的国家利益高度凝练为"拓展国际权力、维护国家安全、获取经济收益"，则有可能使我们在解读德国对外行为的时候进入一种惰性思维的状态。这样的分类显然不够具体。一方面，这种理解只考虑了主体的现实利益观，忽视了国际关系是相互的。德国的国家利益既有利己的一面，同时也有利他的一面。这是德国国际定位的结果，是必须遵循的历史与现实逻辑。另一方面，冷战结束后，全球化日益深入，西方逐渐步入后工业社会，德国等西方国家对国家利益的认知不再基于传统的物质利益，而是更多地出现"后物质主义（Post-Materialism）"转向，即减少了经济需求，更加关心言论自由和公共参与权，反思并强调人权、环境等。① 这决定了德国国际利益的复杂化。

我们不妨换个思路，以地缘政治的视角解读德国的国家利益。作为一种对外战略，地缘政治最早起源于二战时期的德国，为法西斯扩张而服务。地缘政治是指，从地理空间及要素的角度对国际关系的影响进行分析，并指导国家现实政策。尼古拉斯·约翰·斯皮克曼（Nicholas John Spykman）指出，地缘政治是"国家外交政策的某些方面进行明智决策过程中不可缺少的分析方法和论据的合宜名称"②。因此，地缘政治是种获取国家利益的外交政策工具。③ 彼得·泰勒（Peter Taylor）指出地缘政治研究有三个层次，即国家（周边）、区域和全球，这也是地缘政治常用的基本层次划分。④ 周边、区域和全球三个层面的国家利益是由德国在国家利益实践中面临的对象和要解决的问题所决定的。

（一）周边区域：保障邻近地区的稳定与安宁

地区稳定与安宁才能使经济社会处于良性运转的状态。德国虽位于欧洲西部，但处在欧洲大陆的十字路口，德国是欧洲邻国最多的国家。除瑞士外，德国的相邻国家目前都是欧盟成员国。欧盟区域是世界上经济最发达的地区之一，政治经济的逐步一体化促进了欧洲的繁荣。欧盟的成立实现了欧洲长久以来联合的构想，促进了成员国的相互理解、互助与身份认同。欧盟目前拥有 27 个成员国。在欧盟成员国间，货物与人员的自由流动是条基本准则，德国与周边国家的货物与人员流动更加频繁。根据 2020 年的数据，德国前十大贸易伙伴中，邻国占据六席，其中荷兰排名第二，法国第四，波兰第五，瑞士第七，奥地利第九，捷克则位居第十。⑤ 因此，保障欧盟，特别是周边区域的安全稳定，就能稳住德国经济与社会发展的基本盘。周边区域是德国最基本的战略利益圈层，这一定位是完全合理的。

---

① Ronald Inglehart, *The Silent Revolution: Changing Values and Political Styles among Western Publics*, Princeton: Princeton University Press, 1977.
② 转引自刘妙龙、孔爱莉、涂建华《地缘政治学理论、方法与九十年代的地缘政治学》，《人文地理》1995 年第 2 期，第 6~12 页。
③ 〔俄〕拉祖瓦耶夫、赵思辛、黄德兴：《论"地缘政治学"概念》，《现代外国哲学社会科学文摘》1994 年第 10 期，第 17~19 页。
④ Peter J. Taylor, *Political Geography: World Economy, Nation-State and Locality*, Harlow: Longman, 1989.
⑤ 德国联邦统计局，https://www.destatis.de。

2015 年以来，一场难民危机充分展现了这一圈层在维护德国安宁与稳定方面的重要价值。早在 2010 年 "阿拉伯之春" 爆发后，中东、北非与中亚地区的伊斯兰国家出现严重动荡，难民大量涌向欧洲。西欧、北欧国家的社会福利非常高，因此以德国为代表的经济发达国家成为难民的首选目的地。难民通过非法偷渡的形式奔向这些绝佳的避难所。根据《关于难民地位的公约》（Convention Relating to the Status of Refugees），欧洲各国不仅难以将这些战争难民遣返回战乱国家，而且还要面临国内人权团体的压力。于是一场旷日持久的难民问题拉锯战展开了。对德国而言，情况更为艰难。它既是从波兰、捷克等东部邻国输入难民的终点，又是向丹麦、荷兰等国输出难民的过境点。难民的涌入激发本土主义的右翼思潮，彼此相邻的国家也出现矛盾。至今，处理难民与非法移民的问题都是令欧洲感到头疼的事，着实考验着邻国间曾一直相安无事的和睦关系。因此，德国在周边层面主要考虑小范围的邻国及欧盟，说到底，是欧洲的"自家事"。

（二）区域层面：维持欧洲与跨大西洋区域的规范与认同

在欧洲和跨大西洋区域，德国是一个坚定的承诺者，始终向欧盟和北约提供积极的支持。德国也借助这两个重要的机制从盟国那里获取安全与繁荣的保障，尤其是北约（NATO）。北约是欧洲和北美国家为实现防卫合作而建立的跨国安全组织，目前拥有 30 个成员国。除了瑞典、芬兰、爱尔兰、奥地利、马耳他与塞浦路斯六国外，其余的 21 个欧盟成员国均为北约组织成员，因此欧盟与北约有非常高的重合度，北约是欧洲国家获得安全保障的重要机制。从德国的角度看，随着德国凭借政治经济实力在欧洲逐渐独占鳌头，德国的重要性得到欧洲的认可。在德国与美国的互动中，美国逐渐将德国视为欧洲的代言人，德国在欧洲的核心地位又得到明显强化。在与区域外围最大对手俄罗斯的交锋中，德国也充分展现了一个欧洲领导者应有的姿态。最近十年来，德国通过盟友与对手的"反复确认"，将德国在欧洲的首要地位加以明确。所以说欧洲与跨大西洋区域是德国维护安全、促进和平、保持发展、实现权力增长的重要利益圈层。

正如在第一章中所阐述的，德国实现其权力增长的路径与以往的大国完全不同，德国面临的困境使其无法采取现实主义的手段维护国家利益。德国深知，其在安全上需要长期依赖北约和美国，在经济上需要与曾经不睦的国家结成良好的纽带。同时，深深地融入国际规范能使存有疑虑的国家放下对纳粹德国卷土重来的戒备。综合这些限制性因素，德国最终选择了一种"嵌入式崛起"的路径。它指的是，"崛起国通过价值内化和身份塑造，'嵌入'主导国所建立和维护的价值体系和国际秩序中，并以此为基本前提来积极追求权力的增长和影响力的扩大，聚焦于规范性权力的塑造而非基于实力的权力，致力于成为'塑造性大国'"①。维持对欧盟和北约这两大区域组织的规范认同，是德国实现国家利益的必要条件。诚然，俄罗斯作为曾经的东部霸主，如今依然虎视眈眈。无论是北约还是欧盟，在这两大区域组织的对外政策中，处理与俄罗斯的关系一直是一个结构性难题，是头等要事。德国如何处理同俄罗斯的关系，影响着其他成员国对德国的态度，特别是美国、中东欧等一些与俄罗斯存在积怨的国家。

（三）全球层面：积极拓展国家战略利益

如果说在周边层面和区域层面德国严守"制度规范"，那么在全球层面，德国一方面继续在全球性国际组织中保持"守制者"的形象；另一方面又积极筹谋超越既有制度的战略实践，期望在"无政府状态"下的国际社会实现更大程度的政治经济利益。联合国是德国"守制"的重点。1972年，联邦德国与民主德国的矛盾缓和，两国达成了"一个民族，两个国家"的共识，决定同时申请加入联合国，并于1973年被共同纳入联合国大家庭。德国目前是联合国第四大经费缴纳国和第二大对外援助国，并积极参与多次联合国维和行动。德国是联合国人权保护与环境保护的主要推动方，发挥"文明型力量"的作用。德国还积极推动联合国制度改革，谋求安理会常任理事国席位。德国学者乌尔里希·法兰克（Ulrich Franke）与乌尔里希·鲁斯（Ulrich Roos）认为，"全球团结"也是德国国家利益的重要组成部分，并且德国也认可联合国在促进全球团结方面的作用。通过联合国的多边机制，德国可以帮助全球实现和平、保障安全与促进福祉。②

此外，德国还加入了诸多多边组织或机制，以同时实现维护全球安全与促进权力增长的目的。例如，德国是七国集团（G7）、二十国集团（G20）等多边合作机制的重要成员国，德国通过前者协调了发达资本主义国家内

---

① 熊炜：《德国"嵌入式崛起"的路径与困境》，《世界经济与政治》2021年第1期，第106~125页。

② Ulrich Franke, Ulrich Roos, "Globale Solidarität als nationales Interesse," *Welt Trends*, Nr. 73, 2010, S. 105–108.

部就某些问题的立场，通过后者有力促进了与新兴经济体的关系。德国国家利益中潜在的利己性还使其逐渐采取以自己为中心的战略手段，甚至不计成本。20世纪90年代以来，德国在非洲等关键战略区域推进发展援助，以促进当地改善经济状况，这一行为当然也有为本国企业拓展海外市场创造条件、获取所在国资源的目的，但收获与德国的投入并不成正比。另外还有些手段是"冒险性"的。1991年，德国统一后在伊拉克首次参与联合国海外维和任务，后又向柬埔寨、索马里、格鲁吉亚和卢旺达等国派出维和力量。维和行动虽然得到联合国授权，但德国联邦国防军的海外行动在国内外始终是有争议的。德国在全球关键区域的行动越来越大胆、越来越具有主动性。在战争威胁已经大大降低的今天，全球层面是德国主动拓展国家战略利益的重点，其试图参与全球大国们的激烈竞赛。

二 道义原则：德国国家利益中的一个准绳？

国际关系中到底讲不讲道义或道德（die Moral）？国际道义在国家利益的实现中是不是应该被充分关照的对象？实际上，关于道义和利益的问题是国际关系的根本性讨论之一。现实主义大师摩根索曾言，对于国际道德的讨论需要防止两个极端：一是高估道德伦理对国际政治的影响，二是低估它的影响。① 这一看似毫无意义的表述实则充满深意。现实主义总体上对道德观持怀疑立场。相对地，国际关系理论中的理想主义（Idealism）学派则认可道义的重要性，其有两个核心观点。第一，认为道德标准是普遍适用的，具有普适性。在实现国家利益的过程中，世界各国需要遵守这种普遍的道德标准，以其来指导和约束自己的行为。第二，认为人性是可以改造的，无论人性本来是善良还是邪恶，人都可通过教育等得到改造，走向文明。这两个核心观点后来也内化为新自由制度主义的重要观点。

德国也认同这两个核心观点的重要价值，但在德国的国家利益的实践中，却似乎走向了一个极端：德国越发认为，通过对"不文明""不开化"的国际成员进行塑造，能将其打造为符合自己审美的"文明国家"。这种"后天改造"是种价值观打磨，使"道义"从可遵守的原则变为可施加的标准，甚至成为一种手段。这好像表明在德国的潜意识里，装着人性本

---

① 〔美〕汉斯·摩根索著，〔美〕肯尼思·汤普森、戴维·克林顿修订《国家间政治：权力斗争与和平》（第七版），徐昕等译，北京大学出版社，2006，第266~267页。

恶、人性本劣的先验基础，国家只有通过西方的价值打造，才能走向良善。在德国哲学中，围绕"善"和"恶"的道德论争持续百年，德国外交也受到这一国家文化的影响。冷战结束后，德国对外关系的价值观转向越来越明显，其主张在国际关系中推行道德原则。

2002 年，伊恩·曼纳斯（Ian Manners）提出欧洲具有的价值规范包括和平、自由、民主、法治和人权等五项核心规范，社会团结、反歧视、可持续发展和善治四项次要规范。[①] 这些价值规范成为德国对外实践的主导原则。道德主张良好地维护了德国对外关系中的和平政策。但不可否认，"价值观外交"也存在政治博弈的诱因。作为道德工具，价值观外交集中体现在德国对欧盟东扩的积极推进中。从权力政治的角度来看，倡导保护人权和在世界范围内建立法治的对外政策符合德国的利益。通过道义方式，在发展上处于后现代秩序的欧洲依然有能力参与全球政治，与其他推行现实政策的民族国家竞争。因此，以价值观为导向的对外政策是有助于维护德国利益的，它提升了安全性、稳定性和影响力。[②]

然而，在价值观外交的推行中，现实利益与道德原则的比例问题成额外一个必须考虑的争论焦点。德国的对外政策必须在全球层面实现对《基本法》规定的价值观的尊重，但是又不能以传教士般的热情来追求这一主张。因为德国如今并非世界性强国，过分聚焦于道德原则将反而牺牲德国的国家利益。德国著名外交学者艾伯哈德·桑德施耐德（Eberhard Sand-schneider）曾言："德国难以对全球问题做出有效反应，如果推进不切实际的价值观或过于关注道德，德国将面临竞争劣势。"他还称："摆脱道德陷阱，不应让世界听命于德国的价值观。"[③] 因此，德国认为，维护国家利益的外交政策必须利用文化、价值观和制度的吸引力去说服他人；同时，德国在必要的情况下，也要参与受到国际法支持的多边军事行动。

国家利益不能与价值观分开，每个国家利益的背后都有价值归属。德国对外政策所依据的价值观与其他自由民主国家的价值观差异不大，因此

---

① Ian Manners, "Normative Power Europe: A Contradiction in Terms?" *Journal of Common Market Studies*, Vol. 40, No. 2, 2002, pp. 235–258.

② Jeremy Rifkin, *The European Dream: How Europe's Vision of the Future Is Quietly Eclipsing the American Dream*, Cambridge: Polity Press, 2004.

③ Eberhard Sandschneider, "Raus aus der Moralecke! Die deutsche Außenpolitik sollte der Welt nicht ihre Werte diktieren," *Zeit*, Februar 28, 2013, https://www.zeit.de/2013/10/Aussenpolitik-Diskussion-Moral.

西方国家在对外关系中的利益也具有高度相似性。联邦议院的社民党成员汉斯·彼得·巴特尔斯（Hans-Peter Bartels）曾阐述德国政界的普遍看法："过去人们曾反复呼吁，德国要赶紧确定其国家利益到底如何。就我个人而言，德国的国家利益是一个复杂的构成。从最佳意义上讲，德国国家利益就是欧洲和西方的民主利益。"① 因此德国要加强联合国在推进国际秩序方面的作用，对民主盟友提供支持，对危害国际民主秩序的行为采取反制措施。德国认为，这种基于现实政治维度的考虑，最终反而会促使价值规范得到更有效的遵守，并成就道义原则。这种想法也是当代西方民主国家对外政策的一个特征。但是相比于英、美等国，德国对价值观外交的运用较为谨慎，大体上没有将价值观作为肆意攻击他国的外交武器，而是在最大程度上兼顾道义原则与现实政治，使二者在国家利益中得到平衡。

程序正义与结果正义一直是政治哲学的争论焦点。可怕的是，如果认定"民主和平论"是有道理的，即民主制度的国家间不打仗，能够保障和平，那么西方国家就会在推动后发国家民主化的道路上采取不那么道德的程序，以达到它们想要的所谓正义的结果。欺骗、强占与无辜者的死亡，是值得警惕的。

第三节　德国对外政策的手段：一个综合的方程

手段或方式是利益的获取途径，德国除了狭义的外交磋商外，还在对外活动中广泛采取实现利益的特殊手段，在政治、经济、军事、文化与社会等方面均有突出表现，打出了一套完善的组合拳。本节着力介绍德国对外政策中具有代表性意义的手段和方式。

一　政治方式：对多边制度的融入与超越

蒂莫西·阿什（Timothy Garton Ash）指出，德国外交已经惯于采用耐心、谨慎的多边主义机制，以实现国家利益。② 德国学会了将国家利益多样化，从而避免在对外政策制定中进行艰难的抉择。在总体治理模式上，德国遵循的是社会制度主义（Social Institutionalism）原则。社会制度主义

①　Hans-Peter Bartels, "Plenarprotokoll 16/60," Deutscher Bundestag, Berlin, Oktober 26, 2006.
②　Timothy Garton Ash, "Germany's Choice," *Foreign Affairs*, Vol. 73, No. 4, 1994, pp. 65 – 81.

指的是，从全球文化模式探讨一国政策制定的合法性，认为国际制度有许多普适的观念，如男女平等、大众教育等。这些观念能够深深地影响政府的相关决策。① 政府的决策自然也包括对外政策。从这个角度来看，国际体系中的国家不仅通过交流互动和相互依存关系联结在一起，而且还形成了分享共同原则、价值观和规范的国际社会。

在国际规范下，国家"主权"原则得到认可与尊重。联合国、区域共同体及其他政府间国际组织不仅是国家谈判与协商的平台，而且还就共同的原则、价值观提供了达成共识的平台。这一思想遵循的基本逻辑是，国家具有不同利益和传统，为了避免国家回到旷日持久的矛盾与冲突中，国家应面向人类未来，奉行一致的国际规范，努力成为国际社会的优秀成员。同构（isomorphism）是社会制度主义中的一个关键概念，指的是在社会中一个人没有另一个人就无法存在。国际社会也是如此。因此在处理战略目标的时候，国家应充分考虑多种替代性方案，避免单纯的"结果导向"，选择与国际社会整体期待相适应的方案，使预期目标的收益最大化，即遵循适当性逻辑（logic of appropriateness）。②

在德国目前加入的多边机制中，既有联合国、欧盟这类国际治理的综合性组织，又有世界贸易组织（WTO）、北约、国际刑警组织（Interpol）等专业性或地区性的治理组织，涉及经贸、安全、能源、司法、人权等领域。随着非传统议题的拓展，德国也积极参与新领域的多边合作。2019年，第14届联合国互联网治理论坛（IGF）年会在柏林举行，默克尔进行开幕致辞。她的讲话充分体现了德国奉行的社会制度主义理念。默克尔指出："数字化必须进行规划设计，使每个人都能受益，数字主权必须是人们的基本权利。互联网跨越国界，使人们团结在一起，所有人都受益于全球的连通性。因此反对以政治和意识形态将互联网划界的行为，各国之间若采取多边主义方式，就能制止或防止这种趋势的出现。为了确保能够为下一代提供一个开放、安全的互联网，最好的办法是国际社会签订相关协议。"默克尔还提出一个发人深省的"德式价值"问题：人们要不断思考，

---

① John W. Meyer et al., "World Society and the Nation-State," *AJS*, Vol. 103, No. 1, 1997, pp. 144 – 181.

② James G. March & Johan P. Olsen, "The Logic of Appropriateness," *Arena Working Papers*, WP 04/09, 2004.

哪些价值、原则和规范应从我们当下的现实世界转移到数字世界。① 由此可看到德国对外关系的政治方式,是一种基于社会制度主义的多边融入。

然而在德国国家利益中,始终存在"大国化"的愿望。这种民族崛起的意识虽从未公开言说,但隐藏于德国的对外行动中。这种新自由制度主义与现实政治的对立统一使德国成为一个独特的国际社会成员。2017 年至 2021 年,唐纳德·特朗普(Donald Trump)主政下的美国屡屡"退群",先后退出多达 10 个重要的国际多边机制,如《巴黎气候协定》、联合国教科文组织、联合国人权理事会、《维也纳外交关系公约》、世界卫生组织等。美国还减少了对北约的承诺,西方世界一时间群龙无首,这对德国而言既是挑战又是机遇。德国旋即推出"欧洲战略自主"的政策,推进欧洲的战略自主,加强欧洲独立防务。特别是自 2020 年 7 月德国任欧盟轮值主席国以后,德国对欧盟事务进行了许多改革,如推动 1.8 万亿欧元的多年度财政框架、设立基金帮助欧洲经济复苏、将 2030 年的温室气体排放量从减少 40% 改为减少 55% 等,还成功推动达成了《英欧贸易与合作协议》(EU-UK TCA)及《中欧全面投资协定》(CAI)。在欧盟,似乎只有德国能取得这些成就。从德国政府《担任轮值主席国工作纲要》中的口号可以看出德国的雄心抱负,即"共同努力:让欧洲再次强大"。与其说是欧洲的强大,倒不如加个定语,即在"德国统筹、规划与治理下的欧洲再次强大"。

德国对多边制度的"超越"并非美国式的以一己之私践踏制度,而是充分利用多边主义,善于把握时机,以实现大国理想。德国在多边机制内的行动符合伙伴的实际需要,也符合德国的战略利益,是具有远见的利益权衡术运用的体现。

二 经济方式:对贸易、援助等经济手段的综合应用

德国是欧洲第一大经济强国,是仅次于美国、中国和日本的全球第四大经济体,根据国际货币基金组织(IMF)的统计,2018 年德国的 GDP 接近 4 万亿美元。② 德国 2021 年三产数据显示,农业在经济中的占比为

---

① "Multilateralismus garantiert Freiheit des Internets," *Bundeskanzleramt*, November 26, 2019, https://www.bundeskanzlerin.de/bkin-de/aktuelles/merkel-igf-1698262.

② 数据来源:IMF 数据库,https://www.imf.org/en/Countries/DEU。

1.2%，工业占比为23.8%，服务业占比为74.9%。① 汽车、电气、机械和化工等重要领域是德国经济最具竞争力的方面。可以说德国经济始终处在世界领先的位置。由于德国本国的原料、能源、资源较为贫乏，且德国国内市场日趋饱和，德国的经济发展离不开对外贸易。根据2019年的数据统计，德国是世界上仅次于中国与美国的第三大贸易国，中国是德国最大的贸易伙伴。在德国的主要贸易出口中，汽车及汽车零部件、机械与机器、化工产品、数据处理设备、电气和光学产品等的出口额占到德国总出口额的一半以上。② 大众、宝马、戴姆勒、西门子、博世等德国公司在全球具有极高的影响力。因此，德国经济是德国国家形象的一个标志，其是被全球公认的经济强国。

从模式来看，德国是社会市场经济国家（soziale Marktwirtschaft），"社会市场经济"强调国家在市场经济中的调节作用，在主张市场有序竞争的同时还强调社会责任，主张高税收、高福利。因此德国也是个福利国家（Sozialstaat）。通过贸易实现经济发展与促进社会福利，是德国作为一个"贸易国（Handelsstaat）"的重要任务。维持和扩大国家繁荣和公民福利，是德国制定对外政策的一个决定性因素，当这一经济动因与个别对外政策发生冲突的时候，福利目标在许多情况下处在优先考虑的范围内。同时，贸易国倾向于通过国际机构中的多边合作来和平解决冲突，实现发展合作与达成利益平衡。

贸易包括有形贸易（visible trade）和无形贸易（invisible trade）。在当代国际贸易中，除有形的商品的进出口之外，广义上的贸易还包括资金、技术、劳务的进出口，以及产业经济合作、科学技术交流等。因此，除传统的对外贸易之外，德国还通过其他各种经济手段实现国家利益，这些手段为德国的经济发展带来了良好的收益。德国坚信，在区域和全球的和平环境中、在根据自由组织原则建立的世界经济体系内，德国的贸易与经济能够得到最佳的发展。可以说，德国崇尚"贸易和平论"。繁荣的对外贸易和紧密的经济联系能够给每个参与其中的国家带来实惠，小国可以确保独立和稳定，大国可以通过贸易提高国家实力。由此，国际社会将在贸易

① Statista, "Share of Economic Sectors in Aggregate Employment in Germany from 1950 to 2021," January 2022, https://www.statista.com/statistics/1248331/economic-sectors-share-aggregate-employment-germany/.

② 数据来源：世界银行数据库，https://www.worldbank.org/en/home。

的推动下实现和平。

自两德统一以来，德国一方面借助贸易等对外经济活动继续维持发展的良好势头；另一方面，德国发现，对外经济活动不仅在单纯的经济领域能够产生良好效果，在超越经济的政治层面也可以带来巨大的效益。进入新千年之后，德国对发展中国家频繁开展对外援助，实现了国际权力与国际地位的极大提升。对外援助包括发展援助（Entwicklungshilfe）与人道主义援助（humanitäre Hilfe）两类。德国援助的对象基本为欠发达的第三世界国家，这些国家遭遇灾难、冲突、战争等，这些阻碍了其经济社会的发展。因此，对难民、灾民等进行救助的人道主义援助一般是短期的，其尽量减轻灾害、战争和其他人道主义危机的严重影响，直接改善当下的生活条件。在这些障碍扫除之后，长期的发展援助便开始了。发展援助具有潜在改变受援国政治与社会制度的能力，因此被德国这一"塑造型力量"所重视，成为德国对外援助的重点领域。

从理论来看，发展援助具有可持续性目标，以社会经济结构的积极变化为重点，目的在于改变落后国家的经济系统和社会状况，甚至推动第三世界国家的政治变革。在当代德国，为表示援助国与受援国之间如伙伴一般的平等关系，"发展合作（Entwicklungszusammenarbeit）"这一词语越来越被广泛使用，德国不再频繁地使用"援助（aid）"这一体现不平等关系的表述方式。德国目前是仅次于美国的第二大援助国，根据2019年经合组织（OECD）发布的数据，德国的援助高达230亿美元。[①]德国的发展援助分为两类，一是多边援助，二是双边援助。多边援助主要是通过联合国等国际组织提供贷款和进行捐赠。双边援助则包括财政/资金援助、人员合作、技术援助和无偿援助等。德国的财政/资金援助金额最大，范围也最广，包括基础设施建设、能源资源开发、公共服务设施建设等。人员合作与技术援助主要指的是，在受援国开展合作研究项目、提供人员培训和教育、进行项目的科学设计与规划等。无偿援助针对的是国际社会最穷的国家，金额占比较小。德国的发展合作主要由联邦经济合作与发展部承担，其他联邦部委与德国复兴信贷银行（KfW）等金融机构，以及德国企业、社会组织、大学或个人积极参与，形成了一个完善的援助链条，使德国获

---

① 参见经合组织数据，https://www.oecd.org/dac/financing-sustainable-development/development-finance-data/ODA-2019-detailed-summary.pdf。

得了良好的国际声誉。

虽然说相比于人道主义援助，德国在发展援助方面投入更大，但随着全球极端自然灾害出现得越来越频繁、非传统安全的威胁越来越严重，当今时代各类灾难事故对人类生存的根本性挑战越来越明显。德国逐渐将人道主义灾难援助与合作视为重要的对外政策手段，这既能满足减灾的目的，又能灵活地实现国家利益。本章将在末节对德国的"灾难外交"进行案例研究，系统分析德国是如何通过对外援助实现国家利益的。

三　军事方式：联合国"维和"及海外军事行动的常态化

德国联邦国防军（Bundeswehr）的海外行动是德国实现大国理想的最重要手段之一，联邦国防军大步走向海外也标志着自 1990 年东西德合并后新德国对外政策的根本性转变。这一转变首先使德国成为一个"正常国家"，其通过维和行动愈发展现出负责任国家的良好形象。在维护国际道义之余，德国还通过军事行动体现"大国"的全球治理抱负。

二战结束后，纳粹德国解除武装。根据联合国要求，德国不得再重建任何武装部队，只能保留小规模的自卫队来进行边防和排雷等任务。国防则由美国、英国、法国和苏联等四个占领国的驻德部队共同负责。1949 年德国分裂为东西两德，在苏联的支持下，东德旋即筹备军事力量，这使西德大为不安，特别是在朝鲜战争之后，美苏两大霸主的对抗加剧的背景之下。在西方阵营内部进行了艰难的谈判之后，联邦德国军事禁令最终被美国、英国和法国解除。1955 年，德国联邦国防军成立，德国同年还加入了北约。至 20 世纪 80 年代，德国联邦国防军的常规力量已经是欧洲第一，军队规模巨大、科研实力强劲、装备最为领先。德国联邦国防军规模最盛的时候达 50 万人。在整个冷战时期，德国联邦国防军的海外行动都是人道主义性质的。1959 年 11 月，德国联邦国防军空军战机将药品送入摩洛哥，这是德国联邦国防军的首次海外行动。到 1991 年，联邦国防军共进行了 133 次人道主义行动的任务。[①]

冷战结束后，苏联解体，华约组织不复存在，德国联邦国防军存在的合理性受到挑战。并且联邦国防军的建立就是以纳粹旧部为基础的，联邦国防军中甚至还有战犯。这使得联邦国防军几十年来一直颇受非议，甚至

---

① 数据来源：德国联邦国防军网站，https://www.bundeswehr.de/en/about-bundeswehr。

被贬称为"纳粹帮"。这种质疑在 20 世纪 90 年代初期重新高涨起来。但是，冷战后德国恢复正常国家的状态也是事实，德国必然需要证明其"正常"之所在，且必须证明自己是一个在全球事务中具有影响力的国家。因此，联邦国防军海外行动便是一个绝好的机会。这样一来，德国既能够承担更大的安全义务，也可以使美国减轻负担，这也是美国所期望的。① 德国先前不愿将军事力量部署到联盟边界之外的观念因此在缓慢发生变化。

这种变化也是由"价值观"所带来的，被包裹在国际道义的外衣之下。早在 1989 年，西德就首次派出联邦国防军与警察参与联合国维和行动。1989 年纳米比亚脱离南非独立，当时正值柏林墙倒塌之前不久。西德派出联邦国防军与警察参与地区维和，并且与东德人民警察局的警察共同监督选举。纳米比亚曾经为德国殖民地，这次维和行动具有显著的政治意义。德国统一初期，先后在柬埔寨、索马里和卢旺达等地展开维和行动。但联合国规定维和部队只能采取自卫行动。1994 年，在二战结束以来最严重的卢旺达大屠杀中，维和部队只能眼睁睁地看着人们死去。在种族灭绝这种对文明社会的极大挑衅行为和"永不再战"的和平主义立场之间，德国进行了权衡。1994 年，德国议会解禁联邦国防军的海外军事行动。绿党领袖约施卡·费舍尔（Joschka Fischer）于 1995 年的讲话表明了理想与现实的冲突。

"我们正处于价值观的真正冲突中。一方面，作为一种愿景，非暴力需要在世界上、在冲突中通过理性、法律、多数表决和立宪制国家来实现，还要结构性地改变军事暴力，以使其不再必要；另一方面，帮助人渡过生存危机，这一难解的困境只能通过派遣军事力量来实现。处在对生存的一致向往和对非暴力的承诺之间，这是我们的矛盾。"②

随着不断增加的国际道义压力与国内政治压力，以社民党和绿党为代表的"非军事主义"力量最终改变谨慎立场。社民党和绿党在 1998 年组建联合政府后参加了北约对科索沃的战争，这是德国战后首次海外作战。

---

① Hanns W. Maull, "Germany and the Use of Force: Still A 'Civilian Power'?" *Survival*, Vol. 42, No. 2, 2000, pp. 56–80.

② 1995 年 6 月 12 日约施卡·费舍尔在联邦议会的发言，转引自 Sebastian Harnisch, "Deutsche Außenpolitik nach der Wende: Zivilmacht am Ende?" Beitrag für den 21. DVPW-Kongress in Halle, Oktober 1–5, 2000。

根据国防部的数据，2019 年，德国在全球的军事部署人数为 3350 人。① 相较于美、英等国，德国的军事行动始终是克制且谨慎的，以维和与救援为主。这与德国国内始终充满有争议的声音分不开。人们认为，德国对外战略中的军事行动使德国背离了文明原则。相较于对外政策制定者的利益考虑，德国文化中的"战争疲劳症"或公众的和平偏好已经很难起到作用。② 即便在 2002 年伊拉克战争中，德国选择不参战，这也并非政治和平主义的胜利，而是国家利益权衡的结果。现实政治的压力使德国不得不进行海外军事部署。德国意图以规范性手段在国际社会中承担更多责任，但这不意味着放弃传统的权力政治，特别是军事手段。德国认为，这不过是在现代条件下对传统军事手段进行的调整，和平主义的立场将逐渐适应于每一次军事行动。

四 文化方式：德国国家"软实力"的传播

德国采取了一条价值导向的对外政策路线，这决定了在对外活动中德国要更多地采取柔性手段，也就是采取以提升软实力（soft power）为目的的方式。美国政治学者约瑟夫·奈（Joseph Nye）曾提出两种国家实力，一种是硬实力，另一种是软实力。硬实力是指强制手段，如军事干预或经济制裁等，以蛮力来影响他国，获得特定的预期结果。软实力则与之相反，是指说服他人做自己想做的事情的能力，它需要建立在吸引力之上，特别是文化吸引力之上。③ 冷战结束后，传统的依靠武力摆平其他国家的做法已经行不通，文化吸引力的作用越来越显著。美国的流行音乐和好莱坞电影、日本的动漫和电子游戏、欧洲的潮流服饰和奢侈品等，都受到国际社会的广泛追捧，特别是青年一代的追捧。通过对外文化政策实现国家利益，已经成为全球趋势。最具代表性的如韩国的"文化立国"战略，其在全球推动风头强劲的流行文化产业。德国的对外文化政策是为其政治和经济利益所服务的，其通过文化政策创造"开放的、世界主义的、有信誉

---

① 数据来源：德国联邦国防军网站，https://www.bundeswehr.de/en/about-bundeswehr。

② Daniel Göler，"Die strategische Kultur der Bundesrepublik-Eine Bestandsaufnahme normativer Vorstellungen über den Einsatz militärischer Mittel," in Angelika Dörfler-Dierken, Gerd Portugall, Hrsg., *Friedensethik und Sicherheitspolitik*, Wiesbaden：VS Verlag für Sozialwissenschaften，2010，S. 185 – 199.

③ Joseph S. Nye, *Understanding International Conflicts*, New York：Pearson, 2009, p. 63.

的、可靠的，以及不可或缺的政治经济合作网络"①。德国的对外文化政策的目的在于推动国家利益的实现，而德国国家利益的实现又需要同时推动欧洲的整体利益的实现，反过来，这也能使德国对外文化政策合理化。② 在文化的推动之下，德国的软实力得到增强，德国的国际声誉也得到提升。

通过在电影、舞蹈、音乐、戏剧、展览、文学和翻译等领域的文化活动和节日庆典，德国积极促进国际文化合作。其中，语言和教育是德国对外文化政策的核心，德国通过深化全球其他国家对德国文化的了解，培养了解德国进而热爱德国的人。语言在民族认同形成中极为重要，同时也能够充当对外政策工具。在这方面，歌德学院（Goethe Institut）和德国学术交流中心（DAAD）扮演了十分重要的角色。截至 2020 年，歌德学院遍布全球 98 个国家，共设 157 所，每年约 25 万人参加歌德学院的德语课程。③ 歌德学院建立至今逾 70 年，大部分预算来自德国外交部等联邦外事机构。德国学术交流中心成立于 1925 年，是德国政府成立的非营利组织，负责德国国内与世界各国开展的学术、科研和教育交流。截止到 2019 年，德国学术交流中心已为德国和国外的 260 万名学者提供了支持。目前德国学术交流中心在全球有 250 个项目，主要是各类奖学金和交流项目。德国学术交流中心的预算也主要来自外交部，此外，德国联邦教育与研究部、联邦经济合作与发展部也提供了重要财力支持。欧盟及其他国际组织也提供了近 1/3 的年度预算。④ 可见，德国对通过对外文化政策影响他国民众始终持有积极态度。

除了语言与教育，德国在音乐、电影、体育、旅游等各类文化活动中都具有较高的水平，吸引了大批德国文化的仰慕者。足球运动是德国最著名的文化符号之一。德国国家男子足球队共 8 次杀入世界杯决赛，4 次夺得冠军，13 次晋级四强，战绩积分仅微弱次于巴西，排名世界第二。德国国家女子足球队 3 次进入世界杯决赛，连续两届捧杯。德国足球甲级联赛

---

① 参见德国外交部文件，*Auswärtige Kulturpolitik-Konzeption 2000*。
② Patrick Stevenson & Jenny Carl, *Language and Social Change in Central Europe: Discourses on Policy, Identity and the German Language*, Edinburgh: Edinburgh University Press, 2010, p. 101.
③ 参见歌德学院官网，https://www.goethe.de/de/index.html。
④ 参见德国学术交流中心网站，https://static.daad.de/media/daad_de/pdfs_nicht_barriere-frei/der-daad/daad_jahresbericht_2019.pdf。

（德甲）在全世界 209 个国家和地区转播，极大地促进了国际社会对德国的喜爱。德国总理默克尔被誉为德国足球的"头号粉丝"，在国际场合积极开展"足球外交"，默克尔主政十六年，足球为她创造了无数美好的外交花絮。

五 社会方式：德国非政府组织在海外推动"民主发展"

非政府组织（NGO）是社会性机构，肩负社会责任。它增加了民间力量在国家政治中的权重，关注环境保护、社会正义和人权等重要议题。历史上首批非政府组织成立于 19 世纪。1839 年，第一个民间人权组织"反奴隶制协会（Anti-Slavery Society）"成立，致力于在全球范围内废除奴隶制。1863 年，人道主义组织国际红十字会（ICRC）成立，救助在战争中受伤的人。可以看到，最初的非政府组织不仅具有民间公益性，而且具有天然的跨国性。努力动员社会解决政治遗留问题，这是非政府组织工作中的一个重要部分。根据权威机构国际协会联盟（UIA）的数据统计，1909 年在该联盟注册的非政府组织仅为 176 个，1951 年达到 832 个，1991 年为 4620 个，到了 2015 年这一数字猛增到 8976 个。[1] 非政府组织在全球具有越来越大的影响力。

非政府组织的运营需要多方的资金支持，否则难以为继。随着西方国家拓展影响力、维系西方霸权的战略目标越发清晰，西方国家越来越支持非政府组织运营，支持它们在第三世界国家展开"民主发展"等活动。根据《2018 年全球人道主义援助报告》，国际援助中约有 20% 的资金是向民间社会组织提供的，约 40 亿美元，其中大部分资金用于具有发达国家背景的国际非政府组织，只有 2.7% 用于当地非政府组织。而且，当地非政府组织的大部分资金还要由联合国机构和国际非政府组织统一分配。[2] 这使跨国非政府组织必须服从于西方政府的安排，因为西方的政府、企业、基金会是跨国非政府组织的幕后金主。

在德国，非政府组织也受到政治干预，在海外推广西方民主和价值。德国最顶尖的非政府组织或基金会都与主要政党有松散的联系，如康拉德·

---

[1] 参见国际协会联盟数据，https://www.bpb.de/nachschlagen/zahlen-und-fakten/globalisierung/52808/ngos。

[2] 参见《2018 年全球人道主义援助报告》，http://devinit.org/post/global-humanitarian-assistance-report-2018/。

阿登纳基金会（与基督教民主联盟有关）、弗里德里希·艾伯特基金会（与社会民主党有关）、汉斯·赛德尔基金会（与基督教社会联盟有关）、海因里希·伯尔基金会（与绿党有关）、弗里德里希·瑙曼基金会（与自由民主党有关）和罗莎·卢森堡基金会（与左翼党有关）。这些基金会在制定政策方面发挥着重要作用，为决策者提供研究支持，并受到决策者的委托，在海外开展相关活动。从部委层面看，德国各部委没有义务发布与非政府组织的赠款或伙伴关系相关的信息，非政府组织也无须提交财务报告披露资金使用或其合作伙伴等。这种缺乏透明性的情况虽在德国受到批评，但这种运作模式依然长期存在。这表明德国政府已经把非政府组织视为其重要的帮手，非政府组织帮助德国政府在国际社会推广其价值观和政治制度。

德国非政府组织的结构十分复杂，以非政府团体"全球参与（Engagement Global）"为例，其任务是支持和加强民间社团在政治发展中的作用。因此，其得到联邦政府，特别是联邦经济合作与发展部的财力支持，成为向上承接项目、向下分拨资金的"中介"，也将自己介绍为"非营利有限公司（gGmbH）"。在 2019 年，"全球参与"获得的国家资助为 3110 万欧元。另如"公民和平服务（Ziviler Friedensdienst）"这一在全球范围内向合作伙伴国家派遣专家、防止暴力冲突、避免军事行动、增强民间社会力量的非政府组织，2019 年的年度预算为 5500 万欧元，资金来源于联邦经济合作与发展部、和平行动委员会（Action Committee Service for Peace）、世界面包组织（Bread for the World）等 9 个政府部门、企业和社会机构。同时，"公民和平服务"组织还是"德国发展和人道主义援助非政府组织协会（VENRO）"与"和平与发展工作共同体（FriEnt）"等发展合作网络的成员，这些网络为伞状组织，有助于协调非政府组织的整体目标和方式。①

德国借助这些非政府组织，通过社会性方式扩展对外影响力。一方面，由于种种先天条件，非政府组织能够到达政府部门难以覆盖的区域。例如，在冲突或战乱地区，德国政府介入的难度较大，社会组织则具有灵活性，能够潜在施加影响力，同时还能规避所谓直接"干预国内政治"的

---

① NGO Monitor, "Deutsche Entwicklungszusammenarbeit: Die Notwendigkeit nach Transparenz und Rechenschaftspflicht bei der Förderung von Nichtregierungsorganisationen," Juni 2019, https://www.ngo-monitor.org/nm/wp-content/uploads/2019/12/Germany% E2% 80% 99s-Development-Cooperation-System-in-German.pdf.

指控。另一方面，德国社会本身对传播民主价值有较高的热情，民众与政府的合作顺理成章。向海外推广西方的制度，是一种使其认为不文明的世界"文明化"的重大使命。

第四节　案例引申：德国"灾难外交"的行动逻辑

2000 年美国灾难研究专家迈克尔·格兰茨（Michael Glantz）首次提出"灾难外交（disaster diplomacy）"概念。作为一种新型外交形式，"灾难外交"即灾难援助与减灾合作被发现具有传统外交所不及的优点，是改变国与国关系的过渡进程，是一种创造性外交手段。[①] 随着多极化趋势与大国竞争加剧，灾难外交成为国家实现利益诉求的重要形式。

德国是国际灾难援助与减灾合作大国，2020 年的人道主义援助的预算规模达到 16.4 亿欧元，居全球第二位。[②] 巨额的投入虽彰显了德国的人道主义精神，但也使人们开始思考德国灾难援助与减灾合作的深层逻辑。2019 年，德国外交部在《国外人道主义援助战略》政策报告中指出德国的人道主义援助体现"伦理责任"和"国际团结"，德国在其中没有任何利己的动机。[③] 但事实或许并非如此。德国的人道主义援助也有地缘战略利益考量。但无论如何，防灾减灾在德国外交中都是受到高度关注的领域。

一　灾难外交的特殊之处

灾难是指对一个社区或社会严重的功能性破坏，造成广泛的人力、物力、经济或环境损失，包括自然灾难和人为灾难两类。[④] 灾难将导致基础设施毁坏、人员伤亡，对经济生产、政治稳定和社会秩序等造成严重破

---

① Louise Comfort, "Disaster: Agent of Diplomacy or Change in International Affairs?" *Cambridge Review of International Affairs*, Vol. 14, No. 1, 2000, pp. 277 – 294.

② Auswärtige Amt, "Grundlagen der humanitären Hilfe," März 23, 2020, https://www.auswaertiges-amt.de/de/aussenpolitik/themen/humanitaere-hilfe/huhi/205108.

③ Auswärtige Amt, "Strategie des Auswärtigen Amts zur humanitären Hilfe im Ausland," Berlin, 2019, S. 13.

④ Inter-Agency Secretariat of the International Strategy for Disaster Reduction (UNISDR), *Living with Risk: A Global Review of Disaster Reduction Initiatives*, New York: United Nations, 2004, p. 17.

坏,甚至引发跨国或全球性后果。① 因此,人道主义灾难援助指的是各类主体为幸存者和受伤害者提供食物、水、居所和医疗等以满足其基本需求,开展保障生命安全和心理健康的行动,以在最大程度上恢复和平与稳定。随着灾难日益成为人类共同的困境,预先的减灾合作,特别是与抗灾能力较差的发展中国家的合作也成为灾难外交的重要部分。灾难外交既包括实时的灾难援助,也包括预先的减灾合作。

德国在灾难外交中并非只有单纯的人道主义动机,基于国家利益的现实政治动机也越来越明显。灾难是全球性问题,具有随机性,这意味着德国等发达国家都是潜在的灾难受害者(或连带受害者)。相比于发展援助等外交类型,灾难外交具有平等性。

这种外交具有的逻辑是:防灾减灾作为人道主义援助,天然有较高的道德伦理性,有助于避免国际非议并得到受援国的欢迎,这一行为符合德国的定位特征。因此本节引申讨论预期达到的目的是:通过介绍德国"灾难外交"的发展,尤其是当代灾难外交的现实,使读者以整体视野了解德国当代对外关系的基本逻辑。

二 德国灾难外交的时间—历史分析

德国灾难外交有三个演进阶段,其动机总体表现为:在积极筹谋实现本土安全利益的前提下,谨慎维持既有制度规范以获得群体成员的认可。在安全利益保障、价值规范维护的目标实现后,德国在统一后通过灾难外交对全球战略进行积极布局。外交自主与权力竞逐的趋势在德国灾难援助与减灾合作中逐渐明显,"灾难外交"成为德国促进国家崛起的重要手段。

(一) 19 世纪中后期至二战:人道主义动机占主导

1785 年,普鲁士与美国达成《友好通商条约》,该条约指出缔约国若发生战争应保护平民,同时还在世界范围内首次提出战俘规范。该条约的签订构成了德国早期的灾难外交的雏形。然而,德国早期的国际灾难援助以民间为主体,国家外交层面的灾难援助实践并不多。具体有三条发展路径。

第一,面对频繁的战争,成立于 1863 年的德国红十字会(DRK)作

---

① James C. Hagen, Meen B. Poudyal Chhetri, Nicolae Steiner, "Strategic Activities to Promote Co-operation and Coordination in International Disaster Management," *Management in Health*, Vol. 17, No. 1, 2013, pp. 21 – 25.

为战时的中立性援助组织，与欧洲邻国的红十字会一道拓展了红十字会的国际谱系，为国际灾难援助树立了标杆。与此同时，《日内瓦公约》逐渐成为国际人道主义援助的共识性原则。在德国红十字会的参与和推动下，一战之前，在全球范围内共有 45 个国家建立了红十字会。第二，随着资本主义在德国的发展和大规模工业化工厂的出现，生产事故成为新的课题，许多欧洲工人自救组织成立并采取联合行动。如 1888 年成立的德国劳动者撒玛利亚联合会（ASB）就是手工业内成立的工伤事故紧急援助组织，该组织不断在欧洲扩展影响，于 1921 年成为共产国际发起的国际工人救济组织国际工人援助会（IAH）的成员。第三，宗教灾难援助组织在欧洲展开跨国行动。19 世纪末，除天主教兄弟会、会众或女执事的以扶贫、医疗等为目的的慈善团体外，宗教慈善组织开始针对现代社会的一些新事故展开救援工作。1897 年，德国明爱会（Caritas）的救援组织成立，随后推动瑞士与奥地利明爱会的跨国灾难救助活动，在一战与二战后欧洲难民的救助中起到重要作用。①

（二）二战爆发至冷战后期：国家安全与规范认同动机占主导

二战至冷战后期，防范空袭、防止大规模杀伤性武器等民防领域的灾难援助受到极大重视。特别是冷战期间，美苏两极对抗严峻，核大战的威胁提升，应对军事威胁的民防顺理成章成为德国国际减灾合作的核心议题，相关组织和行动由政府统一管理。② 联邦德国作为战败国及阵营对抗的前哨，其灾难外交具有维护国家安全与规范认同的动因。根据盟国管制委员会的规定，德国直到 1952 年才重建国防体系。一方面，德国建立一系列民防机构处理战争防御及军事预警的相关事务，以维护国家安全，如联邦内政部（BMI）在 1952 年建立的联邦民事防空局（BZL）、1958 年建立的联邦平民保护局（BZB）等。另一方面，德国的国家安全根本上需要依赖于北约。③ 1955 年德国加入北约后，参与的第一个大规模的跨国减灾合

---

① Caritas International, *Caritas International Annual Report 2011*, 2011, https://www.caritas.org/wordpress/wp-content/uploads/2017/07/AnnualReport11.pdf.

② Jochen Molitor, "Die totale Verteidigung? Zivilschutz-aus zeithistorischer Perspektive," *Zeitschrift für Außen-und Sicherheitspolitik*, Bd. 8, 2015, S. 389 – 405.

③ Klaus-Henning Rosen, "Wechsel der Bedrohungslagen," in *50 Jahre Zivil-und Bevölkerungsschutz in Deutschland*, Berlin: Bundesamt für Bevölkerungsschutz und Katastrophenhilfe, 2008, S. 31 – 37.

作项目是"游泳桥水上撤离服务项目",是为预防空袭后桥梁毁坏,受伤民众难以从水上疏散而设的。① 20世纪60年代以来,冷战进入白热化阶段。德国于1965年前后出台若干民防法规,强化与北约成员的减灾合作,与民防相关的铁路、航空、电力、能源、运输、通信等领域的区域性防灾机制逐渐形成。

进入20世纪70年代,随着美国深陷越战泥潭,德国先是对苏东集团频频示好以缓解美国权力相对下降带来的安全劣势,后是通过北约和欧共体的内部合作加速推动欧洲国家间的和解与团结。减灾合作是重要途径之一,这也在减灾领域激活了德国的规范认同动机。② 1972年,"慕尼黑惨案"使德国意识到需要管控多方面灾难,而非仅局限于预防战争,这从理念上为新型灾难外交创造条件。1975年《赫尔辛基协议》签订、欧安组织(OSCE)建立,阵营对峙局面大大缓解,德国的灾难外交逐渐走上涉及领域更全面的新阶段。1976年意大利塞维索发生化学污染事故,此后长达十年欧洲国家都在联合调查,德国、法国等相关国家不断探索灾难援助机制,加速了欧洲灾难互助合作,欧共体十二国最终于1988年达成有关化学品灾难事故的合作协议。③ 通过北约和欧共体框架内的灾难援助与减灾合作,德国维持了良好和平的规范形象,保障了成员国安全,与邻国加速和解。④

(三)冷战后期至今:逐渐拓展全球战略利益

冷战后期,两极对抗程度下降,在1986年切尔诺贝利事故发生后,德国开始重新审视自然灾害、技术威胁、生产安全等类型的灾难,逐渐由应对军事安全威胁转向应对大规模伤亡与损失事故。20世纪90年代,两德

① Peter Kupferschmidt, *Einsatzfahrzeuge im Schwimmbrückendienst 1956 bis 1968*, Willich: Verlag Klaus Rabe, 2009.
② 德国与邻国的和解进程从二战结束后就开始,但无论是去军事化还是加入北约,都没能打消邻国的疑虑。以法国为例,直到1963年《爱丽舍条约》的签订,两国才拉开和解大幕,进入70年代后和解才逐渐有了进展,其中减灾合作辅助推动了深层次的和解。参见 Raymond Poidevin, Jacques Bariety, *Frankreich und Deutschland: Die Geschichte ihrer Beziehungen 1815–1975*, Munich: Beck, 1982。
③ Edwald Andrews, "Kooperation in wesentlichen Bereich des Zivil-und Katastrophenschutzes," *Zivilschutz-Magazin*, Bd. 5, 1985, S. 12.
④ European Union, *Strategie für Innere Sicherheit der Europäischen Union-Auf dem Weg zu einem europäischen Sicherheitsmodell*, März 2010, https://www.consilium.europa.eu/media/30736/qc3010313dec.pdf.

统一给了德国战略自信，德国一方面仍通过欧盟、北约、联合国等的各类协定积极提供灾难援助，另一方面则积极尝试在全球拓展灾难援助的范围，积极创新与主导制度合作。外交部于 1994 年成立了人道主义援助协调委员会（KHH），与内政部、国防部等部委，非政府组织，学界和企业界等一道协调国际灾难援助部署，这一机构的级别与规模当时在欧洲都是绝无仅有的，是德国灾难援助走向全球的一次重要尝试。[①] 2001 年"9·11"事件发生后，德国灾难援助的理念再次发生巨大转变，跨国危机管控与合作凸显重要价值。同时，"9·11"事件也为德国提供拓展国际权力的重大机遇，"利益主导的现实政治（interessengeleitete Realpolitik）"之呼声弥漫，在美国相对衰弱的形势下德国加大对全球政治的参与力度。[②] 此后，德国逐渐在全球范围内构建灾难援助网络，积极开展灾难外交，谋求各类战略利益。

2010 年，德国与俄罗斯达成协议，德国使用俄罗斯的宽体运输机作为救灾物资的运输设备，借此将物资运送至处于大地震中的海地。德国还积极参与当年严重的俄罗斯的森林火灾的救援活动，在美俄紧张的背景下争取独立自主的国家利益。2011 年"茉莉花革命"后，德国以灾难援助的形式推进"公民保护与救助项目"，将之作为与突尼斯建立的"转型伙伴关系"的助推器。2013 年类似的灾难援助项目推进到约旦。2014 年乌克兰东部冲突发生后，德国以当地潜在"生化核放"威胁为由，借 G7"反大规模杀伤性武器全球扩散合作项目"，推动对乌克兰的灾难援助。以人道主义减灾合作为由，德国既避免了俄罗斯的怀疑与指责，又推进了与乌克兰的政治关系，同时还维持了对西方集团的规范认同。2019 年 2 月，默克尔与安倍晋三会面，提出对太平洋岛国加大灾难援助力度以应对气候变化，这与两国谋求安理会常任理事国的外交诉求呼应。2020 年 9 月，德国发布的《印太指针》中也明确提出要在印太地区施加战略影响，特别是通过灾难援助的形式。21 世纪以来，德国的人道主义灾难援助行动越发与其外交政策及全球战略相吻合。

---

① Christoph Tometten, "Internationale Katastrophenhilfe," https://fzk. rewi. hu-berlin. de/doc/sammelband/Internationale_ Katastrophenhilfe. pdf.

② Wolf-Dieter Narr, "Katastrophenpolitik," *Blätter für deutsche und internationale Politik*, Bd. 12, 2001, S. 1425 – 1427.

三　德国灾难外交的空间—地缘分析

按照前文的地缘政治研究框架，德国的灾难外交可分为三个圈层，内圈为周边区域，中圈为欧洲与跨大西洋区域，外圈为全球区域。[①] 其动机总体上体现为：内圈涉及国家安全动机，以维护国民健康与国土秩序为出发点；中圈涉及规范价值动机，积极促进内群认同是德国崛起的基础和保障；外圈动机为全球战略利益拓展，德国日益将在全球外圈的灾难外交行动视为国家崛起的重要契机。

（一）周边层面：以双边协定或"小多边合作"助力保障国家安全

由于山水相依、荣损共俱，周边区域发生的灾难给德国带来的影响最大，因此德国将"灾难外交"重点放在周边区域。如表 3 - 1 所示，在德国至今总计 12 个全面的灾难互助协定中，9 个与德国邻国有关，这些协定使国家与地区安全得到保障。

表 3 - 1　德国的双边灾难互助协定

互助国家	比利时	丹麦	法国	立陶宛	卢森堡	荷兰
生效日期	1984 年 1 月 5 日	1988 年 8 月 1 日	1980 年 12 月 1 日	1996 年 9 月 1 日	1981 年 12 月 1 日	1997 年 3 月 1 日
互助国家	奥地利	波兰	俄罗斯	瑞士	捷克	匈牙利
生效日期	1992 年 10 月 1 日	1999 年 3 月 1 日	1995 年 7 月 11 日	1988 年 12 月 1 日	2003 年 1 月 1 日	1998 年 9 月 11 日

资料来源：德国联邦公民保护与灾难援助署、联邦信息技术安全局。

同时在个别灾难领域，德国与邻国还建立更深入的合作机制。德国与除卢森堡外的 8 个邻国建立双边核信息交换协定，需要对边界附近的核设施及其运行情况进行透明的政府间公开；德国还与瑞士、法国、荷兰、奥地利、瑞士、比利时和捷克建立定期磋商机制，对严重核事故发生时的应急处置措施进行协调。在自然灾害领域，由于中欧水灾的影响广泛，德国与邻国分别于 1993 年、1998 年、1999 年建立了针对易北河、多瑙河与莱

[①]　由于灾难由近及远的紧迫性特征，灾难外交的布局与对外关系的分层存在差异，本部分将欧盟放置于"区域层面"加以探讨，与第四章至第六章的设计略有不同。在此做出说明。

茵河的水患治理委员会。① 德国还与瑞士及法国建立了次一级的上游莱茵河国家会议机制（ORK），以使灾难互助更为精细化。这些合作使水灾的跨国应对更为行之有效。在反恐方面，德国与所有邻国都签订了双边警察合作协议，提升了对恐怖主义事件的应对能力。在火灾、交通、卫生等地域涉及范围较小的跨境灾情的援助方面，德国与周边国家的跨国合作已拓展到州与地方层面。德国与周边国家的灾难互助机制是极为完善的，覆盖了常见的灾情领域，彼此切实紧迫的国土安全问题得到有效解决。为保证周边减灾合作顺利进行，德国通过三种外交手段来实现。第一，与邻国建立双边或小多边信息通报与危机处理机制。第二，德国借助欧盟的"紧急反应协调中心（ERCC）"与"国家联络点（NCP）"机制，全天候 24 小时与相邻国家的国家联络点对接，对所接收到的国外灾难事故进行科学分析和预警等，使联邦能够快速处置。第三，德国积极将国内成熟的灾难援助机制进行国外对接，以内外联动的形式全方位维护国家安全，如 2002 年联邦和州政府联合报告与情势中心（GMLZ）建立，德国将这一系统对接到跨国协调机制中，目前国内与跨国层面共对接 30 个警报系统。②

（二）区域层面：以区域性多边机制维持或推广规范

在欧洲与跨大西洋区域，德国通过欧盟与北约的相关机制参与灾难援助，目的在于维持规范。德国通过深化制度合作展现群体规范性。

作为欧洲重要的安全保障，北约不仅保障成员的军事安全，对成员的民事救灾也施以援手，通过危机反应系统（NCRS）、快速反应部队（NRF）等实现成员国内部的救灾防灾目标。20 世纪 70 年代初北约开始重视民事灾难，并于 1971 年建立成员国灾难互助机制。1976 年意大利东北地震、1978 年利比里亚籍超大油轮卡迪兹号（Amoco Cadiz）在法国沿海触礁沉没等事故发生时，德国都首先派出技术与消防团队参与处理，促进和平关系、维持共同规范。2005 年，美国卡特里娜飓风造成近两千人死亡，德国通过欧洲—大西洋救灾协调中心（EADRCC）向奥尔良派出了130 人的技术团队和 15 台大型水泵以抽排 500 万立方米的水，并提供 260

---

① Swen Zehetmair, "Hochwasser-Kooperation in der Praxis," *Informationen zum Raumentwicklung*, Bd. 5, 2014, S. 465 – 474.

② Deutscher Bundestag, *Strukturen der Krisenfrüherkennung in deutschen Außenß und Sicherheitspolitik*, Berlin, 2020, S. 14.

吨物资。这在一定程度上改善了由伊拉克战争导致的跨大西洋矛盾。从欧盟来看，欧共体人道主义援助办公室（ECHO）于 1992 年成立，拉开了欧盟灾难外交制度化的序幕。2001 年欧盟建立"联合公民保护机制（UCPM）"。此后德国积极推动共同紧急通信与信息系统（CECIS）、物资储备的欧洲公民保护池（ECPP）等项目。2020 年下半年德国任欧盟轮值主席国后，推进减灾合作结构性改革成为德国的施政重点，如提高欧盟灾难外交的年度预算、扩充"援助欧盟（rescEU）"灾难储备、建立公民保护与灾难治理的知识网络等。

在巴尔干地区、黑海地区，以及部分北非与东地中海国家，德国借灾难外交达到推广西方制度规范与价值规范的目的。例如，北约的《东南欧稳定公约》和欧盟"扩盟总局（DG NEAR）"的目标相同，都通过在欧洲东部和南部地区实施援助，支持改革和巩固民主，以此保障欧洲的繁荣、稳定与安全。1999 年的科索沃战争是战后德国第一次参加的海外军事行动，在北约的支持下，德国参与军事行动的争议大大减少。德国军方为国际灾难援助组织与人道主义团体提供军事保护，使其能在难民营中进行救援。德国也提供大量专业性的人道主义援助，稀释了国际舆论对其大胆的军事行动的批评。此外，欧盟灾难外交和人道主义援助的伙伴选择具有政治目的。近年来，德国在乌克兰进行了一系列灾难外交活动以配合欧盟与北约的"反俄政策"。2015 年之后，德国斥巨资帮助乌克兰 120 个城市的 150 个消防部门配备了新设备，五年来火灾死亡人数减少 30%，赢得了乌克兰人的好感。2015 年开始，德国还承担欧盟"入盟前援助方案（IPA）"的水灾援助项目，向关键的西巴尔干国家输出防灾减灾的设备与标准。北约和欧盟的域外援助都有推广西方规范的目的，德国在这些规范推广行动中均扮演积极角色。

（三）全球层面：积极拓展德国的政治、经济等战略利益

在全球层面，灾难对德国的影响最低。德国在全球层面具有较大的战略行动自由度。德国一方面在联合国、G7 和 G20 等全球框架内推进灾难外交，以期获得国际社会认可；另一方面通过积极"创制"，创建以德国为主导的灾难体系。这两种形式都配合了德国的外交战略规划，通过不断的权力扩张获得巨大的战略收益，拓展德国的国际影响力，加速其崛起进程。

在现有的全球性机制中，德国参与最深入的是联合国的灾难援助机制。冷战结束后，1990 年联合国"国际减灾十年"计划开启，全球减灾合作进入新阶段。德国对联合国的经济支持力度不断加大，以塑造大国形象。德国一直是联合国中仅次于美国的第二大援助国，2019 年德国的灾难援助达到 14.8 亿美元，① 其中，其对针对防灾的"联合国中央应急基金（CERF）"的投入达到 2.82 亿美元，为所有国家中投入最多的，表明德国对灾难外交的重视。针对不同灾情领域，德国的表现都十分积极。以卫生为例，自 2016 年开始，为支持联合国关于健康的可持续发展目标的实现，德国卫生部设立"全球卫生保护项目（GHPP）"，对巴尔干、非洲及东南亚的 39 个国家提供援助项目，以减少卫生系统的事故和灾难。此外，德国参与联合国援助实践的主体也在发生变化。20 世纪 90 年代以前，德国在联合国系统中的灾难外交主体为联邦官方的民事救援力量和非政府组织。20 世纪 90 年代以后，德国通过联邦国防军的维和行动进行灾难外交。早在 1999 年，为了提升联邦国防军维和部队执行任务的能力，德国就成立了哈默尔堡联邦国防军联合国培训中心（VN AusbZ Bw）；2002 年，德国又成立了柏林国际维和行动中心（ZIF），民事维和人员的培训更加细化。以军方为主体的灾难外交行动增加，这既是统一后德国走向"正常化"的重要手段，如今又彰显其"大国化"的战略决心。在财力方面，目前联邦的财政援助占比较大，且不要求受援国承担从德国进口货物的义务，援助具有极不对等的特征。除联邦直接的物资援助外，德国还与基金会、银行、企业和非政府组织合作，以项目形式调配人力、物力与财力。

德国还通过主导"创制"实现国家战略目标。内政部、外交部、经济合作与发展部等三家部委主持了德国较大规模的全球灾难援助与减灾合作；环境部、交通部等部门在功能性领域进行机制填充；大小基金会、民间组织、银行与企业积极参与；联邦国防军作为"军民合作"的主体，是德国全球灾难援助的重要保障。德国总体上选择民主制度脆弱及有望进行民主转型的受援国或地缘政治要地进行援助，如 2013 年联邦经济合作与发展部的"灾难风险管理全球倡议（GIDRM）"项目。德国还通过在制度合作中排斥地缘竞争者的形式，以获得更大影响力、推行德国标准、培植亲

① Statista, "Largest Donors of Humanitarian Aid Worldwide in 2019," https://www.statista.com/statistics/275597/largers-donor-countries-of-aid-worldwide/.

德力量。如 2017 年联邦教育与研究部设立的灾难与风险管理国际合作机制（IKARIM），就是为促进德国先进的减灾知识和技术向伙伴国家转移，尤其是为德国的科技创新公司进入潜在利益国家铺路，这一项目的伙伴国来自非洲和亚洲，甚至包括日本和韩国，但排除了中国。

在印度尼西亚，由德国主导，日、中、法、美等国参与，于 2011 年建立的德国—印尼海啸早期预警系统，在海底地震发生五分钟以内就能做出预警，缩短了原先三十分钟的预警时间。2014 年，德国以改善医疗为由向印尼输出德国的医保经验，相关项目到 2019 年已覆盖了 2.5 亿印尼人口。在阿富汗，德国的灾难外交致力于改善社群管理。为应对恐怖主义，2009~2013 年，德国帮助阿富汗在巴达赫尚省的 32 个社区中建立地区紧急管理委员会。2018 年德国国际合作联合会承担了欧盟总计 700 万欧元的警察改革合作项目，将德国犯罪治理与反恐治理经验输入阿富汗。为应对传染病，德国还在南非投入建立了血液信息采集系统。在喀麦隆、加纳等国，德国因地制宜地设计洪灾应对的技术策略，如在伊朗就推动适用于干旱与半干旱区域的洪灾风险管理与可持续发展的项目。在都市人口密集的印度，德国建立倒塌建筑物中伤亡人员的定位传感系统。德国希望通过在落后国家推进德国的减灾技术、输出德国的制度经验，特别是在缅甸等政治脆弱的地区加强第三部门的作用，改变所在国的政治，增强德国的影响力。

德国不仅选择特定援助区域与伙伴国家，还指定资助领域，采取符合德国主导权的利益手段。不对等地提供灾难援助或主导减灾合作项目，可被视为一种长期投资行为，相关的企业能在中长期内实现营收，尤其是借灾难外交推动民主化或施加政治影响，将为德国提供更有利的投资环境、市场与资源，并提升其国际影响力，利于德国的崛起。不仅是灾难援助与减灾合作这种以灾难为中心的对外交往形式，在德国外交整体向全球跃进的大国追求下，德国对国家利益的获取方式将更加具有创造性。本节只是以一个案例为说明。

下　篇

德国对外关系的实践议程

第四章

中流砥柱——德国在欧洲一体化中的角色

> 德国在这样的格局中很有可能担任领导者的角色，因为统一后的
> 德国实在太大了、太强了。
>
> ——玛格丽特·撒切尔（Margaret Thatcher）

让欧洲联合起来，是德国二战结束以来一直坚持的和平政策的重中之重。德国通过积极推动欧洲一体化，实现了与恩怨纠葛达百年之久的敌对国家的和解，保障了周边安全与稳定的大局，赢得了国家最基本的生存条件。欧洲一体化既是德国立足于欧洲的关键，也是其能够稳步推进地区层面和全球层面战略的前提。联邦德国首任总理康拉德·阿登纳（Konrad Adenauer）在 20 世纪 50 年代致力于推动建设一个强大而联合的欧洲，并且将此作为未来德国统一的基础。这说明，以阿登纳为代表的具有远见卓识的德国政治家们充分认可德国的复兴与欧洲一体化是牢牢绑在一起的。自阿登纳之后，从路德维希·艾哈德（Ludwig Erhard）到默克尔，虽然总理由不同政党人士出任，内阁也由不同党派人员组建，但都将欧洲一体化视为德国对外政策的根本。

自冷战结束以来，借助欧盟东扩的东风，德国的战略影响力在中东欧地区不断增强。德国与法国虽在一些问题上存在立场差异，但"法德轴心"还是积极推动了欧洲国家间的紧密合作。然而，欧盟制宪危机、欧债危机、难民危机与英国脱欧危机等也表明欧洲一体化绝不会一帆风顺，会遭遇难以估计的波折。民粹主义时而发作，像幽灵一样挑战欧洲主流政治

的合法性。

　　强大起来的德国自然肩负着提升成员国凝聚力的艰巨任务——无论是从权力观还是从命运论的角度来说。可以预计的是，在默克尔这位欧洲最具影响力和凝聚力的政治家退出欧洲舞台之后，欧洲一体化的难题将更加突出。在全球化逆流涌动的当下，德国在欧洲是否依然拥有强势的话语权，便成了一个未知之数。

第一节　两种观念的较量：欧洲认同与民族认同

　　有人讲欧洲是个一体化程度极高的实体，有人言欧洲像个城邦联合，也有人说欧洲还是传统民族国家的散居地。这些说法都有其合理的地方，其中涉及的根本问题是"认同"。根据社会学者亨利·塔杰菲尔（Henry Tajfei）对"认同"的定义，"认同"是指一种个体的自我观念，源于个体对某一群体或多个群体的认识，并认识到群体与自己的情感和价值联系。[1]因此，认同具有"内群偏爱"与"外群敌视"的特征，这在本书第一章中已经做了介绍。当代欧洲一体化的种种进步或倒退，从根本上讲都涉及身份认同问题。因此在展开对德国与欧洲的关系的论述前，我们必须明确这个问题：在欧洲，欧洲认同与民族认同的关系是怎么样的。

一　欧洲认同：集体意识的生成

　　欧洲认同的产生源于欧洲意识。从定义来看，意识（Consciousness）是对环境和认知事件，如世界的形象、声音，以及人的记忆、思想、情绪和本体感觉的觉察。[2]它包含两个方面的要素：一是对外部环境刺激的觉察；二是对心理事件的觉察，这来源于人的记忆、对一件事的内在感受及判断。欧洲意识，即对包括历史、文化、宗教、民俗等在内的"欧洲文明"的一种认识，是千百年以来，生长在欧洲这片土地上的居民对区域环境和发生事件的一种心理观视。它涉及人的记忆，对于一个群体来说，则是群体的统一的记忆。对于欧洲人来说，这种记忆公认的最初来源之一是

---

① 参见 S. Greene, "Social Identity Theory and Party Identification," *Social Science Quarterly*, Vol. 85, No. 1, 2004, p. 138.

② 〔美〕罗伯特·L. 索尔所等：《认知心理学》（第七版），邵志芳等译，上海人民出版社，2008，第 126 页。

希腊文明。

希腊神话中关于"欧罗巴"的故事，成为欧洲文明的起点。之后罗马帝国征服西方世界，第一次让生活在其中的人产生了集体意识。接续而来的中世纪的基督教世界则强化了这种身份的观念，甚至将之部分强化为一种集体认同。但这种"欧洲认同"与现代意义上的"欧洲认同"并不相同。中世纪的基督教世界力图通过统一的宗教来达成统一的欧洲认同，教皇也宣称对全世界拥有精神统治权，但这是不可能的。现代意义上的欧洲认同是需要建立在稳定的制度框架内的，而中世纪的欧洲认同则建立在对异端者的打压的基础上，以此使欧洲人对于"我们"产生共鸣。这使得当时的欧洲人产生了一种令人惶恐不安的区分标准，除了基督教世界的人（"我们"），其他人都是异教徒。现代意义上的欧洲认同始于二战结束后，是在反思的基础上形成的一种新形式的集体认同。安东尼·史密斯（Anthony Smith）认为，欧洲认同需要相当一个历史时期才能形成，到那时欧洲感情才能够被激发起来，才能够形成一个真正的欧洲文化共同体，其中大部分欧洲居民能够坚定地忠诚于这个全新的"想象的共同体"。①

它包含两个方面：对外，进行外部竞争以强化认同感；对内，满足成员需求以强化认同感。对外而言，欧洲若想继续强化集体认同，势必需要利用外在竞争和排斥等方式，这与意识形态、政治需要等问题存在关联。但是在全球化的背景下，国际合作已是大势所趋，通过刻意营造外部摩擦来强化群体内部认同的胜算有所降低。这是因为，在全球范围内，欧盟内一些成员的诉求，很可能不符合另一些成员国的利益，甚至可能会遭到其他成员国的激烈反对。通过群体外部摩擦来强化内部认同，这一方式越来越受到阻碍，这是由国际关系复杂变迁导致的。对内而言，欧盟在过去几十年中有长足发展，各国也看到了内部团结所带来的巨大红利，这无疑会增加成员国的集体认同。但制度的缺陷仍然存在，成员国间的需求矛盾也会影响这种集体认同，成员国间的争吵、猜忌，无疑会减损欧洲集体认同。这种逆向的发展，会强化成员国对自身的身份认知，破坏欧洲一体化，导致民族认同日益增强，甚至像英国脱欧那样，最终消解作为"欧洲人"的集体属性。

---

① Anthony D. Smith, "A Europe of Nations-or the Nation of Europe?" *Peace Research*, Vol. 30, No. 2, 1993, p. 134.

二 民族认同：多元文化的失败

在欧洲，民族认同是随着罗马教皇权力的瓦解而出现的，教皇是中世纪凌驾于邦国之上的权威。博伊德·沙夫尔（Boyd Shafer）指出："人民首先认为自己是基督教徒，其次是某一地区如勃艮第或康沃尔的居民，只有最后——如果实在要说的话——才是法兰西人或者英吉利人。"① 而通过宗教改革，罗马教皇的统一权威被摧毁了，一个个独立的主权国家出现。② 在独立民族崛起的过程中，王权起到了不可或缺的作用，民族和国家依靠王权的力量结合起来，由此出现了民族国家的第一个阶段。民族国家第二个阶段以法国大革命和美国独立战争为典型事件，这两大事件在当时的西方世界极大地促进了民族觉醒，民族国家不再属于王室，而是真正地属于民族。民族认同得到了进一步地增强。

欧洲认同和民族认同的矛盾存在于方方面面，国家的需求得不到满足，整体的欧洲认同便会减损。由于文化是种极其稳定的民族国家的表征物，不同于政治、经济等内容，欧洲内部高度认可文化认同对欧洲一体化的促进作用。欧洲议会宣称，"欧洲文化是文明与国家、地区与地方的文化相互作用的产物"，欧盟委员会认为，"欧洲文化的丰富性就代表着欧洲文化的多样性"。③ 文化认同是欧洲认同重要的一部分，甚至是其前提和根基。"欧洲之父"让·莫内（Jean Monnet）曾认为："如果我们重新开始构建欧洲共同体，我们将从文化开始。"当然，如果欧洲一体化遭遇困难，这也会敏锐地反映在文化层面。由于民族文化多元性的存在，民族国家们不仅不会放弃文化身份，还会激烈地质疑欧洲统一文化认同的存在。在某些时刻，基于民族文化的感召，民族国家强化了自身身份，导致共同体在文化认同层面步履维艰。欧洲文化认同的困惑一直影响着一体化的进程，安东尼·史密斯悲观地指出："欧洲认同显得空洞无物、毫无特征，更像是对整个大陆所有民众和各种文化的一种有气无力的综括，对已经存在的东

---

① 转引自洪霞《欧洲的灵魂：欧洲认同与民族国家的重新整合》，中国大百科全书出版社，2010，第 3 页。

② 李宏图：《西欧近代民族主义思潮研究——从启蒙运动到拿破仑时代》，上海社会科学院出版社，1997，第 249~251 页。

③ Enrique Banús, "Culture Policy in the EU and the European Identity," in Mary Farrell, Stefano Fella & Michael Newman, eds., *European Integration in the 21st Century: Unity in Diversity?* London: Sage, 2002, p. 164.

西没做任何补充。"①

多元统一（unity in diversity）正是基于这一点得出的观点。虽然尤尔根·哈贝马斯（Jürgen Habermas）认为"多元文化主义在承认一个政治社会中永远都会存在着若干文化群体的同时，也要求确立一种共同的文化"②，但这实施起来困难重重。正如同在欧洲地区的东正教文明、伊斯兰文明及基督教/天主教文明，这三种构成欧洲文明格局的要素至今都难以融合，其冲突甚至愈演愈烈。当前欧洲社会的诸多矛盾是由文化冲突带来的，如移民、难民问题，特别是穆斯林难以与欧洲本土文明融合的难题。默克尔也曾经多次提到过，德国建立战后多元文化（Multikulti）的社会的尝试是失败的。多元统一允诺各种文明的共生，但这在操作上却十分困难。异质者不愿意放弃属于本民族的特性，彻底融入欧洲——甚至于说，融入占据主导者地位的西欧。而在西方强势的二元思维之下，西欧推动融合的方式也没遵循辩证逻辑，不寻求辩证统一，唯遵循排中律或矛盾律罢了。

因此，强调欧洲认同与民族认同可以多元统一的说法恐怕只是妄想，詹姆斯·罗斯诺（James N. Rosenau）指出，由于公民意识和政治技能的增强，一体化与分散化并存。③ 一体化的趋势越强，分散化的趋势就越明显。人们会更加专注于自己的民族国家，甚至存在越发严重的次国家主义的危机，如北爱尔兰问题。但是，一体化又被欧洲人认为是"顶风骑自行车爬坡"的过程，不仅不能停下，还必须加足马力，否则会全速倒退，甚至彻底倒下。所以，欧洲认同和民族认同是难以融合的两种事物。对欧盟的领头者德国而言，任务的艰巨性可想而知。

第二节　德国的中道政治：引领欧洲一体化

欧洲一体化的历史是一部恢宏的史诗，是对千百年来欧洲分裂与战争反思的结果，是对二战后欧洲和平思想的具体实践。从横向的成员规模

---

① 〔英〕安东尼·史密斯：《全球化时代的民族与民族主义》，龚维斌、良警宇译，中央编译出版社，2002，第155页。

② 〔德〕尤尔根·哈贝马斯：《包容他者》，曹卫东译，上海人民出版社，2002，第168页。

③ James N. Rosenau, "Globalization and Governance: Bleak Prospects for Sustainability," in Alfred Pfaller & Marika Lerch, eds., *Challenges of Globalization*, London: Routledge, 2005, p. 16.

看，1957 年欧盟的核心成员有 6 个国家，如今有 27 个成员国；从纵向的领域深度看，欧盟从最初的"煤钢联营"外溢为当今世界上规模最大、一体化程度最高的地区政治经济集团。在这两个一体化的重要方面，德国都扮演着极为重要的角色。欧盟成员国如今已经将部分国家主权交给欧盟，这主要体现在经济上，如货币政策、金融政策、内部市场、对外贸易等方面。在政治层面，最突出的则为共同外交政策。在机构设置上，欧盟委员会（European Commission）与欧盟理事会（Council of the European Union）拥有行政权，欧洲议会（European Parliament）拥有立法权，欧洲法院（European Court of Justice）则拥有司法权，至少在外在形态上，欧盟越发具有联邦特征。德国在一体化中遵循的"中道政治"原则体现为不左摇、不右晃，不冒进、不保守，适时寻求妥协的出路。进入 21 世纪以来，德国积极推动"欧盟东扩"，并且以"法德轴心"协作推进一体化走向深入。

一 "欧盟东扩"与德国的推动

要加入欧盟并非易事，并非只要地理位置位于欧洲就能够轻轻松松地加入欧盟。1993 年欧洲理事会哥本哈根会议吹响了欧盟东扩的号角，欧盟朝着第五次扩大迈出了决定性的一步，为渴望加入欧盟的中东欧国家提供难得的机遇，也为冷战后西方集团的扩充提供行动基础。

（一）东扩到底是扩什么？

根据欧洲理事会的相关规定，只要候选国能够满足欧盟定下的政治和经济条件，就有资格成为欧盟成员国。但是，这些被称作"哥本哈根标准"的政治和经济条件并不是那么容易达成的。在政治上，该标准要求候选国有稳定的民主制度，尊重人权，践行法治，并保护少数族群；在经济上，该标准要求候选国真正实行市场经济，并且要具有应对共同体内部竞争压力和市场压力的能力；在法律上，该标准要求候选国接受欧盟法律、规则和政策，承担成员国义务，履行成员国职责。表 4 – 1 为欧盟成员国的变化情况。

表 4 – 1　欧盟成员国的变化情况

1950 年	法国外交部长罗贝尔·舒曼提议的"舒曼计划"成为欧洲一体化的起点
1952 年	比利时、荷兰、卢森堡、西德、法国和意大利组成欧洲煤钢共同体

续表

1958 年	6 个欧洲煤钢共同体成员国组成欧洲经济共同体和欧洲原子能共同体
1967 年	三大共同体合并，成立欧洲共同体
1973 年	英国、爱尔兰和丹麦加入欧共体
1981 年	希腊加入欧共体
1985 年	格陵兰退出欧共体
1986 年	西班牙和葡萄牙加入欧共体
1990 年	东德与西德合并，欧共体的领土和人口逐渐扩大
1993 年	欧盟成立
1995 年	奥地利、瑞典和芬兰加入欧盟
2004 年	爱沙尼亚、拉脱维亚、立陶宛、波兰、捷克、匈牙利、斯洛伐克、斯洛文尼亚、马耳他和塞浦路斯加入欧盟
2007 年	罗马尼亚、保加利亚加入欧盟
2013 年	克罗地亚加入欧盟
2020 年	英国退出欧盟

资料来源：笔者自制。

　　欧盟东扩主要是面向转轨后的东欧社会主义阵营国家，但也包括东南欧个别国家，它们并不来自原社会主义阵营。2004 年、2007 年与 2013 年，欧盟通过三次东扩将成员国从 1993 年的 12 个扩展为 28 个，辐射面积增长了 27.79%，人口增长了 26.8%。其中，2004 年加入欧盟的国家有波兰、匈牙利、捷克、斯洛伐克、拉脱维亚、爱沙尼亚、立陶宛、斯洛文尼亚、塞浦路斯和马耳他等 10 国。在这几个国家中，波兰、匈牙利、捷克与斯洛伐克为中欧 "维谢格拉德集团（Visegrád 4）" 成员国；拉脱维亚、爱沙尼亚和立陶宛被称为 "波罗的海三国"，为原苏联加盟共和国；斯洛文尼亚为原南斯拉夫的一部分；塞浦路斯和马耳他为地中海岛国。2007 年，位于东巴尔干地区的保加利亚和罗马尼亚顺利加入欧盟。2013 年，克罗地亚加入欧盟。截至 2022 年，位于西巴尔干地区的北马其顿、塞尔维亚、黑山、阿尔巴尼亚、波黑，原苏联地区的摩尔多瓦和乌克兰，以及土耳其均为候选国；格鲁吉亚为欧盟承认的潜在候选国。欧盟东扩大体上以冷战后原社会主义阵营国家的彻底转型为前提，这些国家只有取得符合西方标准的转型结果，才能成为欧盟成员国。

　　从地缘政治的角度看，中东欧作为 "中间地带"，不免会被东西两侧地缘强权的政治塑造。在苏联的塑造下，中东欧国家被改造为向苏联提供原料、粮食及工业制成品的基地。冷战结束后，中东欧国家接受了西方塑造，在西方现代化理论的主导下，政治民主化、经济市场化、思想自由化成为主要的塑造方向。中东欧国家转型的三个领域如表 4－2 所示。

表 4－2　中东欧国家转型的具体内容

领域	具体内容
政治	立法自由化，制定支持市场化、市民社会与民主的法律，减少政党对政治的控制，重新组建公共部门，将国家权力按照中央—地方原则重新划分，权力不得越界
经济	国有财产私有化；私人企业准入市场；私有化银行系统，保证中央银行独立运行，并允许新银行进入市场；建立资本市场制度；解除指令性经济体制，极大地发挥市场的自发性
社会	媒体独立并按照市场方式运作，发展市民社会组织，对与市场经济和促进民主相关的协会、基金会等予以支持

资料来源：Galyna Pochenchuk, "Institutional Transformation in Countries of CEE: Experience for U-kraine," *The USV Annals of Economics and Public Administration*, Vol. 15, No. 2, 2015, pp. 67－75。

转型的三个领域实际上导致了四个彼此关联的系统发生复杂动态的变化。第一，制度系统（institutional system），即对政治过程和经济协调起到作用的正式的治理规则。第二，生产系统（production system），即一种社会的资源，是生产活动的自然或人为方式，以及人类的知识等。第三，价值系统（value system），即人们的价值、规范和偏好，以及社会非正式的协调手段等，取决于社会文化。第四，社会系统（social system），即不同的社会群体和它们的互动关系，受到权力分布和财富分配的影响。[①] 这四个系统的转变是中东欧国家能否入盟的关键影响因素。欧盟希望候选国能够彻底地发生系统变化，全方位地走向西方。

（二）德国对欧盟东扩的战略筹谋

德国在推进欧盟东扩的战略方面充满干劲。作为巨大的外向型经济体，以及对欧陆政治联合颇有理想的国家，德国一直致力于欧洲广泛的融合与统一。[②] 施罗德在任期内曾评价欧盟的扩大为"历史使命"；当时任基

---

① Niels Mygind, "Different Paths of Transition in the Baltics," in Borge Dahl & Rei Shiratori, eds., *Law, Economics and Business in the Melting Pot: The Case of Regional Development and Cooperation in the Baltic States*, Vedbæk: Tokai University European Center/CBS, 1997, pp. 1－39.

② Katrin Böttger & Mathias Jopp, "Fundamentals of German European Policy," *German European Policy Series*, Vol. 1, No. 17, 2017, pp. 1－11.

民盟主席的默克尔也高度赞誉欧盟东扩为"欧洲统一的第二个重大步骤"。2004 年 4 月 30 日，施罗德就欧盟东扩问题在联邦议院发表讲话，这次讲话充分展现了德国对欧盟扩大的总体立场与战略基调。施罗德在讲话中反复强调的是："德国人越专注于自己的优势并充分利用这些优势，就越能从东扩中受益。"①

对德国而言，欧盟东扩有至少三点好处。第一，政治上，欧盟东扩可以消除苏联在中东欧的影响力，对德国而言是一个重要的机遇，中东欧是德国实现政治抱负的关键地区。第二，安全上，欧盟东扩（也包括北约东扩）使德国具有更加安全的东部屏障，在面临俄罗斯安全压力的时候具有更大的战略空间。第三，经济上，东扩有助于德国降低交易成本，促进专业化、标准化，扩大市场规模并扩展业务网络。从今天的相关数据来看，在欧元区（euro area）和非欧元区，德国与中东欧国家的贸易增长幅度都是最快的。欧盟东扩将给德国带来巨大利益的预估可谓极其正确。如图 4 - 1 与图 4 - 2 所示，德国与中东欧国家的经贸联系是非常紧密的。

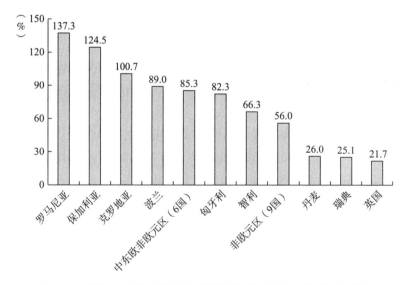

图 4 - 1　2010 ~ 2019 年欧盟非欧元区成员国与德国贸易变化情况

资料来源：德国联邦统计局。

---

① 参见施罗德的演讲稿，http://gerhard-schroeder.de/2004/04/30/erweiterung-der-eu/。

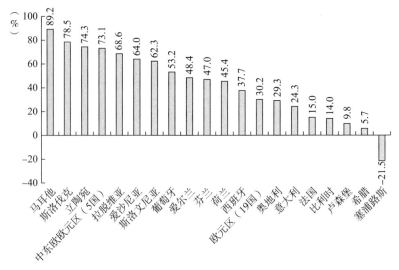

图4-2 2010~2019年欧盟欧元区成员国与德国贸易变化情况

资料来源：德国联邦统计局。

首批中东欧国家的入盟进程是在科尔和施罗德时期进行的，它们自然也为后续国家的入盟做出表率。最近十年来，德国一方面努力推动欧盟向西巴尔干地区拓展势力范围；另一方面，德国对于将中东欧成员国纳入欧元区却是小心谨慎的。这种矛盾性是基于德国对当前和今后一段时期国家战略利益的考量而产生的。

首先，德国对欧盟进一步扩大仍有很大兴趣。如果说前三轮欧盟东扩是欧洲整体推动的结果，那这一轮向西巴尔干的扩大可以说是德国主导的。为促进入盟进展，德国还启动了"柏林进程"，与西巴尔干国家进行合作。在这一点上可以与法国的立场做个对比。在向西巴尔干地区的"进军"中，法国总统埃马纽埃尔·马克龙（Emmanuel Macron）坚持认为，欧盟在接纳新成员国之前必须先进行自身改革。尤其是欧盟复杂、不灵活的结构设计正在越来越多地阻碍决策进行，一旦更多成员国加入，欧盟规模的进一步扩大势必使决策更加复杂和低效。而德国则始终认为，改革与是否增加成员国并无关联，增加成员国的进程无论如何都是势在必行的。这种立场与德国在西巴尔干的经济收益有很大关系。

仅以塞尔维亚为例，2020年塞尔维亚出口总额为170.5亿欧元，进口总额为229.5亿欧元。欧盟成员国占塞尔维亚对外贸易的61.4%，塞尔维亚向德国出口了价值约22亿欧元的商品，进口了价值31亿欧元的商品。[①]德国是塞尔维亚最大的贸易伙伴。而对于所有西巴尔干国家来说，欧盟都是主要的贸易对象，与欧盟的贸易几乎占该地区总贸易的70%。在过去十年中，欧盟与西巴尔干地区的贸易增长了近130%，该地区对欧盟的出口增长了207%，而欧盟对该地区的出口则增长了94%。2019年欧盟与西巴尔干地区之间的贸易总额达到550亿欧元。[②] 对德国来说，这笔经济账的吸引力太大了。因此在2020年下半年德国任欧盟轮值主席国期间，加速推动西巴尔干候选国的入盟谈判是德国的首要任务之一。

但是西巴尔干国家入盟的成功与否取决于如下几个因素。其一，入盟谈判是否成功和西巴尔干国家的民主发展直接相关，这是最根本的问题。目前西巴尔干国家在腐败、人权等问题上与欧盟的要求仍存在较大差距。其二，欧盟内部的立场一致性。如对于北马其顿和阿尔巴尼亚的入盟，法国和荷兰希望推迟欧盟委员会的谈判计划，主要是因为其国内政治考虑。其三，欧盟内部因素。随着欧盟内部因危机而自顾不暇，德国还需要紧张应对西巴尔干国家"脱钩"的风险。这些问题的存在，导致默克尔在其任期的最后阶段并无建树，处于有心无力的窘境。对未来的德国而言，处理西巴尔干问题是对其欧盟治理能力的关键考验。

其次，德国对扩大欧元区以深化欧盟机制保持谨慎。在欧盟成员国中，19个成员国构成一个内部的货币同盟，共同采用欧元。而另外8个则有自己的货币政策，包括位于北欧的丹麦和瑞典，以及中东欧的波兰、捷克、匈牙利、罗马尼亚、保加利亚和克罗地亚。实际上，就"单一货币"问题，学界和政策界一直存在争议。支持者认为，拥有单一货币可以提高经济相互依赖程度，有利于国家间开展国际贸易；反对者则坚称，由于各个国家发展水平不同，各国将货币政策制定权上交欧洲央行，是不利于自身经济政策调整的。这就是为什么一些国家没有加入欧元区。有学者直言，德国利用欧元区确立其"霸权"地位，但这种"霸权"同时也为德国

---

① 塞尔维亚统计局，https://www.serbianmonitor.com/en/germany-was-serbias-biggest-external-trade-partner-in-2020/。

② 参见欧盟委员会数据，https://ec.europa.eu/trade/policy/countries-and-regions/regions/western-balkans/。

和欧元区带来不小的麻烦,有可能使欧元区分崩离析。[①]

德国自然也意识到这个矛盾点所在,因此在进一步推进欧元区的问题上较为谨慎。具体原因大体有三个。其一,谨慎的立场来自对"差异化"欧洲一体化的偏好,与"多速欧洲"的现实设计有关。要知道,欧盟成员国不处在相同发展阶段,因此使用同一套标准要求成员国可能会带来负面效应,最终导致落后的成员国萌生退出欧盟的想法。其二,担心快速的扩大会导致欧元区更容易受到脆弱的新成员的冲击,造成欧元区负担更加严重,发达的成员国不得不做出更大牺牲。其三,德国认为欧洲货币联盟远不是一个最佳的货币区,还需要进行深入改革,以使欧元区提升应对经济危机的能力,并持续为欧盟成员国提供经济动能。[②]

此外,如果有第四个理由的话,那就是德国自身原因。2020年,欧盟提出设立5000亿欧元的新冠疫情复苏基金,意大利、西班牙、法国等国家强烈要求引入新冠债券,但德国明确拒绝了这一共同负债的倡议。此举与以往德国的表现并无不同,德国要么不愿意承担责任,要么对欧元区成员国提出难以商议的要求,作为提供各种援助的前提。德国巨大的经济影响力已使其成为欧洲的政治支点,但在很多时候,德国依然践行国家利益优先的原则。德国既是解决欧元区问题的关键,同时在很大程度上也是问题之所在。

二 瑜亮情结:一体化中的"法德轴心"

据联邦经济事务与能源部(Bundesministerium für Wirtschaft und Energie)的数据,2019年向欧盟成员国的出口占德国当年出口总值的58.5%,向欧盟成员国的进口占其进口的57.2%。这充分表明欧盟在德国发展中的重要地位。欧盟对法国也同样重要。法国也是个贸易大国,对外贸易占法国GDP的65%以上。在法国十大贸易伙伴中,六个都是欧盟国家,包括德国、意大利、西班牙、比利时、荷兰和波兰。在另外四个贸易伙伴中,除中国与美国外,还有位于欧洲的英国与瑞士。对法国来说,曾被视作

[①] Ignacio Ramirez Cisneros, "German Economic Dominance Within the Eurozone and Minsky's Proposal for A Shared Burden between the Hegemon and Core Economic Powers," *The Levy Economics Institute Working Papers Series*, No. 913, 2018.

[②] Sebastian Płóciennik, "Germany's Attitude towards the Enlargement of the Eurozone," *Economics and Business Review*, Vol. 7, No. 1, 2021, pp. 47 - 67.

"宿敌"的德国长期为法国第一大贸易伙伴。

法国和德国之间有显而易见的不同,它们的国家利益并不完全一致,甚至存在矛盾。但在实现国家利益的方式上,两国都明白,只有团结一致推进欧洲一体化进程,才能实现国家利益。

(一)"法德轴心"的历史演进

法国与德国的紧密关系是二战后逐渐形成的,这是一个异常艰难的进程。美国前总统富兰克林·罗斯福在1943年1月的卡萨布兰卡会议(Casablanca Conference)上明确表明,要求"德国无条件投降",对于这个要求,美、苏、英立场一致,"德国应该被肢解或至少非中央集权化"。[①] 其中,彻底沦为占领国的法国对德国可谓恨之入骨。

从当时的情况看,战后的德国境况极其惨淡,各大城市和乡镇的瓦砾堆积如山,杜塞尔多夫93%的住宅被炸毁,科隆66%的住宅无法居住,汉堡的55万套住宅中有19万多套被毁,法兰克福的18万套住宅中有8.3万套被毁。交通、电力、钢铁、运输等各个部门遭到了严重的破坏。雪上加霜的是,1946年3月28日,盟国管制委员会颁布了三条指令,没收德国海外资产、扣留海军舰队和商业舰队、拆迁工业设施。[②] 德国仅1946年一个冬天就冻死了十万人,另有百万人受饥寒困扰,浑身伤病。这一切使得德国在战后很长一段时间内都要考虑生存问题。虽然德国当时已经接受了马歇尔计划(Marshall Plan)的援助,元气有所恢复,但德国仍需要考虑能源、食物等必要物资,以实现复苏。尤为重要的是,德国需要为复苏创造一个稳定的周边政治环境。[③]

在这样的背景下,舒曼计划(Schuman Plan)的提出给了德国一个生存的机遇,也成为德法关系解冻的开端。时任法国外交部长罗伯特·舒曼(Robert Schuman)提出将西欧的煤炭和钢铁资源整合起来。这一计划的提出并非出于经济目的,而是出于政治目的。因为重整军备首先可以从煤炭和钢铁资源的使用上看出端倪,而将煤炭和钢铁资源置于一个超国家机构

---

① Peter H. Merkl, *The Origin of the West German Republic*, Oxford: Oxford University Press, 1963, p. 4.

② 黄永祥、代天宇主编《不要忘记德国》,中国城市出版社,1997,第4页。

③ Manfred Knapp, "Politische und wirtschaftliche Interdependenzen im Vehältnis USA-Bundesrepublik Deutschland 1945 – 1975," in Manfred Knapp, Werner Link, Hans-Jürgen Schröder, *Die USA und Deutschland 1918 – 1975*, München: Beck Verlag, 1978, S. 153.

的管控下，有利于消除德国军事重塑的可能。同时法国希望通过这个计划促使欧洲走向联合。1952 年，欧洲煤钢共同体（European Coal and Steel Community）成立，形成了独特的超主权体系，是为欧洲一体化的肇始。在当时，法国需要信任德国，德国需要被法国信任，因此这一创举虽然是法国单方面提出的，但能够被德国接纳，一切都是水到渠成的。1957 年两国解决了萨尔地区的归属问题，德法主要矛盾被妥善解决，同年签订的《罗马条约》更是让曾唱衰一体化的人哑口无言。这也是西欧六国于 1955 年墨西拿会议达成共识的历史性结果——"在建设欧洲的道路上进入一个新阶段的时刻已经到来"[①]。

　　法国前总统戴高乐（Charles de Gaulle）自 1959 年第二次执政以后，在联合的方式上对西欧各国提出异议，直接导致一体化陷入停滞。戴高乐曾斥责欧洲煤钢共同体是"一堆碎煤烂铁"，认为欧洲一体化的各种设想都在"歪曲欧洲联合的思想"，是一种"假象和借口"，是在欺骗人民。[②] 作为民族主义者的戴高乐并不反对欧洲联合，他清楚只有联合才能恢复法兰西的荣光。但在联合方式上，他完全反对建立超国家机构，并极力主张政府间主义的合作方式。冷战时期，法国在"法德轴心"中处于明显的主导位置，德国不得不多次妥协，以满足法国的意愿。以农业为例，农业问题是西欧政治一体化的重要问题，共同农业政策（Common Agricultural Policy）也被称为"共同体的基石"。[③] 共同农业政策的目的在于规范共同体内部的农产品的生产、贸易和加工等。如果建立农产品共同市场，对法国的好处很大，而德国作为工业国，需要承担贸易转移带来的风险和损失。因此双方僵持不下，1965 年法国还挑起了长达半年之久的一场"空椅子危机（Empty Chair Crisis）"，不参与欧共体的会议。德国知道，若法国退出一体化进程，单凭德国的力量不足以撑起共同体的未来。最终德国妥协，各国达成卢森堡协议（The Luxembourg Compromise），这使法国成为此次博弈的最大赢家——"德国政府痛苦地接受最终的妥协，把法国重新带回共

---

① 伍贻康等：《欧洲经济共同体》，人民出版社，1983，第 23 页。

② 陈乐民主编《西方外交思想史》，中国社会科学出版社，1995，第 328 页。

③ Gisela Hendriks, *Germany and European Integration-The Common Agricultural Policy: An Area of Conflict*, New York/Oxford：Berg, 1991, p. 44.

同体"①。"空椅子危机"后，法国倡导的政府间主义是实际上主要的共同体合作方式，使得一体化的进展并不明显。德国前总理勃兰特曾直言："伟大的思想在危险中、在一个无聊的欧洲中沉沦。"②

1969 年，法德又就货币一体化问题发生争执，法国政府坚持立刻引入单一货币，德国则认为货币一体化需要建立在经济紧密整合的基础上。1970 年，经过法德的不断博弈，"维纳尔报告（Werner Report）"最终出炉，共同体经济货币联盟的建设开始起步。同年，"达维农报告（Davignon Report）"也在法德的艰难谈判下达成，虽然仍旧是按照法国倡导的政府间主义来合作，但共同体政治一体化跨出了第一步。直到 1979 年，依据德国偏好设计的欧洲货币体系（European Monetary System）才建立，并得到法国认可。德国的种种努力使世人看到，"西德对一体化政策本质上不是渴望统一欧洲，而是仅仅想实现重新统一德国"③。进入冷战中后期，"法德轴心"已经逐渐向德国倾斜。德国先是与意大利提出了"根舍—科隆波计划（Genscher-Colombo Plan）"来促进欧洲一体化，又在法国国内经济社会改革失败的契机下将法国拖回一体化的轨道，并在枫丹白露会议上成功解决英国预算问题这个一体化进程中的"绊脚石"。欧共体成员国终于在1986 年签订了《欧洲单一法令》。进而，欧洲经济货币联盟的倡议被顺理成章地提出，德国在起初并不热衷，但由于两德统一需要法国点头，其变换了态度，决定为民族统一而牺牲强劲的马克，积极支持货币一体化的"德洛尔报告（Delors Report）"。

20 世纪 80 年代后期，特别是 1987 年的全球性经济危机，使法国看到了欧洲经济货币统一的重要性，当时的欧共体和欧洲货币体系俨然为马克货币区，法国对德贸易常年赤字，法国必然想改变欧洲货币体系中马克的强势地位，"法国支持引入单一货币政策以将德国马克民族主义扼杀在萌芽状态"④。同时，法国与英国等均不愿德国统一，法国前总统弗朗索瓦·密特朗（François Mitterrand）曾言："德国统一不但破坏欧洲平衡而且还

① Wolfram F. Hanrieder, *West German Foreign Policy：1949 – 1979*, Boulder：Westview Press, 1980, p. 103.
② 〔西德〕维利·勃兰特：《会见与思考》，张连根等译，商务印书馆，1979，第 307 页。
③ Werner J. Feld, *West Germany and the European Community: Changing Interests and Competing Policy Objectives*, Santa Barbara：Praeger, 1981, p. 55.
④ Gisela Hendriks, ed., *The Franco-German Axis in European Integration*, Cheltenham：Edward Elgar, 2001, pp. 63 – 64.

将影响法国安全与和平的局面。"① 但德国各界均认为，统一的绝佳时机绝不能错过。为了不让各国对德国的统一感到焦虑和恐惧，德国加快推动欧洲经济货币联盟的建设，彻底宣布放弃强势的马克，赞成建立统一货币，通过加强欧共体来建立一个能够控制得住一个统一德国的欧洲联盟框架。② 德法均把加强欧共体作为将德国更紧密地拴在欧洲的一种手段，把德国统一看作欧洲一体化的催化剂。③ 因此，德国不仅加速推进欧洲经济货币联盟的建设，在政治联盟的建设推动上也明显加快了步伐，以求在欧洲的框架内实现德国统一。德国最终实现统一，欧共体成员也于 1992 年签署了《马斯特里赫特条约》，翻开了欧洲的新一页。

（二）"法德轴心"的现状与未来

随着《马斯特里赫特条约》（也即《欧洲联盟条约》）的签署以及中东欧国家加入欧盟，欧盟的发展进入了高速前进的新时期。2001 年欧元进入了人们的生活，让欧洲人看到了欧盟作为一个整体，在国际上不断增强的话语权。经济联合已经不能满足欧洲的需要了，精英们开始推动政治联合。但好景并不长，2005 年，旨在推动政治联合的《欧盟宪法条约》在法国遭到反对，在法国举行的全民公投中 54.67% 的选民投了反对票，45.33% 的选民投了赞成票。④ 为拯救《欧盟宪法条约》，欧盟成员国在磋商与妥协后达成了《里斯本条约》，其内容更具政府间主义特征，在一定程度上抑制了欧盟朝超国家方向的发展。这似乎表明以法国人为代表的部分欧洲人，始终对一体化的超国家联合路线感到不安。人们的拒绝是出于对全球化、商品流动和劳动力竞争加剧等问题的担忧，在根本上是不满于《欧盟宪法条约》中的新自由主义路径。人们担忧这种集体认同的风险。同时，这一事件也再一次暴露了德国与法国之间远未形成真正、彻底的共识。

相比于施罗德与希拉克（Jacques Chirac）惺惺相惜的友谊与默契，默克尔虽甫一上任便声称继承两国关系的"连续性精神（sprite of continuity）"，

---

① 转引自 Werner J. Feld, *West Germany and the European Community: Changing Interests and Competing Policy Objectives*, Santa Barbara: Praeger, 1981, p. 120。

② W. R. Smyser, *From Yalta to Berlin-The Cold War Struggle over Germany*, New York: St. Martin's Press, 1999, p. 369.

③ Barbara Lippert, ed., *German Unification and EC Integration-German and British Perspectives*, London: Pinter Publishers, 1993, p. 17.

④ 数据来源：法国内政部网站，https://www.interieur.gouv.fr/Elections/Les-resultats/Referendums/elecresult_referendum_2005/ (path)/referendum_2005//000/000.html。

但其雄心显然更大。默克尔称："欧盟是德国与整个欧洲在政治稳定、安全和繁荣上的卫士。德国在捍卫与推进欧洲一体化方面负有特殊责任，因德国在欧洲具有历史、政治和经济上的重要地位。"德国希望继续深入推动大的欧盟宪法框架，希拉克则希望将宪法条约拆分为若干部分，甚至引入由欧盟大国组成的理事会，试图将大国利益凌驾于小国利益之上。而这一安排必然招致德国的反对。德国视制度规范的平等性为先，同时德国也不愿意看到法国在小圈子里担纲主角。希拉克与默克尔之间的差异体现了时代的差异，是老派精英政治与新派精英政治的差别。

自尼古拉·萨科齐（Nicolas Sarkozy）2007 年上台以后，德法双边关系虽有所转圜，但依然矛盾重重。萨科齐与默克尔都是务实的领导人，相信倾听民众等各方声音的重要性。但是法国与德国的发展路线始终难以融合，法国一直对经济有干预倾向，而德国则一直保持国家权力与经济的分离。萨科齐曾严厉地批评强势欧元以及欧洲中央银行的政策，实则间接指责德国在经济上的做法。萨科齐还声明法国永远不会放弃在国际舞台上发挥主导作用，这表明法国对经济一枝独秀的德国感到不安。法国积极筹谋，希望前财长多米尼克·施特劳斯·卡恩（Dominique Strauss-Kahn）任国际货币基金组织（IMF）总裁，萨科齐也力图在国际货币基金组织改革的谈判中起主导作用。2008 年底，金融危机之下萨科齐希望开启"欧洲经济复兴计划"，而默克尔则希望各国先解决好自己的问题。萨科齐清楚，如果没有德国的支持与宽容，法国不可能在"欧盟制宪危机"后在欧洲依然具有这样重要的位置。此后的 2009 年，默克尔与萨科齐的关系得到新的提升。默克尔在再次就任总理后旋即访问法国，萨科齐也进行回访。此后，双方又先后参加了柏林墙倒塌 20 周年纪念活动、在凯旋门举行的一战停战协定签署纪念日活动等。两个人的亲密关系甚至被调侃为"萨克尔"或"默科齐"。2011 年 12 月的欧盟首脑会议，默克尔不断推销其紧缩政策，称"与其谈论欧元债券，不如说应关注欧盟成员国的预算纪律"[1]。出人意料的是，萨科齐并没有反对，默克尔的强势与萨科齐的弱势引发法国人的不满。"萨科齐在经济上是失败的""法国正在从核心走到边缘"等言论不绝于耳。在这样的不满声中，萨科齐的黯然离场成为必然。

---

[1] BBC, "Merkel Urges Euro Fiscal Union to Tackle Debt Crisis," December 2, 2011, https://www.bbc.com/news/world-europe – 15997784.

社会党人弗朗索瓦·奥朗德（François Hollande）上台以后，“死循环”依然继续存在。在经济状况不佳的法国，奥朗德做出的选举承诺根本难以兑现，法国仍旧不会选择紧缩政策，还会继续扩大债务规模，这最终迫使法国再次选择与德国合作。在这样疲于应对危机的“内卷式”进程中，虽然人们欢呼“法德轴心”如何如何，但欧洲一体化进程自 2012 年以来几近停滞，这是不争的事实。两国的象征性互动不过是为了维持自阿登纳与戴高乐以来法德关系表面的光彩罢了。2013 年，在庆祝《爱丽舍条约》签订五十周年之际，法德两国签署《柏林—巴黎：共同行动政治总则》，这与 2010 年签署的《德法 2020 议程》共同成为两国关系新的制度保障。两国在经济、能源、环境、教育、科研、外交、社会、人文等领域制定了许多希望共同推动的合作项目，表达了良好的愿景。但它们似乎都忘记了一点，那就是双边关系的进展不能脱离欧盟的框架。在布鲁塞尔，德法两国依然在激烈对峙。法国意欲从 2013 年 1 月开始赋予欧洲央行对欧元区全部6000 家银行的监管权；德国则希望欧洲央行监管欧元区的大银行。奥朗德明确支持银行业联盟，默克尔则态度谨慎。默克尔认为重要的是保证质量，最无意义的就是操之过急。在未来欧盟的发展中，德国希望成员国紧缩财政、节省开支。法国的出资较少，且始终担忧德国独大于欧盟，因此反对德国的紧缩式复苏计划。德法之间出现“婚变”裂痕，欧盟大家庭的前进脚步也随之慢了下来。

时间是抚平一切的良方。随着欧洲经济缓慢复苏，时间似乎慢慢磨平了德法矛盾。一方面，经济复苏使欧洲人有更多的空间继续讨论发展问题，2017 年欧洲失业率已经回到危机前的水平。另一方面，2016 年特朗普上台后，欧洲人不得不担忧欧盟的未来，又开始呼吁加强一体化，要欧洲人掌握自身的命运。于是法德轴心“重启”了。2017 年以来的马克龙时代，也是默克尔决定不再连任的过渡时期。马克龙的初生牛犊与默克尔的稳健老练形成互补，不仅为欧盟定下新的基调，也为“后默克尔时代”的德法合作奠定了良好的基础。以“重建欧洲”为口号的马克龙，自打上台就大力主张欧盟改革。2017 年 9 月，马克龙在索邦大学发表著名的演讲，他表达了法国意图建立一个主权欧洲的愿景。马克龙在经济上主张大幅度加强财政一体化，深化欧元区改革，呼吁设置欧元区共同预算、财长和会议制度，在安全上支持设立欧洲共同防务预算；针对难民和移民问题，马克龙建议设立统一的欧洲难民管理机构。种种大刀阔斧的改革比原先法国的作风更加强势，更具有"治本"的特征。相比之下，2017 年大选前后的德国却对一体化改革有迟疑，特别是对一些欧元区的制度设计存在顾虑，尤为反对债务一体化，仍旧主张加强成员国财政纪律等德国式的紧缩原则。虽然两国都认可改革，但德国像一个絮絮叨叨的躲在深山的老僧侣，法国则是初出茅庐大展拳脚的小和尚。不能忽视的是，法国虽然有主导欧盟改革之势，但德国在经济上依然是推动欧盟的实质性动力。无论是在向欧盟的预算支付上，还是在生产总值、债务水平等方面，法国都明显地劣于德国。如果德法之间不能有效互动，欧盟今后的改革将不可能实现。

说到改革问题，就不得不提欧洲人当下所关切的问题。在欧洲多重危机暂停发作的当前时期，欧洲人的议题关切也发生了变化。自 2019 年以来，欧洲就业情况恢复良好，从 2013 年失业率峰值时的 11% 降到 2019 年初 6.5% 以下的历史低点；难民进入欧洲的人数也大幅下降，逐渐降至难民危机前的水平，恐怖袭击次数也显著减少。① 难民危机和恐怖主义危机这两个问题不再成为欧洲人热议的话题，而针对政治信任危机，特别是"主权及欧盟角色"的讨论逐渐增多起来，这显然与一体化改革相关。各类欧盟及欧元区的改革成为政策要地，传统议题出现了回暖迹象。另据欧盟委员会的数据，从 2019 年的情况来看，欧洲民众认为失业、医疗与移民是排名前三的困扰，但对失业和移民的关注度逐渐下降，对犯罪、教育、环境、通胀、退休、税收等若干传统问题的关注度均有所提升。欧洲民众关注的议题再次多元化。特别指出的是，"绿色革命"再度席卷欧洲，人们对环境议题的关切大为提升。制度架构、能源转型等，成为法国和德国要着力解决的问题，是对"后默克尔时代"法德轴心运转效果的重要考验。

可喜的是，法德确实在逐渐走近，从它们的政策优先级中就能看出端倪。这些相似的议题诉求将成为"后默克尔时代"法德合作的动力。根据欧洲智库"欧洲外交关系协会（European Council on Foreign Relations）"2020 年的分析，德国、法国与欧盟的政策优先排序见表 4 - 3。

---

① 欧洲统计局，https://ec. europa. eu/eurostat/statistics-explained/index. php? title = Main_Page。

表4-3 2020年德国、法国及欧盟的政策优先排序

德国	法国	欧盟
财政与欧元区政策	防务架构	财政与欧元区政策
气候政策	气候政策	移民与难民政策
移民与难民政策	财政与欧元区政策	气候政策
数字政策	对华政策	单一市场
对华政策	外交政策	数字政策
美国政策	工业政策	能源政策
边界与海岸安全政策	移民与难民政策	西巴尔干扩盟
外交政策	俄罗斯政策	俄罗斯政策
法治	数字政策	边界与海岸安全政策

资料来源：Jana Puglierin & Ulrike Esther Franke, "The Big Engine That Might: How France and Germany Can Build a Geopolitical Europe," ECFR, July 2020。

2019年1月22日，德国与法国签订《亚琛条约》，再度强化"法德轴心"。两国将在外交政策、经济政策、教育和文化、研究和科学技术、气候和环境领域强化双边合作，还要共同管控欧盟边境地区的安全，以及加强民间的交流。在一个拥有自主权、统一和民主的欧洲，条约表达了两国渴望安全与繁荣的愿望。对于加强欧洲一体化的合作，两国的信心也从未有如此之强的时候。2019年4月，德国还与法国创建了国际平台"多边主义联盟（Alliance for Multilateralism）"，致力于共同领导治理，以解决世界政治、国际经贸等方面的热点问题。这表明两国具有共同担当。当然，口无遮拦的马克龙揶揄北约已经"脑死亡"，默克尔表示不同意，德国仍旧认可北约作为欧洲安全基石的地位。此类插曲的存在，当然会动摇"法德轴心"，但不能从根本上撼动"法德轴心"。未来的法国，是否会激进地要求德国接受它的主张？是否有一些政策主张会导致德国不愿配合，从而再次使"法德轴心"与欧洲一体化陷入停滞？两个欧洲大国的关系注定是未来欧洲一体化沉浮起落的关键影响因素。

第三节 民粹者的大联合：共同体的"至暗时刻"

说到欧洲一体化的停滞，不得不提"民粹"这个既崭新又古老的词语。顾名思义，民粹主义（Populism）这一理念反对精英掌控政治、支持

平民政治，具有人民中心主义、反精英建制、呼吁大众政治自主等特征，认为纯洁的大众与腐败的精英是水火不容的。民粹主义强调，"大众"和"精英"是完全对立的两个群体。政府的行动应当回应公众的普遍意愿，当主流建制不能代表民众的时候，民粹主义就会乘虚而入。

在欧洲，传统主流的政治精英曾积极推动欧洲一体化，各国的民粹主义者则是相反的"疑欧"代表，试图阻碍欧洲一体化进程。自冷战结束以来，欧洲政治光谱从未像今天一样发生如此巨大的变革。对欧洲39个国家的调研报告表明，2000年欧洲共有33个民粹主义政党，2017年增加到63个。[1] 该报告是"托尼·布莱尔全球变化研究会（Tony Blair Institute for Global Change）"2017年调查而得的。在欧洲许多国家，民粹主义政党都已进入议会，甚至获得了执政权。截止到2017年，民粹主义政党参与欧洲14个国家的政府组阁或单独执政，这一数字在2000年仅为7个。今天，有24.1%的选票流向民粹主义政党，2000年的份额只有8.5%。[2] 民众对民粹主义政党的支持也在不断增加，这体现了其强大的生命力。

面对民粹浪潮，范·龙佩（Herman van Rompuy）指出，民粹主义是欧洲最严重的威胁。让-克洛德·容克（Jean-Claude Juncker）认为，当下的欧盟正在和"急速蔓延的民粹主义（galloping Populism）"激烈作战。法国前总理曼纽尔·瓦尔斯（Manuel Valls）称："由于民粹发起持续不断的攻击，欧洲或许正在走向衰亡。"德国前财长沃尔夫冈·朔伊布勒（Wolfgang Schäuble）曾说过，"蛊惑民心的民粹主义不光是困扰美国的问题"，他提醒欧洲人要时刻保持警戒。而"民粹正在撕裂欧洲""民粹是欧洲主流民主制度的真正威胁""民粹主义者正在把欧洲拖入深渊"之类的悲观言论，充分表明了主流政界和多数学者的担忧。主流政界的忧心忡忡是有道理的，民粹主义近年来不断制造欧洲国家或族群的对立，冲击欧洲的多元价值，拖慢欧洲一体化步伐，批判全球化，最终造成民众对主流政治更大的不信任，因此"民粹主义的恐惧正萦绕欧洲"。[3]

---

[1] Tony Blair Institute for Global Change, *European Populism: Trends, Threats, and Future Prospects*, London, 2017.

[2] Tony Blair Institute for Global Change, *European Populism: Trends, Threats, and Future Prospects*, London, 2017.

[3] Ernst Hillebrand, ed., *Rechtspopulismus in Europa, Gefahr für Europa?* Bonn: Dietz, 2015, p. 7.

一 疑欧主义背景下欧洲一体化的停滞

疑欧主义也叫"欧洲怀疑主义"。在政治光谱上,左翼和右翼都可以主张疑欧主义思想。疑欧主义者对欧洲一体化持警惕的态度,认为共同体的存在削弱了民族国家的权威,损害了民族国家的利益。疑欧主义者主张减少民族国家向欧盟上交的权力,蔑视欧盟的主张与价值,或干脆退出欧盟。债务危机中表现较差的"欧猪四国(PIGS)"是疑欧重灾区。欧猪四国又称金猪四国,即欧元区的葡萄牙(Portugal)、意大利(Italy)、希腊(Greece)、西班牙(Spain)四个国家,其首字母合在一起为 PIGS。也有"欧猪五国(PIIGS)"的说法,增加了表现同样令欧盟挠头的爱尔兰(Ireland)。当然,疑欧主义并不只存在于上述几个国家。从近年来欧洲各国的选举和欧洲议会选举中均能看出,疑欧主义是一个大趋势。

(一)各国选举中疑欧主义政党的兴起[1]

在发达的西北欧洲,近年来疑欧主义的兴起与移民和难民有关,2015年难民危机发生后,高福利的西北欧各国对难民的政策宽松且优越,使西北欧成为难民及偷渡者的目的地。在荷兰,自由党(VVD)于 2017 年大选后成为荷兰最大反对党,在海尔特·维尔德斯(Geert Wilders)的煽动下,130 万名选民支持自由党的保守排外立场。瑞典右翼政党民主党(Democrats)在 2018 年大选中获得 113 万余张选票,一举成为该国第三大党。芬兰极右政党芬兰人党(Finns Party)在 2019 年大选中和主流的社会民主党(SDP)的得票情况几乎相同,芬兰人党获得了 17.48% 的得票率,后者为 17.73%。2017 年挪威议会选举后,有民粹主义倾向的挪威进步党(Progress Party)参与组阁。冰岛人民党于 2017 年大选后首次进入该国议会。在法国,成立于 1972 年的老牌极右民粹主义政党国民联盟(Rassemblement National)[2] 的领导人马丽娜·勒庞(Marine Le Pen)在 2017 年法国总统大选中获得 1/3 的选票,成功进入选举第二轮。这一结果比她的父亲老勒庞(Jean-Marie Le Pen)在 2002 年总统大选时进入第二轮的选票多出一倍。

在经济欠佳的南欧,提倡反资本主义全球化与反新自由主义的疑欧派

---

① 本部分的欧洲国家相关选举数据来源于各国议会、内政部等官方部门。

② 曾用名"国民阵线(Front National)",2018 年月 1 日改名"国民联盟",欲改善公众形象。

有相当程度的支持率。2008 年以后，南欧地区的债务危机一个接一个出现，艰难的经济状况为疑欧派打开了机会之门。西班牙愤怒者运动（Indignados）、塞浦路斯劳动人民进步党（AKEL）、葡萄牙左翼集团（Left Bloc）等左翼民粹主义力量如雨后春笋般兴起。① 这些疑欧政党与支持民众反对欧盟和债权人为治理经济而开出的紧缩药方。西班牙的"我们可以党（Podemos）"于 2015 年首次参加众议院大选就获得 20.7% 的选票，赢得 69 个席位。在意大利，融合了左翼经济思想、性别平权思想、环境主义和右翼反移民主张的五星运动与右翼民粹主义政党北方联盟组阁。五星运动 2013 年在众议院仅有 109 席，到了 2018 年就增至 227 席。

中东欧的民粹浪潮具有右翼保守主义特征，从冷战结束之后就一直处在政治聚光灯下。中东欧国家的民粹主义政党在 2000 年左右只有 9.2% 的平均投票份额，在 2017 年就急速上升到 31.6%。在 2000 年，只有两个国家的民粹主义政党在选举中支持率超过 20%，今天有 10 个国家达到这一水平。在匈牙利，青民盟（Fidesz）和"更好的匈牙利运动"即"尤比克（Jobbik）"是两支民粹政治的重要力量。特别是后者，成立于 2003 年，持新法西斯主义、反犹太主义、反罗姆主义等极端民族主义立场。其在 2018 年选举中获得 19.06% 的选票，为议会最大反对党。爱沙尼亚民粹主义政党"保守人民党（Conservative People's Party）"于 2019 年国内大选后参与组阁。在拉脱维亚，右翼民粹主义政党"国家属于谁？（Who Owns the State?）"2018 年首次参选就获得了组阁的权力。此外，巴尔干地区的民粹主义政党也有很大市场。

（二）欧洲议会选举中疑欧主义政党的兴起

从欧洲议会选举的角度来看，根据英国脱欧前的数据，欧洲议会选举涉及欧盟 28 国，有超过 4 亿名选民登记，自 1979 年第一届举办起就是欧洲乃至西方政治的风向标。近十年来疑欧政党在议会选举中攻城略地，获得越来越多欧洲民众支持，为欧洲主流政党所担忧。2019 年欧洲议会选举的投票率为 50.5%，达 20 年来最高，比 2014 年高出 8 个百分点。投票人数陡增，各国公众对欧洲共同且棘手问题的重视程度显著提升，选举结果

① Giorgos Charalambous & Lasonas Lamprianou, "Societal Responses to the Post – 2008 Economic Crisis among South European and Irish Radical Left Parties: Continuity or Change and Why?" *Government and Opposition*, Vol. 51, No. 2, 2016, p. 269.

在一定程度上表明了公众对当前问题的客观立场。研究表明,疑欧派对参
与此次投票更加积极,比例达到35%;挺欧派只有24%的人表示会参加投
票。特别是在意大利、匈牙利等疑欧情绪明显的东南欧地区,执政党既在
国内选举中获得压倒性胜利,又在欧洲议会选举中高歌猛进。如波兰执政
党法律与公正党(PiS)在2014年欧洲议会选举中获得19席,与当时最大
的亲欧党派公民纲领党(Civic Platform)票数相同。2019年欧洲议会选举
中法律与公正党拿到24席,占比43.1%,公民纲领党等五个波兰亲欧党
派加到一起也才只有21席,充分说明波兰等国民众的疑欧程度较高。在东
南部重度疑欧区,公众对欧盟制度不满的情绪具有一致性和连续性。

欧洲议会选举类似美国中期选举机制,公众借此表达对国内执政党的
满意或不满,将欧洲议会选举作为惩罚或敲打主流政党的手段。从最近两
届选举看,疑欧势力一路高歌,主流政党节节退败。在2019年选举中两大
主流党团丧失多数席位,权力逐渐向更多的政治势力流散。主流的中右翼
党团"欧洲人民党党团(EPP)"获182席,比上届少了34席;主流中左
翼党团"社会主义者和民主人士进步联盟(S&D)"获154席,比上届少
了31席。如表4-4所示,包括右翼疑欧主义与极右民族主义在内的民粹
主义党团在欧洲越发具有政治影响力,能够左右欧盟的一体化政策。

表4-4　2019年欧洲议会选举中各党团的席位变化

政治光谱	党团名称	2019年席位及变化(总751席)
左翼	欧洲联合左翼/北欧绿色左翼(GUE/NGL)	41席(减少11席)
中左翼	社会主义者和民主人士进步联盟(S&D)	154席(减少31席)
绿色主义	绿党/欧洲自由联盟(Greens/EFA)	74席(增加22席)
中间自由主义	欧洲自由民主联盟党团(ALDE)①	108席(增加39席)
中右翼	欧洲人民党党团(EPP)	182席(减少34席)
保守右翼	欧洲保守派和改革主义者(ECR)	62席(减少15席)
右翼疑欧主义	自由和直接民主欧洲(EFDD)	N/A(2014年获48席,2019年未在欧洲议会成功注册,其成员多加入"民族和自由欧洲",或成为独立的议会成员)

政治光谱	党团名称	2019 年席位及变化（总 751 席）
极右民族主义	民族和自由欧洲（ENF）[②]	73 席（增加 37 席）
无党团归属	N/A	57 席（增加 37 席）

注：①2019 年党团名变更为"复兴欧洲（Renew Europe）"。

②2019 年党团名变更为"身份与民主（ID）"。

资料来源：欧洲议会，https://www.europarl.europa.eu/election-results-2019/en/tools/compara-tive-tool/。

二 德国关注的两个阻碍一体化的问题

对一体化的坚定推动者德国而言，英国脱欧和以中东欧国家为代表的中小国的"疑欧转向"是众多欧盟事务中最头疼的两件。一方面，英国脱欧使欧盟的格局发生翻天覆地的变化，对未来共同体的走向影响深远，甚至会带动更多的成员国脱离欧盟，这并非危言耸听。另一方面，冷战结束后，中东欧再度成为德国的"势力范围"，双方经济联系极为紧密，德国对中东欧国家日渐离心的政治态度尤为在意。

（一）"英国脱欧"与未来的英德关系

英国自 1973 年加入欧盟的前身"欧共体"之后，对成员身份始终没有坚定的认识，1975 年就进行了首次公投，决定英国是否应该留在欧共体。工党大体上是支持留在欧盟的。保守党内部则意见分裂，比较普遍的意见是反对英国继续向欧盟转移权力，或收回部分国家权力，呈现"轻度疑欧"的倾向。随着近年来欧债危机与难民危机的发酵，2015 年保守党人戴维·卡梅伦（David Cameron）成为首相后，着手推动脱欧公投事宜。而当时由奈杰尔·法拉奇（Nigel Farage）领导的独立党（UKIP）在 2015 年大选中收获颇多，得票率仅次于主流的保守党与工党，成为英国第三大党。作为民粹主义政党的独立党更加旗帜鲜明地推动英国脱欧。在整体的疑欧氛围下，英国于 2016 年举行脱欧公投，52% 的人支持脱离欧盟。经过英国与欧盟之间长期的谈判，2020 年 1 月 31 日晚，英国正式脱离欧盟，进入脱欧过渡期（2021 年 12 月 31 日结束）。《英欧贸易合作协定》于 2021 年 1 月 1 日生效，避免了无协议"硬脱欧"给双方造成的不良后果。对于德国而言，默克尔在英国脱欧公投后发表讲话，称英国离开欧盟为

"深切的遗憾"①。这种遗憾体现在德英关系哪些方面？我们可从安全/政治、经济/贸易两个方面看，脱欧给英国带来了什么。

在安全/政治方面，脱欧将使英国失去影响力，但也推动英国开展谋求政治影响力的新行动。一方面，随着西方整体衰落，英国的政治影响力也下降了。另一方面，失去参与制定欧盟外交政策的能力之后，英国对世界其他地区的影响更微乎其微。在大多数国际问题上，英国将彻底沦为美国的附庸。英国目前是北约最积极的参与者，安全和防务是其影响力的重要来源。例如，英国在对抗俄罗斯方面发挥作用。英国派出 830 名士兵到爱沙尼亚与俄罗斯边境地区，参与多国战斗小组，而法国仅派出 300 余名士兵。② 英国还是欧洲反恐最为积极的国家。在伊拉克和叙利亚等"伊斯兰国"活跃地区，英国派出拥有 1000 余人的部队参与军事任务，如空袭、监视、情报收集、后期支持和培训当地伊拉克部队等。2020 年，英国的军费开支位居世界第四，约为 615 亿美元。③ 2021 年 3 月，英国政府发布《安全、国防、发展和外交政策综合评估报告》，将中国定性为"系统性挑战（或称制度性挑战）"④。脱欧后的英国参与并有意主导西方世界对"新敌人"中国的围攻，以可能牺牲对华经济利益的代价，重新谋求日益减少的政治影响力。2021 年英国担任七国集团主席国，并于 11 月主办联合国气候变化大会（COP26）。这些都是脱欧后英国重新展现影响力的重要场合。

在经济/贸易方面，目前英国脱欧造成的经济影响还并不明显，但脱欧可能会对英国经济造成长期拖累。2018 年，英国的经济增长率约为 1.3%，2019 年的经济增长率为 1.4%，这是自 2008 年全球金融危机以来英国最低的年增长率。新冠疫情肆虐的 2020 年，英国经济萎缩近 10%，各行业都不景气。英国的预算赤字从 2019 年约占 GDP 的 2.3% 上升到 2020 年约占 GDP 的 13.4%，政府债务总额从 2019 年占 GDP 的约 85% 上

---

① Caroline Copley, "Brexit Vote Marks a Watershed Moment for Europe: Merkel," Reuters, June 24, 2016, https://www.reuters.com/article/us-britain-eu-germany-merkel-idUSKCN0ZA22C.

② Postimees, "UK Mulling Doubling Troop Presence in Estonia," January 31, 2022, https://news.postimees.ee/7442460/uk-mulling-doubling-troop-presence-in-estonia.

③ International Institute for Strategic Studies, "IISS Military Balance 2021," *The Military Balance*, Vol. 121, No. 1, 2021, pp. 23 - 29.

④ *Integrated Review of Security*, *Defence*, *Development and Foreign Policy*, March 2021, https://assets.publishing.service.gov.uk/government/uploads/system/uploads/attachment_data/file/975077/Global_Britain_in_a_Competitive_Age_-_the_Integrated_Review_of_Security_Defence_Development_and_Foreign_Policy.pdf.

升到 2020 年占 GDP 的 103% 以上。服务业占英国经济产出和就业人数的 80% 以上，其中与欧盟的服务贸易是英国经济的根本所在。英国亟须通过与外界的经济联系实现复苏。[①] 从国别/地区来看，2021 年英国与欧盟的贸易占英国贸易总额的 42%，其中出口占 44.7%，进口占 42%。[②] 排名前 5 位的英国出口目的地依次为美国、德国、瑞士、荷兰和爱尔兰；排名前 5 位的英国进口国为中国、德国、美国、荷兰与挪威。[③] 德国是英国在欧盟的最大贸易伙伴，与德国的经贸往来对英国十分重要。脱欧或导致英国与重要经济伙伴的贸易减少，从而错失复苏的机遇。在英国国内，由于切断了苏格兰和北爱尔兰两地与欧盟的经济联系，这两个地区始终对脱欧表示强烈不满，甚至有脱离大不列颠的情绪。未来一段时间，英国或将因此而处于不利的经济环境。

从英国和德国的关系看，两国关系远没法国与德国那样紧密，英国对欧洲的感情似乎没有对美国深。甚至有欧洲大陆人认为，孤悬海外的英国，是美国安插在欧洲大陆上方的一个"监控器"。因此，英国虽然长期在欧盟，但是与德国的关系总是非常模糊的。至少在安全方面，由于在一系列问题上低调行事，这种合作模式使德国与英国的防务关系被称为"安静的同盟（die stille Allianz）"。[④] 在经济上，德英之间似乎也展现出一种安静氛围，我们姑且称双方为"安静的伙伴"。在德国的"后默克尔时代"与英国的"后脱欧时代"，安静的关系或发生新变化。

在安全上，德国需要与英国加强合作。一方面，德国的防务处在长期需要更新换代的阶段。2014 年 9 月，一份报告提交给德国联邦议院，称德国联邦国防军的大部分军备都处于"灾难性的状态"[⑤]，仅不到一半的军备

---

① Derek E. Mix, *The United Kingdom: Background, Brexit, and Relations with the United States*, Washington, D. C.: Congressional Research Service, 2021.

② Matthew Ward, "Statistics on UK-EU Trade," House of Commons Library, December 21, 2022, https://researchbriefings. files. parliament. uk/documents/CBP – 7851/CBP – 7851. pdf.

③ UK Government, "UK Overseas Trade in Goods Statistics Summary of 2021," February 11, 2022, https://assets. publishing. service. gov. uk/government/uploads/system/uploads/attachment_data/file/1053856/OTS_2021_Annual_Summary. pdf.

④ Karl Kaiser & John Roper, eds., *Die Stille Allianz: deutsch-britische Sicherheitskooperation*, Bonn: Europa Union, 1987.

⑤ Christoph Hickmann, "So marode ist die Bundeswehr," *Süddeutsche Zeitung*, September 24, 2014, https://www. sueddeutsche. de/politik/neuer-maengelbericht-so-marode-ist-die-bundeswehr – 1. 2144727.

处于"可投入使用（einsatzbereit）"的状态。时任防长的乌尔苏拉·冯德莱恩（Ursula von der Leyen）称解决德国军备老化的问题将需要数年时间。另一方面，虽然经济总量低于德国，但英国的国防开支一直远超德国。英国军事力量不仅更充沛，而且也相对更为先进。虽然英国脱离欧盟令德国大为不悦，使德国丧失了通过欧盟框架影响英国的能力。但在北约防务上，德国需要英国这一盟友。一来，英国对俄罗斯或对中国态度强硬，这将使其暴露在风口浪尖，居后的德国则获得了同俄罗斯和中国开展务实外交的机会。二来，德国在北约框架内与英国合作，或响应英国的安全倡议，这有助于加强两国关系。特别是在两国存在共同利益的问题上，德国可以借英国的手办自己的事。实际上在脱欧谈判期间，英国早就有学者提出，可以利用英国可观的"安全盈余"使德国等欧盟成员国在贸易和其他问题上做出些许让步。① 此外，在欧洲本土的反恐问题上，德国也需要加强与英国的合作。德国和英国都是受恐怖主义严重威胁的国家，两国在反恐领域各有优势，均有意愿通过合作打击恐怖主义，维护国家安定。

在经济上，双方保持合作的意愿明显。2019 年英国向德国的出口为365 亿英镑，进口为 660 亿英镑。德国保持约 300 亿英镑的贸易顺差。② 虽然英国国内曾有诟病对德贸易逆差之声，但自脱欧以后，如何稳住原先与德国的贸易关系，甚至保持这种稳定的"逆差"状态不至于被脱欧所扩大化，成为令英国经济界头疼的事。当前，德英的经济合作更是面临挑战。一方面，如何从新冠疫情中复苏，减少疫情对两国经济的打击至关重要。另一方面，如何使欧盟与英国不断达成令人满意的贸易协议，并使之符合英国的利益，也符合德国的利益，这十分重要。因为只有这样，才能保持长久以来两国经贸往来的稳定性。然而令人不安的是，2021 年 1 月，就在英国与欧盟达成新贸易协定的首月里，英国与德国的贸易出现大幅度下降。德国从英国的进口同比下降了 56% 以上，相当于损失了 21 亿欧元（或 18 亿英镑）。而德国对英国的出口也下降了 29%。③ 除了疫情因素外，学者称，这也与脱欧后英国与欧盟达成的贸易规则有关，贸易规则在很大

---

① Malcolm Chalmers, "UK Foreign and Security Policy after Brexit," *RUSI Briefing Paper*, January 2017, pp. 4 – 5.

② 参见英国 2019 年海外贸易数据，https：//assets. publishing. service. gov. uk/government/uploads/system/uploads/attachment_ data/file/865366/OTS_2019_ Annual_ Summary. pdf。

③ 参见德国联邦统计局数据，https：//www. destatis. de/EN/Press/2021/03/PE21_107_51. html。

程度上限制了双边经贸往来。甚至有伦敦政治经济学院的学者悲观地预测，在新的贸易条件下，未来十年英国与欧盟的整体贸易可能下降约 1/3。[①]虽然新贸易规则免除了绝大多数商品的征税，且对配额不设限制，但企业还是面临商品通关的效率问题。此外，英国的银行、建筑和会计等服务企业将失去自动进入欧盟市场的权利，并将面临一些限制。在欧盟内部的服务贸易联系紧密的今天，此举无疑对英国影响巨大。

种种现象表明，德国和英国虽存在合作的意愿，但需要尽快形成新的合作框架。英国脱欧带来的影响刚刚显现，未来将考验德国与英国领导者的智慧。脱欧不会让所有人都满意，当这种民粹主义情绪、疑欧观念落在实处，一定会产生不可估量的影响，并非一张公投票那么轻飘飘。

（二）欧盟中小成员国的疑欧转向

疑欧主义的国家就要像英国那样彻底脱离欧盟吗？显然不是。部分中小国家虽然疑欧，但大都希望留在欧盟中，继续享受一体化带来的种种发展红利。据欧洲外交关系协会的调研，即便对欧盟牢骚满腹，但多数欧盟成员国民众认为欧盟成员身份与民族身份是共存的。在民粹主义政党强势的中东欧国家，民众出于实用主义的立场，认为两种身份共存的比例反而更高。60% 的匈牙利人认可两种身份一样重要，只有 10% 持反对意见；罗马尼亚和波兰认可两种身份一样重要的比例也在 50% 以上，不同意者不足两成。总体来看，只有 25% 的欧盟民众持反对意见。[②] 由于欧盟机制为成员国特别是东南欧小国，提供了发展机遇，一体化机制对它们而言是防止"国家失败"的屏障。说到底，它们只是想避免共同体或其中主导的德、法等大国对自身主权的进一步侵蚀。在社会的发展中，一些国家可能会做出违背欧盟价值观的行为。这是由于中东欧和东南欧小国的社会发展阶段与西北欧富裕国家的社会发展阶段存在差异，西北欧国家制定的一些欧盟规则只是发达国家强加的"审美"，并不符合中东欧或东南欧国家的实际要求。因此，欧盟中部分中小成员国的疑欧主义并不是要求脱离欧盟，只是不愿受到约束。

[①] UK in a Changing Europe, "Brexit and Beyond," January 19, 2021, https://ukandeu.ac.uk/wp-content/uploads/2021/01/Brexit-and-Beyond-report-compressed.pdf.

[②] Susi Dennison, Ivan Krastev, Mark Leonard, "What Europeans Really Want: Five Myths Debunked," ECFR, April 16, 2019, https://www.ecfr.eu/specials/what_europeans_really_want_five_myths_debunked.

例如，在希腊，希腊与德国围绕紧缩方案的争执持续数年。2009年10月，希腊宣布，政府的财政赤字占国内生产总值的比例将达到12.7%，公共债务占国内生产总值的比例为113%，远超欧盟《稳定与增长公约》分别规定的3%和60%的上限。此后，希腊国际信用评级不断下降，债务违约风险提升，引发债务危机。德国从欧盟整体利益角度考虑如何帮助解决希腊债务危机，希腊当然也有其考虑。德国认为，只有希腊采取财政紧缩才能谈下一步的援助，紧缩是一切的前提；希腊则认为，削减支出、减少养老金费用或增税等措施，将引发民众不满，德国的提议太过严苛。默克尔曾经多次强调，欧元区面临严峻挑战，深受债务危机困扰的希腊应切实执行紧缩政策，削减巨额财政赤字，只有这样才能重新恢复市场对希腊的信心，促进欧元区和欧盟的整体发展。而希腊则针锋相对，甚至以脱欧相威胁。主权债务危机以来，极左联盟（Syriza）曾多次强调要把希腊从欧洲旧建制的压迫中解放出来，还希腊人民以尊严；谴责债权人想"羞辱"希腊人民，以此来反对德国提出的紧缩方案。极左联盟从2009年选举中4.6%的支持率飙升至2012年的26.89%。其后更是在2015年1月的议会选举中斩获300席中的149席，成为执政党。极左联盟通过鼓吹"希腊式公投（Greferendum）"彰显人民主权，通过主张"希腊式脱欧（Grexit）"要挟德国和布鲁塞尔，捍卫希腊。人们发现，"人民"一词逐渐成为极左联盟话语建构中的关键词。[①] 2015年7月，希腊爆发大规模的反紧缩抗议游行。随着德国与希腊的争吵不断发酵，2017年，德国财长甚至表态要将希腊踢出欧元区。沃尔夫冈·朔伊布勒（Wolfgang Schaeuble）表示，绝对不会为希腊减免债务。债权人必须持续对希腊施压，让希腊接受紧急财政援助计划的严苛条款，否则就会把它踢出欧元区。面临希腊无法从国际市场获得长期债券融资的窘境，德国实际上还是做出了很大努力，通过不断购买希腊债券使其维持运转。[②]

如果说希腊与德国的争执有具体的缘由，那么中东欧的匈牙利、波兰等国与德国之间的不睦则更为抽象。有学者称，2007年中东欧的自由进程实际上就已经终结了，新民粹主义和非自由主义（Illiberalism）将整个地

① Grigoris Markou, "The Rise of Inclusionary Populism in Europe: The Case of SYRIZA," *Contemporary Southeastern Europe*, Vol. 4, No. 1, 2017, pp. 54 – 71.

② 彭桑：《当代欧洲民粹政党的兴起：基于"供需机制"的解释》，《国际观察》2019年第6期，第105~134页。

区撕裂。^① 从首批中东欧国家加入欧盟的 2004 年开始，只短短几年，在中东欧"新民主国家"就出现了对欧盟价值观的抗拒，对德国而言，这显然是比希腊更严峻的挑战。

在匈牙利，国家独立性、民族复兴等愿望在欧洲多重危机之下得到激发，民粹主义政党青民盟得到民众的巨大支持。通过鼓吹"20 世纪历史的受害者"论调，维克多·欧尔班（Viktor Orban）展露了复兴大匈牙利（Greater Hungary）的雄心。^② 2011 年，匈牙利任欧盟轮值主席国，欧尔班在欧盟理事会总部布置了一块地毯，该地毯上描绘了一张 1848 年匈牙利地图。此举令曾属匈牙利王国的捷克、斯洛伐克、罗马尼亚等欧盟成员不满，其认为欧尔班煽动民族主义，违背欧盟团结精神，是匈牙利对《特里亚农条约（Treaty of Trianon）》签订后丧失 2/3 面积不满而产生的领土复兴思潮。而欧尔班近年在各地兴建纪念碑或纪念广场也昭示着其重振王国昔日辉煌的渴望。2018 年，政府在议会广场一块纪念碑上刻下匈牙利王国时期一万两千余座城镇与乡村的名字，令斯洛伐克等地的匈牙利后裔备受鼓舞。在政治上，欧尔班配合民众心态整肃国内社会风气，这体现在引起欧盟担忧的修宪上。修宪后的匈牙利限制了法院，提高了行政当局的权力；限制其他政党的政治宣传；要求获奖学金的大学生毕业后不得离开匈牙利就业。新宪法甚至不允许流浪者出现在公共场合，以及反对同性的民事结合等。欧尔班将"工作、家园、家庭、健康、秩序"作为选举口号，并在若干场合宣称欧洲是基督教的，表明匈牙利逐步站到多元主义的对立面。^③ 2017 年，默克尔批评匈牙利，称匈牙利拒绝遵守欧洲法院难民分摊方案的行为不可接受。在德国的推动下，2018 年 9 月，欧洲议会通过投票的方式，决定对匈牙利启动援引自《里斯本条约》第七条的惩罚措施。对欧盟成员国的此类惩罚，这还是第一次。根据规定，严重违背欧盟价值观的成员国将受到制裁，甚至被剥夺在欧盟的投票权。同年，欧尔班宣称自

---

① Ivan Krastev, "Is East-Central Europe Backsliding? The Strange Death of the Liberal Consensus," *Journal of Democracy*, Vol. 18, No. 4, 2007, pp. 56 – 63.

② Oliver Rathkolb and Günter Ogris, eds., *Authoritarianism, History and Democratic Dispositions in Austria, Poland, Hungary and the Czech Republic*, Innsbruck: Studienverlag, 2010, p. 889.

③ Andras Bozoki, "The Illusion of Inclusion: Configurations of Populism in Hungary," in M. Kopecek & P. Wcislik, eds., *Thinking through Transition. Liberal Democracy, Authoritarian Pasts and Intellectual History in East Central Europe after 1989*, Budapest/New York: Central European University Press, 2015, pp. 275 – 312.

由民主的时代已经结束，匈牙利将在维持传统家庭模式与传统社会关系的基础上建立基督教民主，为民族的生存和繁荣提供机会。德国与匈牙利的矛盾不断激化。

波兰也出现了相似的情况，法律与公正党上台后，旋即推动议会进行宪法改革，将波兰宪法法院通过决议的"门槛"提升至 2/3，抛弃简单多数原则。欧盟则多次向波兰发出警告，指责宪法改革削弱波兰宪法法院职能，违背了民主、人权和法治等欧盟价值观。2019 年，法律与公正党又出台措施，整肃国内媒体纪律。法律与公正党党首雅罗斯瓦夫·卡钦斯基（Jaroslaw Kaczyński）表示以欧尔班为其榜样，声称波兰正经历一场文化入侵，波兰人的真理、爱情、人类生活、婚姻家庭等的价值观，以及以福音和十诫为基础的道德观遭到侵蚀。他特别指出性别运动是外来的，威胁波兰人的身份、民族和国家。[1] 波兰的"民主倒退"使德国和默克尔大为光火，但又无计可施。2020 年，美国声称要从德国撤军。面对特朗普的挑衅行为，默克尔不卑不亢，接受了这一提议。而波兰此时却不给德国面子，表示欢迎美国增加驻军，使德国颇为难堪。同年，德国向波兰委派了新任大使洛林霍芬男爵（Arndt Freitag von Loringhofen），但波兰迟迟没有允许其入境。波兰声称，洛林霍芬的家族曾隶属于十字军骑士团，与波兰王国发生过激战，洛林霍芬本人的父亲也曾担任过希特勒的副官，是纳粹分子，还因入侵波兰而获得过勋章。由于存在历史积怨，如今的波兰对德国一直不留情面，而德国囿于历史魔咒，以及对欧洲一体化的执着，对波兰毫无办法，甚至对中东欧国家都无计可施。

德国和欧洲精英们必须清楚的是，民众对一体化的根本不满来自制度，而非移民、债务等具体的危机议题。在新欧洲，19% 的波兰人和 37% 的斯洛伐克人认为腐败是他们最担忧的问题，两国分别只有 7% 和 2% 的人选择移民；[2] 在老欧洲，公众对欧盟态度消极是惧怕欧盟机制掣肘本国政府，对国家发展产生不利影响。所以，欧盟内部建设不完善、权力清单不

---

① Christian Davies, "Woman Arrested in Poland over Protesters of Virgin Mary with Rainbow Halo," *The Guardian*, May 6, 2019, https://www.theguardian.com/world/2019/may/06/woman-arrested-poland-posters-virgin-mary-rainbow-halo-plock.
② Susi Dennison, Ivan Krastev, Mark Leonard, "What Europeans Really Want: Five Myths Debunked," ECFR, April 16, 2019, https://www.ecfr.eu/specials/what_europeans_really_want_five_myths_debunked.

合理、仓促东扩的痼疾等制度因素是拖累一体化、激发疑欧情绪的原因。主流建制没有解决民众忧心的问题，公众转而支持处于政治边缘区的疑欧派。[①] 这对一体化的深度和广度造成影响。[②] 面向未来，民众虽不反欧，但严重疑欧，这是事实。"多速欧洲"等近年来提出的发展理念不仅不能弥补漏洞，还会使东西差异更显著，减弱一体化认同。只有通过大刀阔斧的根本性改革，增强公众的制度信任，才能挽救一体化，这需要欧洲主流政治精英的政治勇气，需要未来的德国肩负起相应的领导责任。

（三）民粹主义小史：从古希腊到如今

民粹主义从一种政治现象演进为一种政治理念经历了上千年的历史，在全球多地的历史文献中，我们都能够找到民粹主义现象的踪迹。甚至于民间故事中也体现了平民式的民粹主义思想。《西游记》第七回中孙悟空道："只教他（玉皇大帝）搬出去，将天宫让与我，便罢了；若还不让，定要搅攘，永不清平！"孙悟空的话反映了当时民间对权力精英的不满，民间百姓的想法投射在神话人物的故事中。因此民粹主义现象在我们的历史上是不难看到的。而最初将民粹主义作为一种独特的现象加以描述的是古希腊人。

民粹作为一种政治社会现象，有着非常悠久的历史，甚至"和民主的历史一样古老"[③]。在古希腊历史上，修昔底德（Thucydides）所著的《伯罗奔尼撒战争史》描述了民粹主义者的最初面貌。公元前 478 年，希波战争正在激烈进行中，雅典组织希腊、爱琴诸岛、小亚细亚的一些城邦形成"提洛同盟"，与波斯作战。然而提洛同盟却成为雅典维持霸权的工具，雅典将盟友的资金据为己有，要求其他城邦纳贡。这一压制政策遭到斯巴达的反对，其联合一些非雅典式民主政体的城邦组成"伯罗奔尼撒同盟"来对抗雅典。

公元前 427 年前后，雅典的盟友米蒂利尼背叛了雅典，在伯罗奔尼撒战争的紧要关头倒向斯巴达一边。在雅典镇压米蒂利尼的起义后，被视为

---

① Jens Rydgren, "The Sociology of the Radical Right," *Annual Review of Sociology*, Vol. 33, 2007, pp. 241 – 262.

② Catherine E. de Vries, "Ambivalent Europeans? Public Support for European Integration in East and West," *Government and Opposition*, Vol. 48, No. 3, 2013, pp. 434 – 461.

③ Maxine Molyneux & Thomas Osborne, "Populism: A Deflationary View," *Economy and Society*, Vol. 46, No. 1, 2017, p. 6.

最狂暴谄媚者的民粹主义政客克雷翁（Cleon）提议杀光米蒂利尼的男女老少，无论其是否有背叛雅典的意图，统统赶尽杀绝。他称民主制度不适合统治他人，雅典人太懦弱，雅典只有采取极端暴力手段，才能让盟国心生畏惧，仁慈只会导致出现更多的背叛。克雷翁以其蛊惑人心的话术赢得了雅典人的支持，其提议得到通过。于是雅典派出了一艘战舰，准备血腥屠城，这一事件成为雅典霸权政策中最臭名昭著的残忍案例。当然，后来由于该命令争议巨大，屠杀被及时终止，但克雷翁作为"蛊惑家（dema-gogue）"，其极端的民粹主义手段可见一斑。自既有才干又有道德情操的雅典最高权力者伯利克里（Pericles）死后，克雷翁就以其演讲台上的大声咒骂、讨好公众的言辞、乖张的行为举止而煽动雅典民众。从公元前 425 年开始，克雷翁在雅典一直拥有主导地位，只要是他支持的议案，几乎都能在公民大会通过。克雷翁意图通过掌控盟国，从盟国处攫取金钱利益，恢复雅典的霸业。克雷翁极大地影响了公民大会和雅典人，通过民主手段，实现激进的"民粹主义专制"。

克雷翁本身是质疑民主制度和质疑公众的政治判断的。他认可由权威者直接做出决策，认可国家利益优先于人性与道德，克雷翁曾讽刺民主政客："你们是悦耳言辞的俘虏；你们像是坐在职业演说家脚下的听众，而不像是一个讨论国家事务的议会。"[①] 显然，克雷翁最早提出了在民主政体下帮助专制者获取政治权力的一整套民粹主义策略。克雷翁败坏了雅典的政治氛围，推动兴起了一股讨好公民的政治文化，并使后来雅典的民主出现走衰的拐点，因此后世对其评价很低。亚里士多德（Aristotle）认为，民众蛊惑家的肆无忌惮是民主制被推翻的主因。阿里斯多芬（Aristophanes）在喜剧《骑士》中曾尖锐地讽刺克雷翁为欺骗主人的"悍仆"。此后，古罗马时期的政治家也借鉴这一政治手段。民粹主义虽有欧洲血统，但当时在理论上并没有延伸出真正的民粹主义意识形态。

民粹主义作为一种系统性的政治理念，还是在近现代西方才出现的。[②] 19 世纪发生在俄国与美国的两场农民运动，是近现代民粹主义的开端，特别是俄国的民粹主义，对欧洲影响深远。俄国民粹主义出现于 19 世纪中叶

---

① 转引自〔古希腊〕修昔底德《伯罗奔尼撒战争史》，谢德风译，商务印书馆，1960，第 232 页。

② Cas Mudde & Cristobal Rovira Kaltwasser, *Populism: A Very Short Introduction*, Oxford：Oxford U-niversity Press，2017，p. 21.

至 20 世纪初，是在农奴制走向严重危机且资本主义又相对薄弱的条件下产生的，反映了农民和中小生产者对专制农奴制的反抗。特别是在 1861 年农奴制改革后，这一思潮逐渐在平民知识分子中蔓延，是种小资产阶级的农民社会主义。俄国民粹主义的发展是一个长期艰难的历史进程，分为两个分支：一是"革命派民粹主义"，二是"改革派民粹主义"。① 俄国的民粹主义不仅影响了苏联的革命，还影响了历史发展条件相似的广大东欧地区。② 在德语区，"人民运动（völkische Bewegung）"要求强化民族认同、驱逐犹太人，这场运动对德国法西斯主义的诞生起到了巨大推动作用；在法国，乔治·布朗热（Georges Boulanger）掀起民族沙文运动，妄图通过民选合法手段上台，其强大的政治号召力使法国面临严重威胁。我们可以看到，欧洲的民粹主义以俄国为源头，其影响逐渐向周边扩散。到 20 世纪中叶，民粹主义达到高潮，通过民选上台的希特勒成为民粹主义历史上最臭名昭著的人物，达到近现代欧洲乃至全球的民粹主义顶峰。

二战结束后，整个世界并没有走向和平、合作与包容和理解。在政治上，东西方阵营意识形态尖锐对立，拉美及非洲等地区的政治强人割据，民族主义浪潮一波高过一波。伴随着美欧对非西方世界的民主化改造，全球化与混乱无序的资本主义扩张同时并进。当新自由主义立足于美欧，逐渐席卷整个世界的时候，经济危机、福利国家危机等引发的抗议、罢工等劳资对立行动，正在加速消解民众的政治认同，民众成为"单向度的人"，全球化频现逆流。这些都为最近几十年"新民粹主义"的出现创造了基础。所以有人讲，"民粹主义的幽灵正在全世界游荡"③。西班牙思想家奥尔特加·加塞特（José Ortegay Gasset）曾将民粹主义称为"人类历史宠坏了的孩子"④。无论是中国古代"皇帝轮流做，明年到我家"的平民反叛理念，或历朝历代均十分常见的农民起义，还是当前西方反全球化的社会运动，民粹主义现象在历史长河中总是不难被看到，在非洲、亚洲、拉丁美

---

① 马龙闪、刘建国：《俄国民粹主义及其跨世纪影响》，广西师范大学出版社，2013。

② Cas Mudde & Cristobal Rovira Kaltwasser, *Populism: A Very Short Introduction*, Oxford：Oxford University Press, 2017, p. 33.

③ Ghita Ionescu & Ernesto Gellner, eds., *Populism: Its Meanings and National Characteristic*, London：Weidenfeld & Nicholson, 1969, p. 1.

④ 〔西〕奥尔特加·加塞特：《大众的反叛》，刘训练、佟德志译，吉林人民出版社，2004，第 93 页。

洲等地都存在历史源流，当前则呈现出区域性特征。

2017年9月，成立仅四年的德国选择党获得12.6%的选票，成为二战后首个进入议会的极右翼民粹主义政党。在联盟党与社民党联合组阁成功后，选择党成为议会最大反对党。联盟党总计失去280万张选票，社民党以20.5%的选票收获了历史最差结果。选择党取得如此好的成绩绝对是德国政治的里程碑事件。早在2015年难民危机后，选择党的疑欧立场就令人感到不安，其甚至以欧盟改革为前提条件，声称如果欧盟不改革，将带领德国脱欧。一方面，选择党笼络社会中产阶层和不满的知识分子，通过提倡技术官僚经济学，树立理性的政党（party of rationality）的形象；在民众间鼓动"追求真相的勇气（Mut zur Wharheit）"，推动民众助其竞选。选择党本身就是由一群保守知识分子组成的，成员中不乏曾经的高官。选择党另一方面则通过保守、排外的煽动性语言笼络劳工阶层。如在鲁尔等工业区、原社民党与工会的地盘，选择党当时逐渐取代了社民党的位置。选择党大力抨击德国的难民政策是"出卖德国利益"。查尔斯·里斯（Charles Lees）敏锐指出，选择党的成功不只引发系统性震荡，还是德国政党体系发展的一个关键节点，并在德国引发对一体化的巨大争论。① 选择党对德国主流政治造成巨大的挑战。

以选择党为代表的欧洲民粹主义力量的兴起，表明西方主流政治正在受到严峻挑战，欧洲的民主制度和政治格局的均势正在遭到破坏。

三　德国是欧洲一体化的一个麻烦？

随着一体化的深入发展，越来越多的人意识到，德国本身就是欧洲一体化的拖累，诟病德国的声音越来越刺耳。一方面，德国明确拒绝以成员国可以接受的方案解决危机，并且拒绝为解决危机而付出更多；另一方面，德国似乎还巧妙利用危机为己谋利。人们可以称之为"聪明"，但一切的一切，终究都体现了德国国家利益优先的潜台词。本书在此提出两个延伸的观察角度，以供思考。

（一）"欧洲危机"与德国对危机的利用

德国在解决欧盟面临的问题时，是会考虑"一己之私"的。拥有战略

---

① Charles Lees, "The 'Alternative for Germany': The Rise of Right-wing Populism at the Heart of Europe," *Politics*, Vol. 38, No. 3, 2018, pp. 295 – 310.

选择权和战略自由度，能够利用劣势条件扭转不利局面，这是大国区别于中小国的关键。当欧盟的中小国家还在为是否紧缩财政、是否接纳难民而喋喋不休时，德国已经将对自身需求的充分考虑转化为实际行动。以 2015 年欧洲难民危机为例，德国采取"欢迎难民"政策，甚至不计后果地要求欧盟成员国打开边界，让成员国接收远超国内承载力的难民。一方面，这是西方人道主义价值观的宣扬；另一方面，德国也考虑了自身的经济需要。而这种多角度的战略考虑，似乎只有德国可以实现。

接纳难民作为对德国劳动力结构的一次外部嵌入，对德国经济构成新的机遇，政府在制定与难民相关的政策时，充分考虑了难民的经济价值。当然，时任内政部长的托马斯·德迈齐埃（Thomas de Maizière）认为，不应把对难民的人道主义援助和德国因经济发展以及人口结构调整而需要劳动力的事实相关联。但这些被作为潜在劳动力的难民，在德国政界和学界、企业界的分析中，都被给予了不低的经济价值评估。贝塔斯曼基金会指出，德国缺的不是专业技术力（Fachkräfte），而是劳动力（Arbeitskräfte），这为难民融入德国提供机遇。明斯特大学教授迪特里希·特兰哈特（Dietrich Thränhardt）等学者分析认为，难民将会为德国经济增长提供一个新机遇。据统计，德国是欧洲老龄化最严重的国家，在世界名列第二，老龄人口占总人口的 33%，20~64 岁适龄劳动力人口仅 61%，且这一比例逐年下滑。德国联邦移民与难民局的数据表明，仅以 2016 年 1 月到 10 月高峰时期进入德国的难民为例，73.6% 的难民为 30 岁以下的青壮年，且 2/3 都是男性。[1] 另据当时企业层面的数据，德国雇主协会预计全德国受过职业教育的专业人才缺口在 2020 年达 130 万人。[2] 德国确实应抓住契机，以缓解劳动力的短缺，使德国工业，特别是中端市场的业务借由相对廉价的劳动力得到扩大，对冲外向型经济模式由海外业务饱和带来的工业困局。

劳工部官员迪特乐福·席勒（Detlef Scheele）乐观估计，难民并不会与原先的失业者抢夺劳动力市场的资源，因为每年新增的就业岗位十分充足。但他还是指出，所有人都必须拥有相应岗位所要求的能力。这表明，对难民和失业者的培训是非常重要的。根据土耳其灾难与紧急事务管理局

① *Aktuelle Zahlen zu Asyl*, Berlin: BAMF, 2016, S. 8.
② Bundesvereinigung der Deutschen Arbeitgeberverbände, *Fachkräftemangel bekämpfen: Wettbewerbsfähigkeit sichern Handlungsempfehlungen zur Fachkräftesicherung in Deutschland*, Berlin, 2015, S. 8.

（AFAD）的报告，仅在叙利亚难民中就有 16.1% 的文盲，7.8% 从未上过学，小学毕业的有 34.5%，拿到初中文凭的人有 21.6%，拥有高中水平的则是 11.1%，半数难民教育水平堪忧。① 数量少于叙利亚的阿富汗、伊拉克、伊朗、厄立特里亚、索马里和巴基斯坦的难民，教育和职业技能水平也相对较差。难民中仅有 15% 的人可以直接参与工作。因此，无论是原劳动力市场中的长期低技术失业者，还是同样低技术的难民劳动力，都面临接受技能培训的要求，否则将长期失业。德国联邦移民与难民局局长弗兰克·韦斯（Frank Weise）强调："要是我们不能把难民送回老家，就要给他们一个新的展望，那就是绝不可能不学习、不工作地在德国待上 6～10 年。"② "此类长久的无所作为对于社会融合和劳动力市场都是极其恶劣且不可接受的。"③ 运用强大的国家资源，德国形成了难民接纳与融入的一整套流程。对于解决难民就业，联邦和地方政府制订了包括"早期介入"在内的一系列计划，为的是让难民更好地融入德国经济，其中包括被誉为融合金钥匙的"语言课程（Sprachförderung）"和"引导课程（Orientierungskursen）"等项目。

对于德国政府来说，难民危机带来了经济与劳动力市场的转变。至少从目前来看，其并没有引发根本的国内社会危机，甚至还在德国劳动力市场中发挥了一些积极的价值。④ 但是，德国用道义施压伙伴的做派令欧盟其他成员国感到不满。德国可以凭借其巨大的经济容纳力吸收这些难民，但是其他国家不行。德国在它的经济账中并没有把其他成员国纳入考虑范围。欧盟其他成员国一边看着德国指手画脚，呼吁难民分摊，并在国内谋划各种消解难民困境的经济社会举措，一边则愤怒地骂着德国办事"不地道"：合适你的东西，就一定合适我们吗？

---

① Virginia Kirst, "Hälfte der syrischen Flüchtlinge schlecht ausgebildet," *Die Welt*, Oktober 27, 2015, https://www.welt.de/wirtschaft/article148098162/Haelfte-der-syrischen-Fluechtlinge-schlecht-ausgebildet.html.

② "BAMF schlägt Alarm: Zahl der geduldeten Ausländer auf 160.000 gestiegen," *Migazin*, Mai 23, 2016.

③ Thomas Öchsner, "10.000 Chancen für Flüchtlinge," *Süddeutsche Zeitung*, Februar 5, 2016, http://www.sueddeutsche.de/politik/arbeitsmarkt-chancen-fuer-fluechtlinge-1.2851135.

④ 当然，难民潮之下滋生的文化与社会冲突也引发人们对族群问题的反思，2016 年 9 月，默克尔曾表示希望时光倒流，重新制定难民政策。一些人认为默克尔后悔了，实则不然，德国是希望进行更完善的准备，来更好地接纳难民，并非拒绝难民。

（二）拒绝"欧洲危机"的引火烧身

难民危机被德国利用了吗？欧洲一些人主张阴谋论。欧洲内部甚至有不少人怀疑德国大量接收难民是为了激化难民和德国人的矛盾，从而激起民族主义情绪，为民族国家的复兴塑造敌人。还有人认为，德国通过要求欧盟其他成员国接受难民强制配额，固化其欧洲霸主地位。匈牙利总理欧尔班指责德国政府在难民政策上要求他国一道分摊难民的做法完全是"道义帝国主义（moralischer Imperialismus）"。[①] 斯洛伐克坚定回绝德国的强制配额方案，称其为"德国和布鲁塞尔的闪电战（Blitzkrieg Deutschlands und Brüssels）"。[②]

我们似乎可以从德国在金融危机和欧债危机中的做法中看出端倪。全球金融危机以来，德国经济虽有些波动，但仍旧保持傲人的增长态势。德国经济在 2009 年萎缩 5.1% 之后，于 2010 年和 2011 年强势反弹，增长率分别为 4.0% 和 3.3% 。2014 年也达到了 1.6% 的增长。出口多元化、重视实体经济让德国在危机中率先走出经济衰退，也因此在欧盟内部掌握了救助债务国的话语权。"在政治、媒体和民众中，一种新的民族自豪感正在形成"，甚至德国内部不断出现"我们不要再穿忏悔服了，不愿再被当作战争发动者"的声音。[③] 德国在欧债危机爆发之初拖延不决，导致危机扩散到几乎整个南欧地区。在欧盟内部进行援助讨论的时候，德国对诸多解决问题的选项都表示否定，如：只将款项提供给债务国，而非用于防止银行系统崩溃；不愿推行以新增债务来提供资金的投资计划来促进经济；强烈反对欧元债券等。这与过去几十年德国的忍让和妥协简直判若两派。默克尔认为，通过债务共担来解决银行系统的结构缺陷是完全不可能的，修改欧元区相关法规才是解决问题的第一步，"赋予欧元区在统一财政政策方面更多权力，制裁违反财政和债务纪律的成员国，剥夺这些国家对本国

[①] "Orbán wirft Deutschland moralischen Imperialismus vor," *Die Welt*, September 23, 2015, http://www.welt.de/politik/deutschland/article146754780/Orban-wirft-Deutschland-moralischen-Imperialismus-vor.html.

[②] "Slowakei will gegen EU-Flüchtlingsquoten klagen," *Zeit*, September 23, 2015, http://www.zeit.de/politik/ausland/2015-09/europaeischer-gerichtshof-fluechtlingskrise-slowakei-klage.

[③] Ulrich Beck, *Das Deutsche Europa: Neue Machtlandschaften im Zeichen der Krise*, Berlin: Suhrkamp Verlag, 2012, S. 50-59.

预算的部分控制权"①。

这种不经成员国民主决定就声称剥夺成员国权利的言论，是明显带有霸权主义色彩的。德国还曾经表示过"宁愿希腊退欧"。很多人认为，德国的考虑不再是一体化的发展，而是"保护德国的钱财，以保持德国在国际市场上的竞争力，附带可能救助一下欧洲"。因此，德国的提供贷款等救助意愿与债务国是否愿意满足德国紧缩政策的要求联系起来。这种建立在强大经济基础上的霸权不必侵入任何地方，却是无处不在的，德国颐指气使的态度并非来自战争逻辑，而是来自风险逻辑。德国于是开始将自己的意识形态和逻辑观念抛给欧盟其他成员国，如果它们不接受，德国将不会进行救助。因此，"紧缩""节制""勤奋""纪律""控制""责任"等源自新教伦理的一套德国式的逻辑观念被强加于欧盟诸国的趋势出现。德国从单边的角度定义整个共同体，平等的观念不复存在，一种新的等级制度变得越发明显起来。德国越发提升其实力地位和在欧洲的强权地位。②这种强势，被外界认为是一种"意外后果的历史定律（das historische Gesetz von den unbeabsichtigten Folgen）"③，即本以为一体化可以收紧德国的权力，但其此时已经意外地难以困住德国势力在欧洲的膨胀。因此，疑欧主义者和欧洲主义者都开始怀疑这几十年德国支持一体化的目的。

从塞浦路斯到西班牙，从法国到意大利，近年来德国的举动颇遭非议，恶搞德国和德国领导人的游行比比皆是。人们指责德国的家长式作风，甚至开始试图分析德国的"阴谋"，如"欧洲暴君""第四帝国"等形容不断见诸报端，"不要德国的欧洲"等表述反映了欧洲民众的心态。法国著名历史学家伊曼努尔·托德（Emmanuel Todd）怀疑德国一系列行为背后的真正意图，将德国看作法国的头号敌人，他说"德国正在实行一个控制欧洲，妄图分离法国的国家战略"④。英国媒体人西蒙·赫弗（Si-

---

① 《欧盟或迎来财政一体化契机》，新华网，2011 年 11 月 29 日，http://news. xinhuanet. com/ fortune/2011 - 11/29/c_122351166. htm。

② Carolin Lohrenz, "Außenspiegel: Schwimmstunden von der Kanzlerinl," *Spiegel*, Juni 8, 2012, http://www. spiegel. de/politik/ausland/euro-krise-europas-presse-ueber-die-politische-union-in-europa-a – 837689. html.

③ Timothy Garton Ash, "Allein kriegen sie es nicht hin," *Spiegel*, Februar 13, 2012, http://www. spiegel. de/spiegel/print/d – 83977208. html.

④ 参见 Corentin Corcelette, "The Rising Germanophobia in Europe," *Le journal international*, Dezember 13, 2014, http://www. lejournalinternational. fr/The-rising-Germanophobia-in-Europe_a2237. html。

mon Heffer）更是直言不讳地指出，德国利用金融危机来征服欧洲。① 《明镜周刊》于 2015 年 3 月 21 日出版的杂志封面将默克尔与纳粹头子们放在一起，以此来反映"德国恐惧症（Germanophobia）"在欧洲大陆的影响，引发了全欧洲的轰动。②

欧洲一体化对德国十分重要，但欧盟就像一个破旧的机器，千疮百孔。它既需要被不断修补，又需要防止新的零件脱落。而德国这个机器维修工也不那么靠谱，要么用不合适的零件，要么索性放置不理。在未来的时代，欧盟依然是德国的问题所在；而德国自身，也依然是欧盟的一个困扰。

欧洲有长久的"公共性"思想，公共空间中的充分讨论有助于维护社会安定与团结。随着危机逐渐消退，公众的理性回归，其会做出清晰的判断。在作为规范力量的欧洲，开放包容、理性思辨的社会价值观念符合欧洲公民的利益。主流政党必须满足公众想要变好的愿望，如果不能实现良好的改革，将势必出现高德（Philip Gould）描述的"空体育场（empty stadium）"现象：主流政党还在竞赛，可什么改变都没有出现，观众不买账，甚至感到失望，最终渐渐走光了。只有为改革做出努力，欧洲一体化才能赢得公众的合法性授权，民主才能胜过民粹主义。

---

① Simon Heffer, "Rise of the Fourth Reich, How Germany is Using the Financial Crisis to Conquer Europe," *Daily Mail*, August 17, 2011, http://www. dailymail. co. uk/news/article – 2026840/ European-debt-summit-Germany-using-financial-crisis-conquer-Europe. html.

② 文章的题目为《德国强权：欧洲人怎么看待德国（The German Übermacht：Wie Europäer auf die Deutschen blacken)》。

第五章
左右逢源——德国在诸强争雄中的战略选择

> 对德国来说，美国是不可缺少的，但俄罗斯是不可动摇的。
> 相对于中国，我们只在有限的范围内强大。
>
> ——埃贡·巴尔（Egon Bahr）[1]

　　神圣罗马帝国的国徽图案是一只头戴皇冠的双头鹰，双头鹰翅膀上绘制了七大选帝侯国和德意志诸侯各邦的旗帜，展现帝国的强大。双头鹰一个头朝东，一个头朝西，表明帝国睥睨四方的野心。"向西"与"向东"始终是德国对外关系的两个主打方向。向西，是跨大西洋联盟，即同美国和北约的关系；向东，是德国同"战斗民族"俄罗斯的关系。在全球化时代，德国的目光朝向更远的东方，那就是与在复兴征程中的中国进行互动。这三组关系深刻影响着德国的战略利益。

　　特朗普上台后，德美关系不断走低，默克尔更是多次指责特朗普的"美国优先"政策，拒绝参加美国主办的 G7 会议，疫情期间还讽刺美国

---

[1]　埃贡·巴尔（1922~2015）为社民党元老级政治家，被誉为"两德统一的关键推手""勃兰特背后的男人""'东方政策'设计师"等。在离世前的一段时间里，他接受了《时代报》与《日报》的专访，对美国、俄罗斯与中国的关系做出真切、诚恳的表述，对德国政界影响巨大，原文为 "Für Deutschland ist Amerika unverzichtbar, aber Russland ist unverrückbar" 以及 "Gegenüber China sind wir nur begrenzt stark"。

"撒谎不能解决新冠疫情"①。与此同时，德国却加强了与俄罗斯的合作。2020 年 5 月，默克尔在阿登纳基金会的活动中表示，德国与俄罗斯搞好关系的原因有很多，如相近的地理位置、共同的历史、国际挑战、多元经济联系等。随着 2021 年国际局势风云突变，年初拜登（Joe Biden）入主白宫，年末德国三党内阁成立，这两大事件引发德国对外政策变化。同时，中国虽然地理上远离德国，但并没有脱离德国的战略视野。中国已经是世界上足以影响全球发展的发展中强国。如何在与中国的互动中探索出适当的模式，也考验着德国对外关系中的自主性与灵活性。

百年变局，群雄逐鹿，人类历史走到了一个关键的岔路口。

第一节　认同但不跟随：跨大西洋关系的信任裂痕

德美关系具有久远的历史。17 世纪以来，德国人大量移民美国，成为美利坚民族的重要组成部分。1683 年，费城附近建立"日耳曼敦（Germantown）"，聚居了来自巴登、符登堡、黑森、普法尔茨等地的德国人。此后，德国人因经济、战争等向美国移民持续 3 个世纪之久。1785 年，普鲁士和新生不久的美国签订通商条约，并于 1797 年建立外交关系。今天约有 5800 万名美国人称其具有德国血统。在 2019 年 G7 峰会上，特朗普在与默克尔寒暄之际公开称自己也有"德国血统"，默克尔大感意外，留下一幕有趣的花絮。原来，特朗普的祖父弗雷德里克·特朗普（Frederick Trump）生于德国西南部地区的现属莱茵兰－普法尔茨州的卡尔施塔特镇（Kallstadt），16 岁时移民美国。特朗普家族对自己的德国血统十分看重，骄傲于其德国出身。可见两国的联系十分悠久且紧密，德国文化深刻影响了美利坚民族的形成与发展。

一　冷战后的德美关系：美欲降大任于德国也

冷战结束后，美国鼓励德国在跨大西洋关系中肩负更大的安全责任，以此减少自身对欧洲的防务负担。美国将德国视为平等且引领同盟的伙

---

① Thomas Colson, "Merkel Says the Coronavirus Pandemic Has Exposed Leaders Who Rely on 'Fact-denying Populism'," *Business Insider*, July 9, 2020, https://www.businessinsider.com/angela-merkel-coronavirus-exposes-leaders-fact-denying-populism-trump-2020-7.

伴。1994 年，克林顿倡议建立美德特殊关系，称美德关系是美欧关系的基石，并呼吁双方在国际社会联手发挥领导作用，建立"领导伙伴关系"。这对德国而言是一个重要的契机，使其既有机会走向国家身份正常化，又能在与美国的对等关系中实现大国夙愿。

在科尔时期，德美之间保持良好的关系。科尔被誉为"统一总理"，从 1982 年执政到 1998 年，在他的努力推动下，东西德走上统一之路。科尔深知，如果不能与美国保持良好关系，这将严重阻碍德国统一进程，尤其是当时德国需要老布什（George H. W. Bush）在德国统一上提供建设性支持。① 所以无论是里根（Ronald Reagan）、老布什，还是克林顿（Bill Clinton）担任美国总统，科尔都主张德美之间应积极合作。

但是，冷战后的德国在安全上逐渐展现出独立自主的一面。德国主张，北约的改革应适应于欧洲环境需要，不应过分扩张，希望北约能够继续为跨大西洋地区的安全提供保障。而美国则希望将北约打造为维持其全球霸主地位的工具，因此不仅要扩充北约军力，还要德国担负高昂的军事支出。面对美国在全球的"穷兵黩武"，德国虽表示理解，但始终采取军事克制政策，极力规避参战。美国则力图把德国拖入战争，要求德国派兵，分担战略责任。德国当时的立场是，随着国家正常化，德国应在跨大西洋联盟内部寻求欧洲与美国的对等及平衡，使欧洲逐渐走向自主。例如，科尔政府率先承认波罗的海三国与原属南斯拉夫的克罗地亚及斯洛文尼亚独立，一方面体现了德国主导欧洲事务的意愿；另一方面也告诉美国，欧洲的事情应该由欧洲来决定。这必然使德美关系出现分歧，增加了美国对德国战略意图的疑虑。

分歧的根源在于，整个 20 世纪 90 年代，德国都在探寻国家正常化的道路上，其目标意愿与现实能力之间存在一定程度的鸿沟，这使德国的行为出现起伏反复与变化调整。这种矛盾性是德国在重新崛起的过程中所不可避免的。在施罗德时期，这一现象展现得更加明显。一方面，施罗德积极推动跨大西洋合作；另一方面，德国重视欧洲一体化，同时还主张与俄罗斯展开合作。虽然德国主张通过务实外交实现国家利益，但在操作中不

---

① Hans-Peter Schwarz, *Helmut Kohl*, *Eine politische Biographie*, München：Deutsche Verlags-Anstalt, 2012, S. 567.

免受到各种因素的影响，德国的外交仍显得较为被动。德国已很难在美、法等国间保持等距关系，到了必须做出抉择的关键节点。

德国对欧洲共同安全的立场变化能清晰说明这一趋势。1996 年，北约默许西欧联盟（WEU）独自建立"欧盟安全与防御认同（ESDI）"，这是以英、法为代表的老欧洲推动《马斯特里赫特条约》和《阿姆斯特丹条约》的重要一步。对于德国而言，它是一贯支持跨大西洋安全与欧洲安全的项目整合的，因此初期只是旁观者的角色。随着科索沃战争的爆发，英、法等国对美国不满，德国于是在 1999 年上半年任欧盟轮值主席国之际，调转立场，力主将北约内的"欧盟安全与防御认同"进行拆分。随后，欧洲快速反应部队（ERRF）及更新后的"欧盟安全与防御政策（ES-DP）"建立，增加了建设内部的永久性政治军事结构的内容。① 德国越来越不愿意跟随美国了。

此时，虽然德国对以美国为首的北约打击南斯拉夫表示支持，并积极参与战争的决策及实施。但德美之间在安全问题上的矛盾越来越多，安全关系成为德美外交中的核心问题。跨大西洋关系的裂痕越来越难以弥合。"9·11"事件发生后，北约成员国在第二天便启动了"北约第五条款"，即对欧洲或北美之一个或数个缔约国之武装攻击，应被视为对缔约国全体之攻击。随后各国均采取了支持美国的具体措施。这在北约历史上是从未有过的。德国也成为反恐措施的坚定支持者。2002 年 11 月，施罗德借助在议会中占多数的席位，批准德国在阿富汗、波斯湾和非洲之角参与美国领导的"持久自由"军事行动。但在德国国内，反战的和平主义在民间呼声很高，这也直接导致施罗德政府对美国发动伊拉克战争表示强烈反对，声称美国忽视联合国和国际社会普遍意愿，还声称没把盟国放在眼里。这一行为虽然使德国获得了国际掌声，但也使德美关系陷入前所未有的紧张之中。值得玩味的是，小布什在回忆录中称施罗德在伊战之前曾支持美国发动伊战。德国的反水无疑是"背信弃义"。德美矛盾导致北约内部关系严重撕裂，尼古拉斯·伯恩斯（Nicolas Burns）称其为"北约近乎死亡的经历"，伊丽莎白·庞德（Elizabeth Pond）称其为"整个联盟历史上最离

---

① Marco Overhaus, "In Search of A Post-Hegemonic Order: Germany, NATO and European Security and Defence Policy," *German Politics*, Vol. 13, No. 4, 2004, pp. 551 – 568.

奇的争执"。①

在一个美国认为至关重要的问题上，德国政府以前所未有的方式公开叫板美国。德国显然是站在欧盟的整体立场上，采取与法国协调一致的原则。有学者认为，无论是德国政府在"9·11"事件后对美国的声援，还是对美国对伊拉克进行军事干预的坚决反对，都是施罗德雄心抱负的一部分。德国精英和公众对传统大国特征进行了"再社会化"，决策的影响因素变得更加多样，影响了德国一贯的传统外交作风。这一过程虽并非始于施罗德时期，但却是在他任职期间加速进行的。②

德国在世纪之交对美国的立场"反复"体现了大国崛起中不可回避的矛盾一面。虽然伊拉克战争后德美之间进行了高层互动，促进了相互理解，但德美关系显然未得到完全修复。而施罗德又于2005年仓促下台。修复德美关系这一艰巨任务留给了默克尔政府。

二 默克尔上台以来的德美关系：裂痕扩大的十六年

从根本上讲，德美之间已经无法再回到原先的关系。这是由于德国与美国越来越走在两条不同的路上。德国虽然在乎国家利益，但它的外交模式已经不再是传统外交了，而是既包含民族国家外交，又有欧盟整体规范利益的外交形式。冷战后，"文明型力量"成为德国外交的主导性身份，这是后现代欧洲社会的必然之选。但美国依然遵循现实主义法则，甚至是进攻性现实主义原则。无论是共和党的小布什、特朗普政府，还是民主党的奥巴马（Barack Obama）、拜登政府，美国历届政府几乎都践行"美国优先"的外交政策，只是在程度上有差异。这与德国的外交理念是严重冲突的，双方的矛盾不可避免。

（一）默克尔1.0时期：修复同盟

学者曾清晰地指出小布什政府的世界观包括如下几点。第一，世界是危机四伏的。第二，世界政治的核心行为体是自利的国家，非国家行为体是无关紧要的，除非它们与国家行为体联合行事。第三，军事力量是国际

---

① 参见 R. D. Asmus, "Rebuilding the Atlantic Alliance," *Foreign Affairs*, Vol. 82, No. 5, 2003, pp. 20 - 31; Karl-Heinz Kamp, "Die Zukunft der deutsch-amerikanischen Sicherheitspartnerschaft," *Aus Politik und Zeitgeschichte*, Bd. 46, 2003, S. 16 - 22。

② Gunther Hellmann, "Wider die machtpolitische Resozialisierung der deutschen Außenpolitik," *Welt Trends*, Bd. 42, 2004, S. 79 - 88.

关系中的关键，使用武力的决心是至关重要的。第四，对美国国家利益而言，多边协议与机制既非必要的，又非有所助益的。第五，美国是对世界有益处的独一无二的霸权，只对抗那些反对政治自由与市场自由的国家。①小布什时期的美国单边主义严重破坏了世界秩序，同时也严重损害了德美互信。对初入总理府的默克尔而言，对美外交是新政府对外政策的头等大事，也是头等难事。

到底是向华盛顿靠拢，还是维持法德所倡导的欧洲独立外交？从当时各方的政治立场来看，施罗德作为社民党人，不再被美国所信任。施罗德下台前的多次示好之举都没能打消美国对德国的芥蒂，而基民盟作为美国的传统友党，主张修复德美关系。2002 年，默克尔甚至还对美国发动伊战表示支持。德美关系顺理成章地成为 2005 年大选的核心议题。至少从默克尔上台前后的那段时间来看，人们有理由相信，默克尔将有力修复德美关系。而小布什政府也清楚，改善对德外交将有助于美国继续左右欧洲政治。但人们也悲观地估计，德美矛盾的改善将破坏德法关系，毕竟施罗德与希拉克曾是欧洲"反美同盟"的两面旗帜。

德国是一个"准两党制"的国家，中左翼的社民党与中右翼的联盟党分庭抗礼。在 2005 年大选中，两党得票率不相上下，联盟党最终以 35.17% 的得票率艰难战胜社民党，社民党得票率为 34.25%。联盟党获得联邦议院中的 226 席，社民党获得 222 席。联盟党的获胜实际上报了 2002 年的一箭之仇，当年社民党以 38.52% 的得票率领先联盟党，后者得票率为 38.51%。② 这样胶着的选战在德国历史上极为罕见，而选举后的组阁谈判长达近一个月，最终联盟党与社民党共同组阁的"大联合政府"成立。默克尔任职总理实属不易。

默克尔是极具外交智慧的政治家，这位来自东德的女物理学家被誉为"科尔的小姑娘"，深受科尔的影响。其在外交上作风稳健，乐于倾听各方意见。2005 年 11 月 30 日，默克尔当选总理后首次在联邦议会发表演说，对默克尔政府"1.0 时代"的外交政策进行系统性阐述。其要旨正是改善德美关系。默克尔的发言极具技巧性。其首先以发生于前几日的德国公民

---

①　Ivo H. Daalder, James Lindsay, *America Unbound: The Bush Revolution in American Foreign Policy*, Washington, D. C.: Brookings Institution Press, 2004, pp. 141 – 145.

②　数据来源：联邦选举委员会，https://www.bundeswahlleiter.de/bundeswahlleiter.html。

在伊拉克的绑架事件开篇，称政府与议会强烈谴责这一国际恐怖主义行为；进而论述德国崇尚的自由、民主与和平的价值观，称跨大西洋关系正是建立在相同价值观基础上的，指出欧盟共同外交与安全政策并非要替代北约，而是对北约这一久经考验的安全机制的补充。默克尔赞扬北约是维护共同安全最强大的"锚"，并愿为之做出贡献。在谈到与美国关系的时候，默克尔使用了"紧密""真诚""坦率""信任"等积极词语，强调应加强与美国这一传统盟友的关系，并称围绕伊拉克战争的分歧已成为历史。① 这次发言表明，德国迫切想改善对美关系，默克尔试图借此赢得国内的认可，从而在德国政坛与欧洲政坛站稳脚跟。

默克尔的过人之处还在于，她清楚地知道修复德美关系还需要让法国和欧盟安心，因此在2005年11月23日和24日接连访问了巴黎和布鲁塞尔，这是默克尔上任后的第二天与第三天。在访问中，默克尔强调欧洲一体化与跨大西洋关系是德国外交的两根支柱，打消了欧洲盟友的疑虑。同时，默克尔深知跨大西洋关系的改善还需要扭转施罗德时期冷淡的德英关系，因为英国是美国最稳固和亲密的欧洲盟友，因此在访问巴黎与布鲁塞尔之后，默克尔马不停蹄地赶往伦敦，与英国商定展开定期政府间对话。在一切都安排妥当之后，2006年2月12日至14日，默克尔访问了美国，两国的关系在某种意义上得以成功修复。

2007年上半年，德国任欧盟轮值主席国。4月30日，默克尔、欧盟委员会主席巴罗佐（José Manuel Barroso）及小布什在白宫签署"跨大西洋经济伙伴协议"，成立"跨大西洋经济理事会"，同时还签署《跨大西洋经济一体化计划》等协议。跨大西洋合作在经济领域进一步深耕。同时，在安全、防务、地区热点等问题上，双方也达成若干共识。德国作为"欧洲马车"，积极促成了美欧之间的深入合作，试图超越安全同盟，建设以经济合作为主导的新型跨大西洋关系。分歧虽然得到管控，但仅是搁置一边而已，德美之间依然存在三个难以化解的结。

第一，在安全问题上，2005年2月，在施罗德任期的最后时刻，在慕尼黑安全会议上，德国要求北约进行根本性改革，认为北约没能适应当代安全形势，造成了美欧之间的误解与不信任，施罗德建议成立高规格的改

① 参见默克尔作为总理在联邦议会的首次发言，https://www.bundesregierung.de/breg-de/service/bulletin/regierungserklaerung-von-bundeskanzlerin-dr-angela-merkel-795782。

革委员会。然而这一要求被美国所无视，而默克尔上台后急于改善德美关系，也放弃了这一提议。但德国对美国主张的北约"快速反应部队"、北约东扩等都持谨慎态度，一是为了力保欧洲独立的防务建设，二是为了避免成为美俄冲突的牺牲品。

第二，在政治问题上，美国的单边主义与德国的多边主义形成激烈冲突。在全球治理中，美国频以国家利益为先，践踏国际共识。以应对气候变化为例，历届美国政府都对制定有约束力的减排目标表示反对。2001 年 3 月，小布什以"减少温室气体排放会影响美国经济发展"与"发展中国家也应该承担减排义务"为由，单方面退出《京都议定书》。即使到了奥巴马时期，美国也没有做出任何实质性承诺。美国消极的态度使 2009 年哥本哈根协定草案未获通过。

第三，在经济问题上，德国是极度依赖对外贸易的经济体，对美经贸关系是其重要利益所在。而当时美欧互为最大的贸易伙伴，这也决定了经贸在双方之间的作用。但不能忽视的是，德美之间曾爆发多次"贸易战"，随着美国贸易保护主义抬头，双方的经济关系也受到严重波及。德国推崇公平与福利的社会市场经济，美国主张保守与竞争的自由市场经济，经济模式的差异决定了德美在国际经济舞台上的激烈碰撞。2008 年金融危机后，双方经济模式的冲突越来越明显。

（二）默克尔 2.0 时期：道路有别

正如历史学家格力高·舒尔根（Gregor Schöllgen）的论断，虽然施罗德下台了，但是他的外交遗产依然保留着。德国政府的外交根本方针、目标与方向都不会发生任何变化，如果有，也只是气氛上的差异与程度上的微调，是操作性而非原则性问题。[①] 默克尔在第一个任期看似有力缓和了德美自二战结束以来最严重的矛盾，但问题依然存在，即便新任总统奥巴马释放了积极的多边主义信号，也未能将德国重新揽入怀中。德美关系在分歧中步履蹒跚。

2007 年 4 月，新世纪金融公司这一美国第二大次级房贷公司破产，美国次贷危机爆发。虽然美联储采取了向金融体系注入流动性等手段以增强市场信心，但一场更大的经济风暴正在酝酿。2008 年 8 月，房利美和房地

---

① Gregor Schöllgen, "Die deutsche Außenpolitik in der Ära Schröder," *Aus Politik und Zeitgeschichte*, Bd. 32, 2005, S. 3 – 8.

美股价暴跌，持有这两大美国房贷巨头债券的金融机构大面积亏损。9月15日，雷曼兄弟投资银行倒闭，一场全面的国际金融危机来临。这场被誉为大萧条之后最严重的全球经济危机，对当代国际政治经济格局产生巨大影响，美国霸权不可避免地走向衰落，中国、印度等新兴经济体崛起。相比于其他美欧国家，德国在这场危机中遭受的打击并不严重，2009年经济负增长，转年便实现复苏，经济企稳回升。这突出表明了德国在经济体制与模式上的韧性。就经济模式的特征而言，美国重短期效益，德国重社会公平。德国能快速从金融危机中复苏，与其不断地进行自我改革有关。德国的经济模式使其有能力叫板美国，对金融危机的应对也成为德国提升国际地位的又一个重要契机。那么，德国模式到底如何呢？

以劳动力市场为例。德国这种福利国家普遍存在劳动力激励困局，由于受工会组织和选举政治等问题的影响，福利国家二次分配的动作越来越大，这扭曲了劳动力市场，产生"负激励"的作用。东西德统一后的很长一段时间里，德国失业率都保持在两位数的高位，德国学者将这种失业率居高不下的情况称作"统一后的新现象（neue Erscheinung nach Wiedervereingung）"，用来比照曾经以低失业率为标志的德国。由于德国存在结构性失业，即产业结构升级带来的劳动力人口释放，[1] 以及统一政策实施过程中由不科学、不合理带来的高失业率这一不良后果（1993年西部失业率为8.2%，东部失业率为15.8%；1997年西部失业率为11%，东部失业率为19.5%），1997~1998年德国失业率达到历史峰值，近500万名失业者成为打垮科尔的致命一击。施罗德将解决失业作为竞选纲领中的首要任务，其口号"劳动、革新、公正"以及对就业问题的特别关注，为其树立了一个关心就业的新式政治家形象。[2]

2002年，施罗德政府制定了《现代劳动力市场服务业法案》，即"哈茨改革政策（Hartz-Konzept）"，这被看作对德国劳动力市场的一记重拳[3]。改革前，作为福利国家的德国，长期以来都是求职者获得补贴净替代率最

---

① Herbert Biermann, *Ansatzpunkte einer allgemeinen Strukturpolitik. Destabilisierung von Managementgremien und/oder Organisationen als Voraussetzung für Wettbewerb und Demokratie*, Berlin: Duncker & Humblot, 1976, S. 91.
② 王建政等编著《德国新总理施罗德》，军事谊文出版社，1998，第96页。
③ 刘露露、郑春荣：《从"第三条道路"理论看劳动力市场政策的转向：基于对哈茨改革的分析》，《德国研究》2009年第4期，第25页。

高的国家，失业金领取与原先工资水平挂钩，导致很多失业者没有意愿从事比原先工资低的新工作，宁愿领取失业救济金。所以哈茨改革的目标就是将福利国家的巨大开支转化为劳动力市场的生产能力。这一政策对激活求职者就业热情是根本性的，对于减少政府支出也有重要作用，是从消极的劳动力市场政策向积极的劳动力市场政策的彻底转变。学者认为，这一改革看似降低了社会福利待遇，但创造了许多新的就业可能性，在一定程度上实现了就业的灵活性。① 克劳斯·齐默尔曼（Klaus Zimmermann）认为，哈茨改革的一系列措施使危机前的劳动力市场呈现强劲势头，为"就业奇迹"奠定了基础。② 得益于此，德国在随后几年保持较低失业率，并率先走出金融危机。图5-1为德国统一后失业率的变化情况。

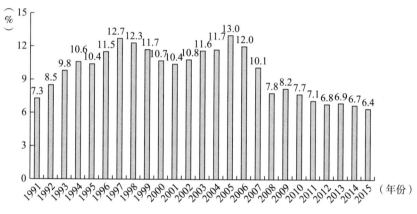

图5-1 1991～2015年德国失业率

资料来源：德国联邦劳动局。

西方经济界大呼"向德国学习"③。德国作为欧盟领袖的地位愈加稳固，德国民众对德国在世界上发挥更大作用的呼声也越来越大。由于经济观迥异，德国与美国在如何带领世界走出金融危机上产生矛盾。德国希望采取紧缩政策，增加必要监管；美国则希望采取刺激政策，提振市场信心。这是两种经济模式天然的差异使然。在德国的呼吁下，欧盟成员国在

① Josef Schmid, "Aktivierung in der Arbeitsmarktpolitik: Lehren für Deutschland aus einem internationalen Trend," in Fritz Behrens, u. a. Hrsg. , *Ausblicke auf den aktivierenden Staat. Von der Idee zur Strategie*, Berlin: Edition sigma, 2005, S. 379 – 395.

② Ulf Rinne & Klaus Zimmermann, "Another Economic Miracle? The German Labor Market and the Great Recession," *IZA Discussion Paper*, No. 6250, 2012.

③ Steven Ratnner, "The Secret of German's Success," *Foreign Affairs*, July/August, 2011.

采取可持续的稳定财政政策上达成一致意见，德国力图将这种限制债务的模式推广。美国则要求发达经济体在美国实现强劲复苏前不要削减经济刺激计划，甚至还要追加刺激。面对美国的“量化宽松”政策，德国对美国进行了极其严厉的批评，指出压低美元币值并非增加出口的良策，这将导致贸易保护主义泛滥。而美国则批评欧债危机中欧盟国家的表现，以一种非建设性的态度对德国冷嘲热讽。两国在经济模式上的分歧十分严重。

此外，安全与地区冲突仍然是默克尔第二个任期内的话题，也是德美关系龃龉不断的重要诱因。这集中体现在对阿富汗驻军问题的处理、对利比亚问题的看法和防务安全的改革上。前两个属于地区热点问题，后一个则是根本矛盾，即德国防务改革与北约防务改革之间的冲突。

首先，地区热点问题。在阿富汗问题上，除了在阿富汗撤军问题上德美存在矛盾外，德美对联合国授权北约的阿富汗国际安全和援助军事行动（ISAF）的理解存在重大差异，德国认为这一行动是为了实现阿富汗的安全与重建；美国则坚称行动也包括反恐和全面作战。[①] 在利比亚问题上，就制裁利比亚而言，德国罕见地与中国、俄罗斯站在一起，公开反对北约盟友美、英、法。在联合国相关决议的投票中，德国与西方集团立场不一致，不愿进一步激化利比亚冲突，更不愿看到西方盟友发动利比亚战争。德国“叛离西方”之举招致美国的强烈不满，也使默克尔政府面对来自国内外的强大压力。

其次，防务改革方面。一方面，德国对一些强化成员国认同的共识问题保持积极的态度，如积极承担北约提出的“灵巧防御（smart defense）”项目，包括德国主导建立北约成员国共同使用的海空预警飞机平台等。另一方面，德国也于 2011 年出台新的《防务政策方针》，提出调整国防预算、军队职业化、加强海外军事部署、应对恐怖主义等新的国际安全威胁等要求。德国对国际社会安全责任感的增强受到北约欢迎。但是德国仍继续批评北约不断扩张军事行动的改革方针，这是双方的根本性矛盾。[②] 2010 年 11 月，北约里斯本峰会决定建立覆盖欧洲的反导系统，俄方认为

---

① James Sperling, "Germany and America in the Twenty-first Century: Repeating the Post-War Patterns of Conflict and Cooperation," *German Politics*, Vol. 19, No. 1, 2010, pp. 53 – 71.

② Martin Schmid, Johannes Varwick, "Perspektiven für die deutsche Nato-Politik," *Aus Politik und Zeitgeschichte*, Bd. 10, 2012, S. 23.

北约的欧洲反导系统威胁其安全，要求北约做出不针对俄罗斯的法律承诺，北约拒绝做出承诺，并单方面加速推进部署。在这一问题上德国希望将俄罗斯纳入进来，并推动核裁军，但美国及一些北约成员对此并不认可。随着法国 2009 年重新加入北约（法国于 1966 年退出北约军事一体化机构，仅保留北约政治成员身份），英法两国推进欧洲共同安全与防务政策的策略发生变化。在美国的授意下，2010 年英法签订《英法防务合作协议》。两国不仅不响应德国的防务号召，还试图将欧洲防务转向大西洋和英吉利海峡。

（三）默克尔 3.0 时期：互信不再

进入第三个任期的默克尔，执政风格越来越稳健、自信。面对国际形势的不断变化，也是对奥巴马 2013 年 6 月作为总统首访德国，并称"跨大西洋关系是全球秩序的基石"的一种回应，联盟党与社民党"大政府"在成立之初就重申"在重大的国际问题上，德美和欧美间存在共识"，呼吁"恢复和重建德美信任"，愿意"承担联盟合理分摊的费用，同北约伙伴国家一起推进联盟战略新转型的芝加哥决定"。[①] 跨大西洋关系始终是德国对外关系的基础和支柱。德国对跨大西洋关系的根本立场从未变过，即一方面强化德美和欧美关系，这既包括政治与安全方面，也包括经济方面；另一方面对美国单边主义和北约军事行动持谨慎立场。从德国自身来看，其也面临军事投入过少这一长期性困境。

德国积极推动建设跨大西洋关系。跨大西洋贸易与投资伙伴协议（TTIP）是美国主推的对外经济战略。欧美两大经济体体量巨大，经济总量占全球的一半，贸易额为全球的 1/3。"美欧自由贸易协定"若达成，将建立起全球最大的自贸区，其议题涉及服务贸易、政府采购、原产地规则、技术性贸易壁垒、农业、海关和贸易便利化等。这将对全球经济秩序产生深远影响。德国看到其经济前景及对跨大西洋关系深化的作用，因此默克尔政府欣然接受这一建设性提议。然而，双方虽然态度积极，但在农产品、金融、政府采购等具体问题上存在难以解决的矛盾，同时在标准问题（如检验检疫标准、气候标准等）、管理体制和争端解决机制方面存有争议。德国内部还存在一种声音，害怕全球经济利益受到美欧双边贸易的

---

① Koalitionsvertrag zwischen CDU, CSU und SPD, *Deutschlands Zukunft gestalten*, November 27, 2013.

影响，认为这是人为制造贸易壁垒。因此，美欧的跨大西洋贸易与投资伙伴协议虽然有不错的前景，但"现实很骨感"，谈判过程不断遇阻，在奥巴马任期内并无进展。不过这还是为跨大西洋关系的范式更新提供了一种新的思路。

在乌克兰危机的解决中，德国也巧妙地扮演了积极调停者的角色。2013年底，乌克兰亲俄派总统亚努科维奇中止和欧盟的政治与自由贸易协议，声称要强化和俄罗斯的关系。随后，乌克兰亲欧派展开规模巨大的反政府示威活动。在持续的压力下，亚努科维奇被议会罢免总统职务，新的代理政府成立。俄乌矛盾随之不断激化。随着克里米亚危机及顿巴斯战争的爆发，矛盾激化程度达到高潮。一方面，德国积极斡旋，努力使乌克兰危机中的各方达成协议，多次组织美、英、法等国进行内部协调，默克尔利用与普京良好的私人关系，用电话交流彼此各方的意见。在美国威胁要将俄罗斯轰出八国集团（G8）的时候，默克尔极力反对美国对俄罗斯的极限施压。另一方面，德国也主张在适当情况下对俄罗斯进行制裁，包括限制俄罗斯政要入境欧盟、冻结账户，甚至全面的经济制裁，但直到乌克兰危机的第二阶段，即克里米亚"脱乌入俄"之际，德国才狠下心来制裁俄罗斯，不过是采取分阶段制裁的形式。德国一开始就是想要进行谈判调停的，德国希望通过谈判避免危机演进为俄罗斯与北约之间的冲突，避免使欧洲陷入战争之中。学者指出，德国凭借其欧盟内关键国家的角色定位，以及和俄罗斯的紧密关系，成为唯一一个能够牵制俄罗斯地缘政治野心的国家。[①] 德国既是调停的中间者，又是特殊的领导者。

在默克尔总理的第三个任期内，德美关系因"棱镜门"事件受到严峻挑战，这一事件被视为"自德国统一以来德美之间最严重的一场危机"[②]。这场危机之所以严重，并不是因为某一观点之争，而是因为盟友之间的互信遭到根本性破坏。德美之间的情报共享机制在二战结束后建立，对东欧敌对国家的信息监控一直是同盟的重要任务之一。"9·11"事件后，随着信息技术的大发展，情报监控的强度和广度今非昔比。在美国中央情报局

① Michell A. Orestein, "Get Ready for a Russo-German Europe, The Two Powers That Will Decide Ukraine's Fate-and the Region's," *Foreign Affairs*, March 9, 2014.

② Stephen F. Szabo, "Vom potenziellen Führungspartner zur Nein-Nation, Deutschlands neue Außenpolitik aus einem Washing toner Blickwinkel," *Zeitschrift für Außen-und Sicherheitspolitik*, Bd. 8, 2015, S. 437 – 450.

技术分析员斯诺登的爆料下，2013 年 6 月 6 日，英国《卫报》和美国《华盛顿邮报》先后披露了美国国家安全局（NSA）和联邦调查局（FBI）于 2007 年启动的一个代号为"棱镜（PRISM）"的秘密监控项目。这一项目是小布什时期实施的电子监听计划，能够直接进入美国网络公司巨头的服务器进行数据挖掘和情报收集，包括微软、雅虎、谷歌、苹果等在内的 9 家国际网络公司都有参与。这一项目利用了美国在信息网络世界的绝对霸权，监听各国政府和政要的秘密信息。德国也深受其害，默克尔的私人电话直接受到美国的监听。德国各界一时群情不满，德国对国家安全的维护能力遭到诟病。美国则称德国自始至终都知道"棱镜"项目的存在，2011 年还利用该项目支持其在阿富汗的军事行动。但这并不意味着美国就能监听盟友。2013 年 10 月 24 日，默克尔对奥巴马说"监听朋友完全不可接受"①，跨大西洋关系再度陷入紧张。在德国，相比于执政党，反对党要求美国做出解释的态度更为坚决，甚至呼吁成立议会调查委员会。但美国对监听盟友一事始终没有做出合理回应。一方面，西方各国普遍有监控项目，美国自恃"五十步笑百步"，故毫无忌惮。另一方面，西方多国参与"棱镜"项目，该项目为它们带来许多高价值的情报，美国的盟友只好自认倒霉。

此外，对难民危机的处理也导致德美不睦。欧洲内部有种声音，认为难民危机是美国制造出来的，欧洲却被迫为此买单。美国在帮助盟友解决难民危机的过程中被指责不负责任，只是频繁讲"场面话"。2016 年 9 月 20 日，难民危机发酵一年有余，在联合国难民问题领导人峰会上，奥巴马只称"这场危机是对人性的大考"，提出各国要共同努力，但却丝毫不提建设性的解决办法。② 有学者撰文指出，截至 2015 年 9 月，美国仅接纳了上千名叙利亚难民，比巴西还少。③ 与德国的积极作为相比，美国显然未像嘴上说的那样人道。这也是德国各界对美不满的根本原因。随着特朗普上台，美国在难民问题上的退步更加明显。

---

① Laura Smith-Spark, "Germany's Angela Merkel: Relations with U. S. Severely Shaken Over Spying Claims," CNN, October 24, 2013, https://edition.cnn.com/2013/10/24/world/europe/europe-summit-nsa-surveillance/.

② Laura Koran, "Obama: Refugee Crisis Is Test of Our Humanity," CNN, September 20, 2016, https://edition.cnn.com/2016/09/20/politics/obama-refugees-summit/index.html.

③ 《美国消极应对难民危机遭批，波兰表示可有条件多接纳》，新华网，2015 年 9 月 10 日，http://www.xinhuanet.com//world/2015-09/10/c_128217186.htm。

三 默克尔4.0及"后默克尔时代"德美关系展望

德国与美国的大选只差一年，自2016年以来，两国的新政府都出现足以改变跨大西洋关系的变化。在美国，共和党总统候选人特朗普胜选，这位打着"让美国再次伟大"旗号的民粹主义领导者频繁以反常理的方式搅乱国际社会的原有秩序，使德美关系波澜不断。在德国，默克尔的第四个任期悄然来临，这位在德国和欧洲颇具威望的政治家来到政治生涯的最后阶段，德国外交也突然有了些迟暮之感。但德国始终清楚，德美关系是决定今后德国外交的最关键变量。

2016年11月8日，特朗普击败民主党总统候选人希拉里·克林顿（Hilary Clinton），当选第45任美国总统，并于次年1月就职。特朗普的行事风格与正统的美国前任总统们大不相同，简言之，特朗普是一个"民粹主义者"，善于煽动民众支持其反建制的政治理念。特朗普坚持强调他代表民众，与民主党精英们对立，抨击民主党精英是腐败、自私且不顾民众利益的。他的任何动员都是为了表达真实的民意。而受到特朗普煽动的支持者，实际上对民主党把持下的美国感到不满，认为民主党是充满虚伪的精英政客，奉行伪善的理想主义，对现实疾苦充耳不闻。他们的普遍特征是教育水平低下的白人，排外且保守。因此特朗普这种总以最直白的语言直接与底层对话的领导者，特别受到草根阶层的喜爱。早在2000年，作为改革党总统候选人的特朗普就以"怕和太多人握手会患感冒"的理由退选。具有这种简单、荒诞语言风格的特朗普一直为美国底层民众所拥戴。但这种人的上台势必为美国国内政治带来麻烦，也为国际政治带来严峻挑战。正如奥巴马在卸任前最后一次与默克尔通话时所说的，"德国总理不仅是欧洲的领导者，她现在事实上也是自由世界的领袖了"①。

特朗普对德美关系的破坏是毁灭性的，戴维·弗鲁姆（David Frum）曾是小布什的讲稿撰写人，对白宫事务了如指掌。他的说法是："西方联盟的脊柱是德美关系，特朗普上任的第一天就破坏了它。"② 这句话是对

---

① Sunny Hundal, "Angela Merkel is Now the Leader of The Free World, not Donald Trump," *The Independent*, Febuary 1, 2017, http://www.independent.co.uk/voices/angela-merkel-donald-trump-democracy-freedom-of-press-a7556986.html.

② David Frum, "The Falsehood at the Core of Trump's Warsaw Speech," *The Atlantic*, July 7, 2017, https://www.theatlantic.com/international/archive/2017/07/trump-warsaw-speech/532917/.

的，但也是错的。因为特朗普并不是在上任之后才开始破坏德美关系的，而是在上任前就已经开始了。2015 年，特朗普宣布参选美国总统后，其对政治的表态逐渐增多。当年 10 月，特朗普曾讽刺默克尔，说道："德国将会发生动乱……我一直以为默克尔是个伟大的领导者。她在德国做的事（指难民欢迎政策）简直是疯了。"① 12 月，特朗普又公开表态，称默克尔的难民政策正在毁灭德国。② 2016 年 8 月，美国选战白热化之际，特朗普在批评希拉里的时候，顺道挪揄了默克尔。特朗普说："简而言之，希拉里·克林顿想成为美国版的安格拉·默克尔，你们知道，这么大量的移民给德国和德国人已经造成了巨大的灾难。犯罪事件增多到了人们从没有想过会目睹到的水平。简直是一场大灾难。"③ 1 月 27 日是每年的"国际大屠杀纪念日"，2017 年的这一天，特朗普与以往的总统大相径庭，并没有提及在大屠杀中丧生的数百万犹太人，而是仍旧以直言不讳的方式批评默克尔的难民政策，并指责德国的贸易顺差给美国带来的损害，以及指摘德国利用欧盟作为实现德国经济利益的手段，同时批评德国对防御责任的承担不够。④

特朗普种种出格且激进的言论，以及"退群"、伤害盟友、制造朝核问题和伊核问题紧张的种种政策，均表明美国外交发生了巨大变化。特朗普的前顾问曾描述特朗普政府的做法，指出特朗普并不认可世界是个"全球社区"，其认为世界是一个由国家、非政府组织、企业等参与并竞争图利的"竞赛场"。⑤ 2017 年 3 月，特朗普上任后默克尔首访白宫。在白宫草坪握手寒暄后，特朗普拒绝在记者面前与默克尔再次握手，并以德国在

---

① Meghan Keneally, "What Trump and Merkel Have Said about Each Other," ABC News, July 6, 2017, http://abcnews. go. com/Politics/trump-merkel/story? id = 46198767.

② Michael Knigge, "Things Donald Trump Said About Angela Merkel-and Vice Versa," Deutsche Welle, March 13, 2017, http://www. dw. com/en/things-donald-trump-said-about-angela-merkel-and-vice-versa/a‑37889332.

③ Emily Schultheis, "Donald Trump's New Nickname for Hillary Clinton Puzzles Germans," CBS News, August 17, 2016, https://www. cbsnews. com/news/donald-trumps-new-nickname-for-hillary-clinton-puzzles-germans/.

④ "Statement by the President on International Holocaust Remembrance Day," January 27, 2017, https://trumpwhitehouse. archives. gov/briefings-statements/statement-president-international-holocaust-remembrance-day/.

⑤ H. R. McMaster & G. D. Cohn, "America First Doesn't Mean America Alone," Wall Street Journal, May 30, 2017, https://www. wsj. com/articles/america-first-doesnt-mean-america-alone-1496187426.

安全上欠美国的账敲打默克尔。虽然此后特朗普声称与默克尔有"完美的化学反应",并且默克尔对德美关系的表态还算正统,"希望在共同价值的基础上推进德美关系",但当时的默克尔已经不对共和党政府抱任何希望。时任德国外交部长的西格玛·加布里尔(Sigmar Gabriel)的批判言辞更加露骨,道出了德国的愤怒:"特朗普是新的威权主义和沙文主义国际运动之开拓者。他们希望回到过去的糟糕时期,在那个年代,妇女只属于炉灶或床上,同性恋者被抓入狱,工会最多只能缩在边桌旁。不闭嘴的人会被公开抨击。"[1]

当时德国的民调数据也充分反映了德美不睦的问题。2019 年,民调机构皮尤研究中心对德国民众和美国民众进行调研,发现德国人对双边关系持悲观态度。相比于 2017 年的 56%,2019 年有 73% 的德国人认为德美关系变差了;相反,认为德美关系良好的人从 2017 年的 42% 跌至 24%。德国人对于与美国展开合作也不抱乐观态度,高达 47% 的人不太愿意与美国合作,愿意合作的为 41%。在这一调查中,德国人对与法国展开合作的态度最为积极,高达 82%,持相反态度的为 6%;与中国合作的积极性也较高,达到 67%,有 19% 的人立场消极。从美国民众的角度看,共和党支持者与民主党支持者对德国和默克尔的态度迥异。高达 72% 的共和党支持者认为应该对德国加征关税,民主党支持者中只有 26% 的人支持;只有 47% 的共和党支持者对默克尔表示出肯定与信心,民主党支持者中则有 67%。图 5-2 展示了 2001 年至今德国民众对美国政府和美国总统的态度,可以看到,在特朗普上台后,德国人对美国政府的态度悬崖式下跌。

2017 年 12 月的《美国国家安全战略》集中展现了特朗普政府的对外关系理念,突出强调大国的"零和竞争",从而否认了民主党政府自由主义政策继续存在的必要性,认为国际关系由具有冲突性的现实主义所引领。[2] 在跨大西洋关系中,虽然美国也多次强调仍旧基于民主、自由与法治原则保持同盟关系,但这仅是种外宣需要罢了。美国的政策已然违背了德国提倡的多边主义的国际关系理念。美欧及德美关系,已经受到不可挽回的破坏。一方面,默克尔的立场是:"我们欧洲人确实必须将命运掌握

① Anthony Faiola, "Angela Merkel Congratulates Donald Trump-Kind of," *The Washington Post*, November 9, 2016, https://www.washingtonpost.com/news/worldviews/wp/2016/11/09/angela-merkel-congratulates-donald-trump-kind-of/? utm_ term =. ba8a2251154c.

② White House, *National Security Strategy of the United States of America*, 2017.

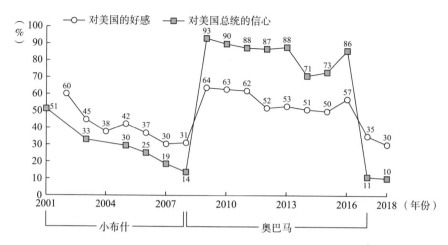

图 5 - 2　2001～2018 年德国民众对美国及美国总统的态度变化

资料来源：Jacob Poushter & Alexandra Castillo, "Americans and Germans Disagree on the State of Bilateral Relations, but Largely Align on Key International Issues," *Pew*, March 4, 2019, https://www.pewresearch.org/global/2019/03/04/americans-and-germans-disagree-on-the-state-of-bilateral-relation。

在自己手中。"另一方面，德国外交专家们又主张德国不应犯与美国背离的错误。[1] 没有美国，德国无法保证安全，也无法成为使欧盟各国团结在一起的有效推动者，甚至威胁德国的民族复兴与和平的欧洲秩序。在美国对传统外交政策全盘否定的背景下，德国也处于严重的战略焦虑期。

特朗普治下的美国之所以放弃对德美之间早已达成默契的共有价值观的承诺，其原因在于，无论是全球化这一人类进程本身，还是全球化所蕴含的具有理想主义色彩的价值理念，都为日渐缺乏竞争力的西方世界带来利益上的巨大威胁。在国际秩序的变动下，美国已经无法利用全球化实现其利益，甚至全球化还给美国造成了移民激增、犯罪率提升、产业外迁、失业率增加等结构性困境。因此，特朗普的横空出世是时代的产物，是西方世界整体衰落的必然结果。具体来看，美国特朗普政府认为德美之间存在的矛盾主要有如下几个。

第一，经贸领域。德国对美国常年处于贸易顺差状态，顺差额保持在

---

[1]　D. Berger, J. D. Bindenagel, A. Kuchenbecker, S. Lagodinsky, R. Lentz, D. Schwarzer, J. Techau, S. Tempel, S. Heumann, "In Spite of It All, America: A Trans-Atlantic Manifesto in Times of Donald Trump-a German Perspective," *The New York Times*, October 11, 2017, https://www.ny-times.com/2017/10/11/world/europe/germany-united-states-trump-manifesto.html。

600 亿 ~ 700 亿美元，美国是德国最大贸易顺差的来源国。① 特朗普政府对德国利用其贸易优势地位攫取经济利益的行为十分不满，不仅威胁将对德国加征关税、启动贸易救济调查，还暂停了跨大西洋贸易与投资伙伴协议的谈判。2017 年，特朗普直呼德国车企"太坏"，试图阻止德国豪华汽车制造商进入美国市场。第二，安全领域。在北约军费问题上，德美之间的矛盾持续了数十年。美国自认为长期为德国提供安全保障，但拥有巨大财力的德国却在分担防务费方面斤斤计较。默克尔在 2018 年表态：2024 年前要将德国的国防预算提升到 GDP 的 1.5%，使之接近北约设定的 2% 的目标。其在 2019 年又公开说，德国军费已从 2014 年占 GDP 的 1.18% 提升至 2020 年预算的 1.4%。但特朗普似乎并不买账，2020 年，美国宣布将驻扎在德国的美军数量从 3.45 万人减少至 2.5 万人，跨大西洋关系再次遭到重创。第三，全球和地区问题领域。德美在气候问题上、伊核与朝核问题上立场不一致。美国先后退出"伊核协议"与《巴黎气候协定》，为本已见到曙光的地区安全问题和全球发展带来新的变数，也打乱了德国的相关政策部署。第四，战略领域。自奥巴马上台之后，美国就有将战略重心向东转移的趋势，奥巴马的"亚太再平衡"政策直指中国。特朗普上台后的印太政策也以遏制中国崛起为目标，这加剧了中美间的摩擦。中国与苏联不同，德国已无法像冷战时期选择西方阵营那样再度与美国的"新敌人"对抗。德国在华拥有巨大的经济利益。而美国的"关注东方"或将使德国面临艰难的战略调整。

默克尔离任之后的德美关系将在这样艰难的背景下展开，德国的对外关系变化在很大程度上取决于美国，这是不可改变的结构性事实。实际上，无论德国、法国，还是中国、俄罗斯，基于美国的对外政策变化而进行自我调整，都是不可回避的。进入 2021 年，大选过后的美国与德国，将形成崭新的"德美关系"。

在民主党执政的任何一个时期，德美关系都要明显好于共和党执政下的德美关系，价值观是其中的关键影响因素。一方面，目前欧洲主流政党已经很难区分中左翼和中右翼了，两类政党在执政理念上并没有明显的差别，如平等、和平、自由、法治、多元等普遍的价值观都是主流政党的常

---

① 王威：《德美贸易摩擦的新特征、成因与趋势》，《德国研究》2020 年第 1 期，第 115 ~ 132 页。

理和共识。另一方面，美国民主党虽然不像欧洲左翼政党那样更具"社会民主主义"特征，但也奉行这些在欧洲被视为圭臬的自由化的基本原则，这些基本原则与日益进入"后资本主义"的欧洲的整体价值观是契合的。因此，只要欧洲还是主流政党执政，那么德美关系在民主党时期就会得到良好发展。2021 年 1 月 27 日，国务卿布林肯上任伊始便给德国外长海科·马斯（Heiko Maas）打电话，指出要以安全、价值和繁荣为目的来重建德美关系，共同应对中国等全球性挑战①；3 月 9 日，马斯则希望德美关系能在拜登任期内得到改善，为两国联合在人权等问题上制裁中国铺平道路②。

2021 年初拜登上台以来，"重振价值观同盟"等口号不绝于耳。欧洲主要国家都迅速与美国新政府通过电话，基于所谓"民主大家庭"承认了新家长拜登的地位，拜登回归激发了西方国家在诸多问题上的共同使命感。拜登频频表示出"善意"，如上任之初就与德国以电话形式互动、取消从德国撤回 1.2 万名美军的决定、亲自参加德国慕尼黑安全会议等。但默克尔的立场并不如拜登那样坚决，她多次表明立场——"我们（德美与美欧）的利益不会总是一致的"，这一立场特别反映在中国问题上。拜登意图以"价值观同盟""产业链转移"等手段遏制中国，而德国在华有巨大经济利益，无法像拜登那样采取逐渐对华"脱钩"的政策。这一立场也反映在德国政党层面，即便是德国对华态度最不好的绿党，也表态称中德之间具有复杂关系，虽主张更明确地表达德国对华不满的态度，但在具体政策上却支支吾吾。究其根本，德国无法放弃与中国经营多年的稳定的经贸往来。"后默克尔时代"德美关系虽然趋于稳定，但在很多问题上都无法再达成一致意见。

第一，进入 21 世纪以来，德国努力主导自己命运的倾向越发明显。德国认为其与欧洲的自主权需要掌握在自己手中，需要依据自身的利益采取对外政策。与英国、澳大利亚、加拿大等和美国同属英语文化圈的国家不同，德国、法国等欧陆大国具有一定程度的独立性，会依据国家利益做出抉择。例如，在北溪 2 号项目上，默克尔一直主张德国与俄罗斯合作，不为美国的反对之声所动。新冠疫情之下，德国又批准从俄罗斯进口大批新

① U. S. Department of State, "Secretary Blinken's Call with German Foreign Minister Maas," January 27, 2021, https://www.state.gov/secretary-blinkens-call-with-german-foreign-minister-maas/.
② "Maas setzt auf gemeinsame Politik mit USA auch gegenüber China," Reuters, March 9, 2021, https://jp.reuters.com/article/deutschland-usa-maas-idDEKBN2B11UI.

冠疫苗，令拜登政府备感尴尬。第二，特朗普对德美关系的破坏是"伤筋动骨"的，加速推动形成了德国"疑美"的论调。越来越多的分析人士看到，德国虽然欢迎重建跨大西洋关系，但经过多年的矛盾发酵，德国对美国已经初心不再。双方关系当然是可以得到修复的，但双方政策已经无法保持一致。未来德国大概率仍会坚持默克尔时期的对美政策，即"认同但不跟随"策略。即便美国民主党政府加大拉拢德国的力度，但长期来看，维持战略独立才是对德国有益的。

故而，未来德美关系的走向并不明朗，中国、俄罗斯等大国已经成为德国决定以何种方式开展对美关系的重要影响因素。世界变得越来越复杂，德国的对外政策也需要更新换代。至少，默克尔及其四届政府为后来者提供了一套代价小、收益高的策略：积极使德国具备更高的价值，保持战略自主，在大国博弈的今天，成为大国竞相争取的"香饽饽"，那就有助于立于不败之地。

第二节　向东看：德国与俄罗斯的恩怨情仇

德国与俄罗斯的关系久远。从农奴时代、封建时代、殖民时代，到全球化的今天，德国与俄罗斯深刻地改变了欧洲历史与世界历史。

在德国和俄罗斯之间，许多扰乱国家之间关系的因素并不存在。两国没有悬而未决的边界问题，没有种族或宗教冲突，在国际舞台上没有针对世界霸权地位的竞争。德国与俄罗斯的外交关系，并不只是单纯的双边问题，而是一个涉及美国、欧洲的多主体互动的系统问题。除德国本身的国家利益外，跨大西洋关系在很大程度上决定了德国对俄罗斯的外交。德国对俄罗斯外交中有三大议题：一是以能源为首的对俄贸易，二是涉及北约施压与俄罗斯生存的安全议题，三是由价值观对立带来的政治议题。同时，德国与俄罗斯的外交关系还有不同于德美关系的独具特色的地方，特别是国家领导人之间的私交在其中扮演重要角色。

一　冷战后的德俄关系：维系关系的能源纽带

东欧剧变、苏联解体与德国统一以来，俄罗斯的安全境况受到威胁。从美国和欧洲的角度来看，科索沃、乌克兰、白俄罗斯、摩尔多瓦、南高加索和中亚等东部和东南部相邻地区是其地缘安全方面的当务之急。对俄罗斯而言，这同样是威胁自身安全的重要区域。因此，在这一区域的明争暗夺始终是西方阵营与俄罗斯的冲突焦点。特别是在普京上台后，俄罗斯在该区域的外交政策出现调整，俄罗斯将该地区定义为其势力范围，试图恢复俄罗斯在这里的地位和影响力。如在科索沃问题上，俄罗斯最初反对科索沃独立，随着格鲁吉亚与摩尔多瓦日益倾向西方，俄罗斯转变立场，认为科索沃既然可以独立，那么德涅斯特河左岸和阿布哈兹、南奥塞梯等"俄族地区"也可以脱离摩尔多瓦和格鲁吉亚而独立。在乌克兰，2004 年爆发的"橙色革命"使亲俄总理亚努科维奇被迫辞职下台，亲西方政府成立。此后乌克兰政局几经动荡，俄罗斯意识到必须阻止其不断融入西方的进程，或至少对乌克兰进行惩罚，如 2005 年俄罗斯采取的天然气涨价手段。在格鲁吉亚和摩尔多瓦，与乌克兰的路径相同，美国和北约也通过煽动"颜色革命"来对俄罗斯施加安全压力，使俄罗斯在 21 世纪之初就频频遭遇安全威胁。

早在 1992 年，波兰等苏联阵营国家就提出加入北约。1996 年，北约出台了《东扩计划研究报告》，北约东扩进入快车道。1999 年，捷克、匈牙利和波兰成为北约成员。2004 年，斯洛伐克、保加利亚、罗马尼亚、斯洛文尼亚、爱沙尼亚、拉脱维亚和立陶宛七国成为北约成员。"颜色革命"与北约东扩给俄罗斯带来的压力是空前的，这也使俄罗斯重新审视其冷战后西方化道路的风险。德国在这些安全问题上与美国和一些北约成员国也有较大分歧。2001 年欧盟哥德堡峰会前夕，施罗德重申了德国政府的立场，称欧洲 12 国加入欧盟的决定是"不能撤回的"，但也表示北约在东扩进程中应谨慎行事。特别是乌克兰等俄罗斯周边国家，它们仓促加入北约或欧盟是不符合欧洲和德国利益的，因为这会给世人以乌克兰正在与俄罗斯对抗的印象，从而把欧洲和德国拖下水。①

好在德国与俄罗斯的经贸关系还是较为稳定的。一战之前，俄罗斯就是德国人移民和兴业的乐土。② 俄罗斯对德国的经济依赖程度较高。2005年，德国是俄罗斯第二大出口国，仅次于荷兰。当年俄罗斯出口到德国的

---

① 彭慧：《德国总理呼吁北约东扩要谨慎》，新浪网，2001 年 6 月 15 日，http://mil. news. sina. com. cn/2001 – 06 – 15/24044. html。

② Dittmar Dahlmann, Carmen Scheide, Hrsg. , …das einzige Land in Europa, das eine große Zukunft vor sich hat: Deutsche Unternehmen und Unternehmer im Russischen Reich im 19. und frühen 20. Jahrhundert, Essen：Klartext Verlag, 1998.

货物总计 197.36 亿美元，占所有出口的 8.17%。德国还是俄罗斯最大的进口国，当年进口货物总计 132.72 亿美元，占比为 13.45%。[1] 反之，德国对俄罗斯的经济依赖并没那么大，俄罗斯在德国经贸领域的比重远小于同德国来往密切的周边邻国，以及美、中等经济强国。但是，俄罗斯掌握了德国的"经济命门"，德国这一工业王国最迫切需要的是能源，油气是德国从俄罗斯进口最多的东西。德国缺乏油气资源，97% 的石油需求和 80% 的天然气需求都依赖于进口。2005 年，俄罗斯石油和天然气分别占德国进口的 34% 和 41%。[2] 表 5-1 为 2005 年德国的石油和天然气进口情况。能源依赖警醒着执政之初的默克尔。

表 5-1　2005 年德国的石油和天然气进口情况

石油进口地区	总量（百万吨）	份额（%）	天然气进口地区	总量（十亿立方米）	份额（%）
俄罗斯	38	34	俄罗斯	38	41
挪威	17	15	挪威	29	32
非洲	21	19	荷兰	21	22
英国	15	13	丹麦/英国	4	5
其他国家	13	12			
中东	8	7			
总计	112	100	总计	92	100

资料来源：德国联邦经济和技术部。

根据专家在 2006 年的预测，到 2025 年德国的天然气进口量将增加到 1050 亿立方米。[3] 从荷兰、丹麦、英国的进口将下降，从挪威的进口将保持不变，德国从俄罗斯的进口或增加到约 600 亿立方米。俄罗斯天然气未来将占德国所有天然气进口量的 55%~60%。[4] 并且，随着中国等新兴经济体的崛起，俄罗斯在 21 世纪初逐渐采取能源供应多元化的策略，对中国和日本油气供应的占比越来越高，德国在油气领域的外交议价能力下降。

---

① 参见世界银行数据，https://wits.worldbank.org/CountryProfile/en/Country/RUS/Year/2005/Summarytext。

② 联邦经济事务与能源部，https://www.bmwi.bund.de。

③ Alexander Rahr, "Die neue OPEC, Wie Russland zur globalen Energie-Supermacht warden will," *Internationale Politik*, Vol. 31, No. 2, 2006, S. 15-23.

④ Roland Götz, "Nach dem Gaskonflikt, Wirtschaftliche Konsequenzen für Russland, die Ukraine und die EU," *SWP-Aktuell*, No. 3, 2006.

相比于中东、非洲等地，俄罗斯油气的运输成本低廉，是德国与欧洲的优先考虑方向。当然，随着环境与气候日益成为德国的显著议题，新能源的研发与利用需求上升，德国未来对化石燃料的需求总体会下降，这也导致德国的发展趋势和经济结构的变化。种种因素可能会使德国未来对化石燃料的需求减少，能源问题很有可能不再成为牵制德国对俄外交的关键因素。但短期来看，德国依然需要俄罗斯的油气，至少在默克尔政府时期，能源问题始终是两国关系的重中之重。

德国对俄罗斯的能源需要与其对俄罗斯的政治批评并不相悖，德国议会与民间不断发出批评俄罗斯"侵蚀民主"的声音，批评俄罗斯削弱议会和议员的权力、限制国内新闻自由、打压国内的反对派，批评俄罗斯在车臣所谓的"反恐行动"是"侵犯公民自由""肆意压迫国内少数族群"的行为。德国还批评俄罗斯对独联体国家施压，胁迫格鲁吉亚、乌克兰、摩尔多瓦等追求民主的国家，指责俄罗斯支持白俄罗斯的卢卡申科（Alexander Grigoryevich Lukashenko）等独联体国家的"极权者"。更有甚者还认为，2004 年发生在北奥塞梯共和国、死亡 335 名无辜者的"别斯兰人质事件"部分归咎于俄罗斯的民族政策。但这种批评之声大体保持在政府以外的层面，德俄关系在政府层面还是有良好基础的。俄罗斯对德国统一曾表达了明确的支持，科尔政府感恩于这一立场，德国于是在俄罗斯的民主转型中提供了重要的经济支持。此后，在施罗德政府时期，德俄政治关系依然保持良好。

从 1990 年至 2005 年，德国的对俄政策始终旨在将俄罗斯纳入更大的欧洲框架。对于原苏联地区国家加入北约，科尔的态度一直不冷不热，他担心会引发俄罗斯的负面反应。德国还积极支持俄罗斯加入 G7 和世界贸易组织。在俄罗斯遭遇严峻的经济危机之时，德国果断伸出援手，提供债务支持。1997 年，在德国的推动下，法国、德国与俄罗斯举行三国峰会，小范围商讨俄罗斯与欧盟的合作事宜。1999 年的欧盟赫尔辛基峰会上，时任总理的普京勾勒出一幅俄罗斯融入欧洲的美好蓝图。施罗德在任期内也积极运作，推动俄罗斯与欧洲的人员往来便利化和能源合作等。但是欧盟的表现十分谨慎，只是提出在外交、经济、安全与文化四个领域一步一步推进双方的合作，但成果着实不多。相比于欧盟，德国施罗德政府则收益良多。自 1998 年以来，德国与俄罗斯之间定期举行部长级年度政府磋商。2004 年，作为投桃报李之举，普京明确表示支持德国成为联合国安理会常任理事国。2005 年，两国能源合作进入新的阶段。虽然遭到波罗的海国家和波兰、乌克兰等的反对，两国还是签署了在波罗的海海底铺设天然气管道的协议。德国巴斯夫公司还与俄罗斯共同开采西伯利亚天然气，这是俄罗斯首次允许外国公司到其国土上开发能源。

德国不愿看到俄罗斯的安全空间受到挤压，这不符合德国的战略利益，不符合其希望将俄罗斯视为欧洲家庭成员的愿望。一方面，欧洲被迫与俄罗斯割裂，存在潜在对抗风险，一旦局势恶化，德国将处在为难的境地。另一方面，挤压俄罗斯的安全空间会逆转俄罗斯的西方化进程，使其再度走向威权化。事实证明德国的顾虑是正确的。有人指出，在叶利钦领导下的俄罗斯短暂的"半民主"插曲结束后，该国的发展历程再次展示了其威权之路。[1] 因此在德国人看来，俄罗斯是否转型为民主国家显然是有争议的。[2] 在西方人的眼中，俄罗斯形成了政治威权主义与经济自由主义相结合的模式。[3] 一个有趣的表现是，俄罗斯特别愿意发展领导者与领导者私下的情谊。叶利钦、普京与科尔和施罗德保持了良好的私交。至少在默克尔执政前，德国政府的亲俄立场明显受到德国总理们的影响。施罗德在下台后甚至曾计划出任受欧盟制裁的俄罗斯石油公司的高管职位。

观念上"德俄友好"的路径依赖应该放下了，来自东德的默克尔就要走马上任，对于德俄来说，两个地区大国之间新的互动关系正在形成。默克尔的经历势必会影响德国的对俄外交。但不变的是，能源、安全与价值观，依然是塑造二者新关系的关键因素。

二 "默克尔时代"的德俄关系：疏远中的靠近

在默克尔任期内，德国对价值观外交非常重视，德俄关系总体上处于疏远的状态，远不及社民党执政时期。同时，德国又极需要俄罗斯的能源，还需要稳住俄罗斯来保障地区安全，因此它们又在靠近。德国的对俄外交有高度复杂性。

---

[1] Heinrich Vogel, "Russland ohne Demokratie," *SWP-Studie*, No. 38, 2004.

[2] Katrin Bastian, Roland Götz, "Unter Freunden? Die deutsch-russische Interessenallianz," *Blätter für deutsche und internationale Politik*, Bd. 50, 2005, S. 583 – 592.

[3] Katrin Bastian, Roland Götz, "Deutsche-russische Beziehungen im europäischen Kontext: Zwischen Interessenallianz und strategischer Partnerschaft," *Working Paper*, No. 3, Russland/GUS Stiftung, 2005.

（一）从"东方优先"到跨大西洋主义

2005 年，世界反法西斯战争与苏联卫国战争胜利 60 周年，俄罗斯于 5 月 9 日举行盛大的纪念仪式。对于德国给世界带来的灾难，俄罗斯一直重视宣传，并在重大的时间节点举行纪念活动。早在 1995 年，叶利钦邀请中国国家主席江泽民、美国总统克林顿、德国总理科尔等世界领导人参加纪念仪式，表明俄罗斯对这段历史的铭记之深。因此，反法西斯战争胜利 60 周年的纪念活动自然是俄罗斯所重视的。普京邀请施罗德参加在莫斯科举行的活动，这也是施罗德本人最后一次参加与俄罗斯的高规格的官方外交活动。施罗德称，"在德国土地上长眠的苏军士兵比欧洲任何一个国家都多"，"有义务永远记住那场战争"，"绝对不要再有战争，绝对不要再有暴力"。[1] 德国的反省是极为彻底的，施罗德对俄罗斯也是有感情的，但这并不意味着新任德国总理就要延续前任的外交思路。

施罗德在 2001 年表示，德国的外交政策就是欧洲的外交政策，德国最大的外交重点是东方政策，欧洲和德国东方政策的中心就是俄罗斯。[2] 这一定位只是"俄罗斯之友"社民党的一家之言。默克尔彻底改变了施罗德的道路。

2005 年上台后的默克尔依然是彻底反省德国罪行的。默克尔的战略重心在欧盟与跨大西洋关系，东方不是她的关注点，因为西方集团内部各国之间的关系建立在其一贯重视的共同价值之上。随着时间的流逝，德国及欧洲人对战争历史的记忆正在模糊。2005 年 2 月的调研表明，欧洲年轻人对二战历史的提及程度低于 30%，在俄罗斯则为 61%。[3] 这将越来越弱化战争罪责与历史道义在德国对俄关系中发挥的作用。同时，与德国、俄罗斯存在历史积怨的周边国家也不时揶揄讽刺，挑拨两国关系。于是，德国新政府在该地区的权力尚不稳定之际，也增加了疏远俄罗斯的意图。

2006 年默克尔首访俄罗斯，不仅只停留了 6 个小时，还抽空与普京的政敌会面。同年在德累斯顿，默克尔在与普京会面时，又公开批评俄罗斯

---

① "German President: We Will Never Forget," Deutsche Welle, May 8, 2005, https://www.dw.com/en/german-president-we-will-never-forget/a‑1576703.

② Gerhard Schröder, "Partner Russland. Gegen Stereotype, für Partnerschaft und Offenheit-eine Positionsbestimmung," *Die Zeit*, April 5, 2011.

③ 王郦久：《普京处理俄德历史与现实关系的做法》，《和平与发展》2005 年第 3 期，第 11～14 页。

侵犯人权问题。普京也同样以强硬姿态予以回应。从默克尔上任后短短数月的你来我往可以看到,两国关系的发展并不顺畅。

在默克尔第一个任期内,两国政治上的关系吃紧并没有阻碍经济上的共赢。2005年俄罗斯从德国的进口总额为132.7亿美元,2008年就达到340.8亿美元;出口总额也从2005年的197.4亿美元增至2008年的331.9亿美元。① 这充分显示德国与俄罗斯的经贸往来未受德国政府变动的影响。在这段时期,通过经济合作来推动俄罗斯国内变革的呼声占据主流,认为德国对俄罗斯的经济影响将产生积极的溢出效应,最终使俄罗斯发生对德国和欧盟有利的变化。在德国的支持下,俄罗斯2006年顺利主办G8峰会。同样也是在德国的支持下,俄罗斯入世谈判的进程加快,并于2011年加入世界贸易组织。德国领导人希望既促进实现德国的经济利益,又能够加强俄罗斯的民主与法治;然而俄罗斯希望与西方进行经济整合,并得到技术转让,维持政治稳定,促进俄罗斯的现代化发展。② 双方都有战略目的,差异化的动机酝酿出即将出现的冲突性结果。

在能源方面,自2006年起,欧盟与俄罗斯的关系出现恶化,俄罗斯开始将能源交易作为政治工具,对欧洲国家采取提高价格或切断供应的手段。俄罗斯虽然承认"能源宪章(Energy Charter)"在欧洲开展能源合作上发挥的积极作用,但迟迟不予批准实施,就是为了维护其对欧洲油气运输的垄断地位。俄罗斯在能源上力图控制欧洲,这令德国大为不满。在安全方面,2007年初,美国计划在波兰和捷克部署导弹防御系统,这使俄罗斯与西方集团的矛盾加剧。在这一问题上,德国执政联盟内部分歧很大,社民党籍外交部长弗兰克-瓦尔特·施泰因迈尔(Frank-Walter Steinmeier)明确表示反对美国部署,提出要加强与俄罗斯的关系,采取与美、俄等距的"新东方政策"。基民盟则持相反的立场,认为俄罗斯不仅不会受到美国威胁,还试图威胁其他国家。在政治方面,2007年以后,乌克兰频频向德国示好,寻求德国与欧盟为其提供更大的支持。2008年俄罗斯和格鲁吉亚因南奥塞梯控制权爆发冲突后,格鲁吉亚频频向欧盟和德国抛出橄榄枝,希望其向阿布哈兹和南奥塞梯派驻维和部队,以对抗俄罗斯的军事存

① 参见世界银行数据,https://wits.worldbank.org/CountryProfile/en/Country/RUS/Year/2008/Summarytext。
② A. Makarychev & S. Meister, "The Modernisation Debate and Russian-German Normative Cleavages," *European Politics and Society*, Vol. 16, No. 1, 2015, pp. 80–94.

在。但德国清楚知道，冲突没有好下场。默克尔始终坚定反对将两国纳入
北约，避免影响德俄关系。

实际上，无论是在北约东扩上，还是在美国部署导弹上，德国比较普
遍的观点可以体现在汉斯－乌尔里希·克洛泽（Hans-Ulrich Klose）的言
论中。克洛泽是保守派社民党人，时任德国外交关系委员会联席主席。他
称，美国的计划是正确和重要的，但在实施中，华盛顿没有充分考虑莫斯
科的敏感性。[①] 美国始终将俄罗斯的反对视为政治上的哗众取宠，或一种
对内宣传；德国则是能够理解俄罗斯的不满，并看到了俄罗斯采取更具威
胁的行动的可能性。俄罗斯的不安全感将导致俄罗斯领导人采取更加不寻
常的战略行动，可能会带来更严重的问题。

2008 年之后，梅德韦杰夫成为总统，德国释放了部分善意。默克尔对
梅德韦杰夫表现出比对普京更友好的姿态，以便明确展现德国不喜欢普京
时代的俄罗斯。但是，默克尔政府在根本上是不愿加强同俄罗斯的深层关
系的。2010 年，德国对俄罗斯提出的建设"从符拉迪沃斯托克（海参崴）
到里斯本"的欧俄自贸区协定充耳不闻。2011 年，默克尔也拒绝了梅德韦
杰夫提出的建设北溪第三条管道的协议。德俄之间的"战略伙伴关系"的
提法及其变化或许是另一种双边关系趋冷的体现。从理论来看，"战略伙
伴关系"应是长期性的，双方要对重要项目的共同议程，对务实合作中的
政治、经济与社会交往进行制度化，此外还要具有共同价值。[②] 2000 年 6
月，德国与俄罗斯建立战略伙伴关系。[③] 虽然战略伙伴关系的表述被外界
认为是夸大其词，但还是表明双方有实现共赢的愿望。特别是对俄罗斯而
言，其对战略伙伴的定义不像欧洲其他国家那样以共同价值观为标准之
一，其认为只要存在共同目标，就能视为战略伙伴。因此直到默克尔时代
来临前，两国都以战略伙伴定义彼此的身份。2009 年以后，联盟党与自民
党组成的新执政联盟在涉俄的表态中已没有战略伙伴之类的提法了，至多
只将俄罗斯称为"超越地区与全球挑战的重要伙伴"。德国副外长维尔
纳·霍耶（Werner Hoyer）称原先关于德俄之间关系的陈述是不合时宜的，
因为两国不存在共同价值观基础。虽然默克尔提出两国要以 2008 年建立的

---

① 参见 Ansgar Graw, "Die Russen fühlen sich gedemütigt," *Die Welt*, Juni 4, 2007。

② Kai-Olaf Lang, "Pragmatische Kooperation statt strategische Partnerschaft: Zu Stand und Perspek-
tiven der deutschen-polnischen Beziehungen," *SWP-Aktuell*, No. 48, 2004, S. 7.

③ 1999 年欧盟《欧盟对俄罗斯共同政策》就已提出建立伙伴关系。

"现代化伙伴关系"促进实现政治、经济与文化上的共同利益，但两国已无法回到施罗德时期。2011 年以后，俄罗斯对西方价值观的摒弃速度加快，引发了美国与欧洲的不满。德国国内于是出现了"只有俄罗斯尊重法律与捍卫人权，才能成为伙伴""如果只想控制其他国家，那么绝不可能成为德国的伙伴"之类的言论。[1]

（二）普京重新掌权后的德俄关系：触底与反弹

2012 年，德国对普京重新上台后俄罗斯的人权恶化情况表示不安，指责俄罗斯对性少数群体、市民社会、反对派、媒体的持续打压。2012 年 11 月，德国议会讨论了三项议案，其中第一项由执政的联盟党与自民党提出，第二项由社民党提出，第三项由绿党提出。尽管彼此语气有别，但所有动议都对俄罗斯的威权主义及其对民间社会的镇压表示了担忧。德国议会最终发表声明称，自普京恢复总统职务以来，其加强对民间活动人士的控制，将批评性参与定为刑事犯罪，打压对政府的批评者等，德国对此深感关切。[2] 实际上，虽然默克尔长期以来惯于批评俄罗斯的人权问题，但大多流于口头，从未对俄罗斯采取具体反制措施，这是由德国对俄罗斯的经济需求大导致的。2013 年，德国从俄罗斯进口的石油占其总进口的比例为 38%，天然气占比为 36%，[3] 德国对俄罗斯能源依然保持高度依赖。但在乌克兰危机中，德国对俄罗斯的立场和表现值得思考。

2013 年底，在立陶宛维尔纽斯举行的欧盟"东部伙伴关系峰会"上，乌克兰总统亚努科维奇在最后关头放弃与欧盟签署联系国协定，引发国内亲欧派示威，最终造成国内局势失控。在美欧的助推下，反对派发动政变。在俄罗斯的默许下，克里米亚等地也相应举行"独立公投"，顿巴斯等地的亲俄派还与乌克兰政府军爆发严重冲突。乌克兰危机日益恶化，成为德俄之间新的矛盾焦点。德国自然支持乌克兰的亲欧派势力，总理默克尔和自民党籍外长韦斯特韦勒在公开场合多次表示坚定支持，并与乌亲欧

① Klaus Naumann, "Warum Putin kein Partner sein kann," *Süddeutsche Zeitung*, März 14, 2012, S. 2.

② Bundestag, "Durch Zusammenarbeit Zivilgesellschaft und Rechtsstaatlichkeit in Russland stärken," November 6, 2012, http://dip21. bundestag. de/dip21/btd/17/113/1711327. pdf.

③ Stefan Meister, "Reframing Germany's Russia Policy—An Opportunity for the EU," ECFR, April 24, 2014, p. 2, https://ecfr. eu/publication/reframing_germanys_russia_policy_an_opportunity_for_the_eu306/.

派领导人会面，表明西方的政治立场。2014 年，欧盟与乌克兰开启签订联系国协定的进程，欧乌关系得到强化，乌克兰不仅得到欧盟的援助和贷款，还被认可与欧盟具有共同的历史和价值观，这对乌克兰是种莫大的肯定。

默克尔在乌克兰危机中表面上坚定行事，与俄罗斯针尖对麦芒，加大对乌克兰亲俄领导人和俄罗斯的制裁力度，甚至坚称"吞并克里米亚是一种犯罪"。但强硬立场似乎并不能完全道出其本意。2014 年 3 月，默克尔称"乌克兰危机应通过政治手段而非经济制裁来解决"①；同年 7 月，当冲突严重恶化之际，默克尔称"对俄新制裁在所难免，取消制裁与否，全在于俄罗斯态度"②。但默克尔在欧洲对俄罗斯新制裁方案制定之时，仍避免将冲突扩大到政治对抗层面，通过与各方交涉，试图将政治影响压到最低。默克尔一方面希望以制裁促转圜，同时保持与普京的私人联络，提高协商解决问题的可能性；另一方面仍拒绝北约的任何激化地区矛盾的举动，反对北约在俄罗斯周边的战略布局及向乌克兰运送武器。

从根本上看，德国国内对俄罗斯存在误解与不解，这体现在两个层面。

首先，德国精英层面的对俄立场分为两种，一种是以绿党、市民组织为代表的"反俄派"，其中也包括执政的联盟党的一些成员。他们控诉俄罗斯侵犯人权、违背民主，要追加制裁，甚至要求切断同俄罗斯的联系。这一群体是坚定的西方价值观捍卫者。另一种则被称为"俄罗斯理解者（Russlandversteher）"，包括社民党与经济界的团体或个人，如德国经济东方委员会（Ost-Ausschuss der Deutschen Wirtschaft），主张改善对俄关系，认为欧洲的和平与稳定在于同俄罗斯合作，而非对抗。其次，德国民间层面的对俄立场更加复杂。随着关系趋冷，德国学术界对俄罗斯的研究和了解越来越少，对德国决策层的支持严重不足。实际上这一趋势从冷战结束后就开始了，德国学术界的研究旨趣也走向西方，使德国整体弥漫着对俄罗斯充满误解的氛围，影响政府的外交研判。从民众方面来看，民调显示 2009 年认为俄罗斯值得信任的德国人比例为 40%，2014 年只有 14%，民

---

① 参见 Stefan Meister, "Reframing Germany's Russia Policy—An Opportunity for the EU," ECFR, April 24, 2014, p. 8, https://ecfr. eu/publication/reframing_ germanys_ russia_ policy_ an_ op-portunity_ for_ the_ eu306/.

② "New EU Sanctions against Russia," Deutsche Welle, July 29, 2014, https://www. dw. com/en/eu-adopts-broad-economic-sanctions-against-russia/a – 17820786.

间主张对俄友好的人数急速减少。不过，随着乌克兰危机影响的减弱，近年来主张与俄罗斯合作的民众又逐渐增多起来。在一定程度上，德国民众对俄的立场取决于德美关系，"反美"成为"亲俄"的一个因素，特别是近年美国特朗普政府与德国的关系疏远。此外，德国媒体对俄罗斯的偏见由来已久，这既受德俄关系亲疏冷热变化的影响，也在一定程度上使德俄关系更加"剪不断，理还乱"。①

默克尔则处在各种观点的居中位置，既不同意对抗，也不同意全方位的战略合作，只想在关键领域继续保持德俄关系。虽然德国国内一直有种论调，认为俄罗斯缺乏改革动力，致使德国企业在俄盈利少，且面临限制与不确定性。而欧盟能源政策、北美页岩气开采、德国对核能的利用等新的能源变化趋势，可能也会减少德国对俄罗斯的能源依赖。但德国和俄罗斯之间在能源领域沟通的渠道确实非常丰富，德国对俄罗斯能源的需求依然较大。经济界和企业界对加强德俄合作的意愿强烈，与政治层面的反对或谨慎形成强烈对比。随着俄罗斯与西方一系列危机的化解，德国在保持双边关系稳定与繁荣方面还是存在利益的。

2015年，苏联卫国战争胜利70周年纪念仪式举行，在这被俄罗斯人视为最重要的民族荣耀时刻，默克尔虽然未参加纪念活动，但还是在阅兵式次日抵达莫斯科，展开其访俄行程。这既展现德国有意与俄罗斯改善关系的态度，也展现了德国基于国家利益的外交原则，同时还展现了默克尔的大局观和令人钦佩的远见。

三 "后默克尔时代"德俄关系展望

从乌克兰危机开始，俄罗斯与西方的关系就处于紧绷状态。叙利亚危机又为双方的关系火上浇油，俄罗斯明确站在阿萨德一边，与企图推翻阿萨德政权的西方集团对垒。虽然欧盟追随美国的脚步，但德国依然是勤劳的调停者。2017年5月2日，默克尔两年来首访俄罗斯，这次访问被视作德俄关系改善的关键时刻。

从2012年至2016年，深受乌克兰危机与叙利亚危机的影响，德俄贸

---

① Thomas Forsberg, "From Ostpolitik to 'Frostpolitik'? Merkel, Putin and German Foreign Policy towards Russia," *International Affairs*, Vol. 92, No. 1, 2016, pp. 21 – 42.

易量连年下降，从 2012 年的 809 亿欧元降至 2016 年的 480 亿欧元。① 双方都有意愿重新推动合作。要知道的是，在乌克兰危机之初，在俄罗斯的德国企业多达 6200 家，德国对俄罗斯出口相关的岗位有 40 万个。在对俄制裁实施后，德国对俄出口减少 14%，同时德国还面临巨大的能源压力。欧盟虽然同意从美国进口液化天然气，但美国液化天然气的价格要远高于俄罗斯天然气的价格。因此，德国一方面加紧推动与俄罗斯的能源合作，另一方面通过政治与外交行动化解双方的矛盾。

德国缓和对俄关系的背景十分特殊。一方面，德俄关系的改善在很大程度上取决于美俄关系的改善；另一方面，德俄关系的改善在很大程度上又由德美关系的恶化所决定。常言道"敌人的敌人就是朋友"，但在实践中，敌人的朋友也能成为朋友。2016 年特朗普就任美国总统以后，这两方面条件得到满足。2017 年 4 月至 5 月，美俄外长互访，为双方在乌克兰问题与叙利亚问题上的合作创造了机遇。在美国国内，特朗普通过人事任免使"通俄门"调查受到阻碍，这为特朗普与普京在汉堡 G20 峰会上的会谈创造了条件。双方还在许多场合隔空喊话，释放对话的善意。种种迹象表明，美俄关系正在发生良好的转变。从德美关系看，特朗普上台后对德国的批评不断，指责德国在经济与贸易上的"霸权行径"，德国国内对特朗普的批评反响强烈，要求政府强硬面对特朗普治下的美国，同时，主张加强德国与俄罗斯合作的声音也渐渐增加。德国看到大势所趋，因此决定采取主动的对俄外交行动，化干戈为玉帛。其中，北溪 2 号项目是双方合作的重中之重。北溪 2 号项目是透视与预测"后默克尔时代"德、美、俄关系变化的重要观察对象。

（一）北溪 2 号项目中的权力博弈：上篇

北溪天然气项目属于离岸天然气管道项目，是俄罗斯天然气工业股份公司 Gazprom、法国能源公司 ENGIE、荷兰天然气网络运营公司 Gasunie，以及德国的两家天然气公司 Wintershall 和 PEG 的合作项目。Gazprom 持股51%，另外四家欧洲公司共持股49%。北溪项目管道从俄罗斯出发，穿过波罗的海一直到德国。北溪 1 号与北溪 2 号输气管道长度均为约 1200 公

① 数据来源：德国联邦统计局，https://www.destatis.de/EN/Press/2022/02/PE22_N010_51.html。

里，输气能力总计为 550 亿立方米/年。① 北溪 1 号已于 2011 年投入使用，北溪 2 号几乎与北溪 1 号平行，目前已建设完成。2018 年德国通过法案，决定 2022 年淘汰核电；2019 年初德国又宣布将在 2038 年淘汰煤电。因此，德国对天然气的需求将大大提升，北溪 2 号被寄予厚望。对德国而言，德国是北溪天然气管道的中转站，连通俄罗斯与欧盟多国，这将有力巩固其在欧盟的领导地位。对俄罗斯而言，北溪项目除了创造经济收益外，还具有政治效应，使欧洲在未来的对俄外交中有更大的顾虑，提升俄罗斯的战略影响力，同时也是制造跨大西洋关系裂痕的抓手。因此，德国和俄罗斯都努力推动该项目，虽然各自的目的并不尽相同。

北溪项目最大的问题在于乌克兰，即乌克兰要不要成为该项目的天然气中转国，并从中获益。德国支持乌克兰成为中途站点，但俄罗斯并不愿意。在欧盟与德国的协调下，俄罗斯、欧盟和乌克兰于 2019 年 12 月在布鲁塞尔进行谈判并达成原则性协议，根据协议，俄罗斯将恢复向乌克兰输送天然气。2019 年 1 月，时任美国驻德国大使理查德·格雷内尔（Richard Grenell）曾言，随着北溪 2 号和"土耳其溪"（俄罗斯主导的途经土耳其输送欧洲的天然气管道项目）两条天然气管道投入运营，欧洲目前从乌克兰进口的天然气就会成为多余，乌克兰的安全政治地位将下降，俄罗斯介入乌克兰冲突的危险就会上升。同时，欧盟也因此对俄罗斯能源产生依赖性。②

于是，美国威胁将对德国企业进行制裁，德国则将此视为挑衅，不予回应。德国外长马斯非常明确地指出，欧洲的能源政策，应该由欧洲来做出决定，而不是由美国做出决定。默克尔也坚定表示反对美国制裁，称"长臂管辖没有用"③。在 2019 年底的这波制裁与反制裁大戏中，德国政府面对美国的叫嚣并不示弱。在美国的压力下，默克尔和普京在北溪项目上立场一致，这促进德俄关系的缓和。2020 年 7 月，美国参众两院通过《2021 年国防授权法案》，根据法案，北溪 2 号项目将被制裁。在德国国

---

① 参见北溪项目官网，https：//www. nord-stream. com/about-us/。

② Rick Noack, "U. S. Ambassador in Berlin Warns Germans about Russian Gas Pipeline, Triggering Applause Elsewhere," *The Washington Post*, January 14, 2019, https：//www. washingtonpost. com/world/2019/01/14/us-ambassador-berlin-warns-germans-over-russian-gas-pipeline-triggering-applause-elsewhere/.

③ "Germany Keeps Its Cool over U. S. Sanctions on Nord Stream 2," Xinhua, December 24, 2019, http：//www. xinhuanet. com/english/2019 – 12/24/c_138655403. htm.

内，反对该项目的多为俄罗斯"老仇家"。绿党的议会党团主席格凌-埃卡特（Katrin Göring-Eckardt）要求政府收回对北溪2号项目的支持，声称俄乌冲突仍在继续，德国应释放明确的欧洲内部团结的信号。在国际上，反对该项目的也多为俄罗斯的"老仇家"，除美国之外，波兰等中东欧国家也持反对意见。波兰甚至派军舰前往铺设海域进行干扰，还声称不排除用武力摧毁管道设备。此外，纳瓦尔尼事件也为德国和俄罗斯推进合作蒙上一层阴影。①

但这些嘈杂的声音都没有阻碍北溪2号项目的推进，目前北溪2号项目已经完工。然而2021年1月19日，在特朗普任内的最后一天，美国固执地宣布对一家参与北溪2号项目的俄罗斯企业实施制裁，表明美国坚定"摧毁"北溪2号项目的意志。拜登上台次日，欧洲议会于1月21日决议要求欧盟立即同俄罗斯停止北溪2号项目。欧洲的"价值观议员"通过此举讨好拜登。拜登政府随后又多次打压北溪2号项目，使德国备感压力。但出人意料的是，2021年5月25日，拜登宣布放弃对参与北溪2号项目的相关企业的制裁，称"现在继续实施制裁，会对美欧关系产生反作用"②。北溪博弈看似即将落幕，但出人意料的事情还是发生了。

（二）北溪2号项目中的权力博弈：下篇

2021年8月，此前曾放弃制裁的拜登政府又决定制裁参与北溪2号项目的实体和个人。与此同时，默克尔与普京正在克里姆林宫相谈甚欢。想不到的是，定期发作的"乌克兰危机"再度热了起来，成为2021年最大的地缘政治爆点。默克尔时代相对稳定的德俄关系，也因此受到波及。德国新政府的执政能力受到外界质疑，总理和外长也由此心生嫌隙。

2021年12月初，俄罗斯迅速在靠近乌白边界的地区集结9.4万重兵，与北约对抗；北约战机不断逼近俄罗斯边境，4万人的快速反应部队也部署好了。早先，美国还宣布要将俄罗斯踢出SWIFT交易系统，对其施加金

---

① 俄罗斯反对派领导人阿列克谢·纳瓦尔尼（Alexei Navalny）曾多次公开表示对俄罗斯贪腐现象的不满，特别是对国企石油公司的指控。2020年8月，纳瓦尔尼意外中毒，后被运至德国救治。西方国家以此为借口，攻击其中毒为俄罗斯政府之所为，并对俄实施制裁。

② "Nord Stream 2 Sanctions Would be 'Counter-Productive' for European Ties," Reuters, May 26, 2021, https://www.reuters.com/business/energy/nord-stream-2-sanctions-would-be-counter-productive-european-ties-biden-2021-05-26/.

融制裁。虽然武装冲突一触即发,但俄罗斯一直保持克制。时间回到 2019 年 12 月,在德法的斡旋下,当时的乌克兰与俄罗斯都同意全面落实《明斯克协议》,要和平解决乌东冲突。但从 2021 年 2 月开始,顿巴斯局势再次恶化,乌克兰政府军与顿巴斯民兵组织冲突加剧,双方伤亡人数大幅增加。俄罗斯表示只要乌克兰不加入北约,俄罗斯是不会出兵的。但北约不断对乌克兰发出入盟邀请,这相当于点着了武装冲突的引线。乌东地区重燃战火,美国是最大的受益者,这成为拜登政府修复与盟友关系的契机,并且其有机会重整北约,再度掌控欧洲的安全命脉。

由于北溪 2 号项目的存在,德国也是美俄角力的最大利益攸关方之一。默克尔离任前,德国以监管审批为由,迟迟不批准已完工的北溪 2 号天然气管道投入使用,以此要挟俄罗斯,要俄罗斯保持冷静与收缩,"交通灯"内阁也延续该政策。而俄罗斯索性把代价直接转给德国和欧洲。2021 年 12 月 21 日,俄罗斯向欧洲输送天然气的主要管道之一"亚马尔—欧洲管道"停止了西向输气,随后还调转了输气方向。当天欧洲天然气交易价格首次突破每千立方米 2000 美元大关,相比年初暴涨了 800% 以上。① 从圣诞到元旦,俄罗斯给德国"断了气",狠狠地打了德国新政府的脸。加上受感染人数屡创新高的疫情的影响,双重打击之下的德国过得着实不太好,也让越来越多的人怀疑德国新政府的执政能力。

对于北溪 2 号项目,绿党籍女外长贝尔伯克(Annalena Baerbock)警告俄罗斯:对乌克兰的任何行动的升级都将导致高昂的政治和经济代价,德国绝不可能批准。② 绿党把控着外交部,无视国内缺气缺电的现实,不明智地硬碰硬。曾经的绿党还打着反对核能的口号要将德国最后一批核电站关停,却毫无底线地不反对美国在德国境内部署核武器。而社民党籍总理朔尔茨则较为审慎,同时不愿意美国过分干预欧洲事务。在竞选期间他就表示了对北溪 2 号项目的支持,始终不同意美国声称俄罗斯准备侵略乌克兰的说法。在就任总理后首次访俄之际,他表示乌克兰东部的冲突将继续通过《明斯克协议》得到和平解决,特别重要的是以"诺曼底模式"推

---

① 《俄乌局势出现缓和 欧洲期货市场天然气价格大跌》,环球网,2022 年 2 月 16 日,https://3w.huanqiu.com/a/26ef70/46q0oFCfkVl。

② Georgi Gotev, "New German Government Repeats Old Fallback Positions on Nord Stream 2," EURACTIV, November 23, 2021, https://www.euractiv.com/section/energy/news/new-german-government-repeats-old-fallback-positions-on-nord-stream-2/.

进谈判，即谈判仅有法、德、俄、乌参加，不由美国主导。朔尔茨认为欧洲的事情应该由欧洲人来协商，贝尔伯克则希望美国插一脚。[①]

德国是总理民主制国家，外交部没有最终决策权。贝尔伯克曾毫不掩饰对此的不满。[②] 这次德俄"斗气风波"只是总理府与外交部矛盾显现的一个开端，在很大程度上反映了欧洲政治生态的现状，即年轻政客在民粹主义狂欢中掌握权力，想做出一点成绩，但又没有政治经验和战略远见。奇怪的是，没有执政履历的人反而受到喜爱，政治素人已经成为欧洲人青睐的标签，他们对国家利益一窍不通，没有任何政治水准。社民党籍女防长兰布雷希特（Christine Lambrecht）还声称，针对乌克兰危机，应对普京及其身边人进行更严厉的个人制裁，不能让他们去巴黎香榭丽舍大街购物。[③] 防长的表态令舆论哗然。

2022 年 9 月，北溪 2 号天然气管道遭到蓄意破坏，俄罗斯与美国对管道爆炸的原因各执一词，德国等欧洲国家政府则对此表示沉默。这一事件引发德国内部不同派系的新一轮争吵，"北溪闹剧"依然在发酵。这突出反映了德国内部的两种声音，即德国应该"理性务实"还是应该"价值至上"。在这两种声音的长期争辩中，德俄关系始终是一个焦点问题。

第三节　大国的试炼：德国对华政策

在中国的正史中，最早的中欧官方接触记录来自东汉后期，罗马遣使访汉，带来了犀角、象牙等礼物。而欧洲与中国有规律的人员往来恐怕还要追溯到 12 ~ 13 世纪，贸易与传教活动为中国带来了一批又一批欧洲人。来自德国科隆的罗马天主教耶稣会传教士、学者汤若望（Johann Adam Schall von Bell）可能是最成功的一位，他历经明末清初两朝，在中国从

---

① 参见 First Move with Julia Chatterley, https://transcripts.cnn.com/show/fmjc/date/2022 – 02 – 15/segment/01。

② Marina Kormbaki, Veit Medick, Christoph Schult, Christian Teevs, "Olaf Scholz vs. Annalena Baerbock: Koch und Köchin," *Spiegel*, Februar 6, 2023, https://www.spiegel.de/politik/deutschland/olaf-scholz-vs-annalena-baerbock-koch-und-koechin-a – 78c4accd-fb7b – 43d4 – 9eee – 66038e8ee116.

③ Julia Dahm, "German Minister: Putin Should not Go Shopping on Champs Elysée," EURACTIV, December 20, 2021, https://www.euractiv.com/section/politics/short_news/german-minister-putin-should-not-go-shopping-on-champs-elysee/.

事传教活动与科学研究长达 47 年，官至一品。汤若望来华虽然并不是德国与中国最早的人员接触，但却是最具时代意义的事件。在贸易领域，德中贸易最先通过荷兰和英国的商业公司进行中转，直到 1751 年，埃姆登贸易公司（Emder Ostasiatische Handelskompanie）的"普鲁士之王号（König von Preußen）"首航中国，带走了大量瓷器、茶叶和丝绸等货物，这是德中经贸往来的起点。17 世纪末以来，德国知识分子对中国的文化和文明产生了相当大的兴趣，撰写了多本以中国为主题的科学著作和其他书籍的戈特弗里·威廉·莱布尼茨（Gottfried Wilhelm Leibniz）在其中最负盛名。19 世纪以来，随着英法列强强行打开中国大门，德国不甘人后，普鲁士于 1861 年同清廷在天津签订《中德通商条约》，正式建立官方关系。起初中国将德国视为现代化的"伙伴"，无论在工业上还是在军事上，都大力效仿德国。随着威廉二世的统治越发具有侵略性，德国与其他列强激烈争夺在华殖民利益。进入 20 世纪以来，德国受到政治孤立及一战的失败使两国关系走向缓和，德国与国民党政府之间开展了紧密的合作，在一定程度上促进了中国的现代化进程。二战结束后，德国分裂。新中国于 1950 年同东德建立外交关系。中国同西德的外交关系则建立于 1972 年。冷战结束后，德中关系稳步向前。截至 2022 年，中国连续 7 年成为德国最大的贸易伙伴。德国也连续 47 年保持中国在欧洲最大贸易伙伴地位。[1]

在德国精英层面，德国对华政策一直是"价值观外交"与"务实外交"观念激烈博弈的领域。2007 年，默克尔在总理官邸会见达赖喇嘛，引发德国与中国之间的外交危机。此举被外界认为是默克尔上台以来对中国的极大挑衅，也招致了德国国内的批评之声。时任外长的施泰因迈尔毫不留情地批评默克尔的人权政策，认为德国不应利用人权等价值观彰显其道德大国的身份。默克尔则多次强调德国的对外政策需建立在价值观基础之上。他们两个人的观点实际上反映了德国国内对华态度的两种立场。最终，在德国国内务实派的推动下，默克尔改变了其当时较为负面的对华态度，并在此后的十余年间与中国保持了良好的关系。然而，随着特朗普上台，美国被保守主义的阴云笼罩，德国成为"自由世界"的最终捍卫者，拜登政府的"美国回归"政策又加强了盟友们的价值观共鸣，于是德国在

[1]　中国驻德国大使吴恩大使在《人民日报》上发表署名文章《春华秋实五十年 携手合作谱新篇》，2022 年 10 月 11 日。

最近两年多次对中国表示强硬的立场，为"后默克尔时代"的德国对华政策定下一个充满未知的基调。人们并不确信，未来德中关系能否稳健依旧。

一 德国与中国关系中的"利益相融"

德国与中国关系中的"利益相融"体现在互利务实的一面，这是符合两国人民需要与历史潮流的，具体体现在如下三个方面。

（一）经济层面，德国与中国之间存在融合与互补

2020年，虽然受到疫情影响，但德国与中国的双边贸易总额还是同比增长了3%，约为2121亿欧元。德国从中国的进口额约为1163亿欧元，比2019年增长5.6%；对中国的出口额约为959亿欧元。而德国与第二大贸易伙伴荷兰及第三大贸易伙伴美国的贸易额都出现明显下滑。2020年，德国与上述两国的贸易额分别为1728亿欧元和1716亿欧元，同比分别减少8.7%和9.7%。[①] 在德国最重要的进口来源地的排名中，中国1980年只居第35位，1990年上升至第14位，自2015年以来，中国一直是德国进口产品最多的国家。此外，根据德国联邦外贸与投资署的报告，2020年中国在德国的投资项目数量为170个，比上一年增长10%，仅次于美国的254个项目与瑞士的219个项目。同时，德国在华投资依然表现出强劲势头，超过七成的德国企业表示看好未来在中国的盈利。[②]

目前来看，无论是在汽车、机械制造、电子与半导体等行业，还是在食品、快消品、耐消品等业态，抑或是在服务业、金融、商业服务等领域，德国与中国都有深度的经济利益嵌合。未来，在气候与生态、新能源、信息技术、人工智能、健康等新兴领域，德国与中国完全可以继续取长补短、各取所需，实现双边利益最大化。这一趋势是无法阻挡的，这是德国经济界的共识。

实际上，不仅中德经济在大发展，中欧整体贸易也在顺应潮流而繁荣。根据国际货币基金组织发布的《世界货物贸易流向（DOTS）》的月度

① "China Remains Germany's Top Trading Partner in 2020," *China Daily*, February 23, 2021, https://global.chinadaily.com.cn/a/202102/23/WS60349e9fa31024ad0baaa76c.html.

② 德国联邦外贸与投资署：《2021年外国直接投资报告》，2022年5月，https://www.gtai.de/resource/blob/837532/4cc7b4ee84fd9717938e90664f550722/FDI%20Reporting%202021_en.pdf.

数据，2016 年至 2021 年中（中国大陆）欧之间的贸易增长是十分显著的。2020 年中国遭遇新冠疫情，这使贸易往来出现短暂停滞，但随后又强势复苏。中欧之间的经济往来并没有受到外部因素严重的干扰。图 5 - 3 展示了 2016～2021 年中欧贸易往来的稳定发展。

中国曾作为"世界工厂"向全球出口商品。随着当前中国经济的进一步转型升级，国内国际"双循环"新发展格局的加速推进，以及人们生活水平和消费能力的大幅度提高，中国对世界的贸易需求也越来越大。图 5 - 4 为 2016～2021 年中国（大陆）与世界的贸易情况。

但是相较而言，中国与美国同期的贸易往来的波动性则更为明显，且美国对中国大陆的出口增长也并不理想。中美经贸关系显著受到特朗普政府及拜登政府的贸易保护主义政策的影响。图 5 - 5 为 2016～2021 年中（中国大陆）美的贸易情况。

从图 5 - 3、图 5 - 4、图 5 - 5 可以发现，与中国发展经济往来是世界的大势所趋。欧洲和德国顺应了这一发展趋势，中欧关系与中德关系因此能够稳步前行。早在 1973 年，中国与联邦德国就签署了包括最惠国条款在内的贸易协定，德国自那时起便成为中国最重要的贸易伙伴之一。作为一种外部因素，与德国的经济往来对中国的发展起到了关键作用，甚至成为一种良性循环的模式。

中国的工业界偏爱"德国制造"的产品，中国因此赢得了德国公司的大量投资，能够以具有竞争力的劳动力优势提供高质量的工业产品，而这些产品都具有德国的模式标准与生产工艺，在全球各地都拥有好口碑。而后，随着中国中产阶级的需求不断壮大，中国民间又积极扩大了对德国产品的消费。以大众汽车（Volkswagen）为例，大众汽车在 1984 年与上海汽车工业集团（SAIC）成立了合资企业。截至 2020 年，大众汽车集团（中国）在中国经营着 34 家工厂，进行车辆及零部件的生产。2020 年，大众汽车在中国的销量超过 385 万辆，占市场份额 19.3%，[①] 继续领先于其他品牌。大众汽车在中国的成功，激励了几乎所有德国汽车制造商开设中国业务。德国工业界也加大了与中国的经济联系。这便是中德经贸互动的第一篇章。

---

① 《2020 年大众在华交付新车 385 万辆 市场份额 19.3%》，中国经济网，2021 年 1 月 14 日，http://auto. ce. cn/auto/gundong/202101/14/t20210114_36223078. shtml。

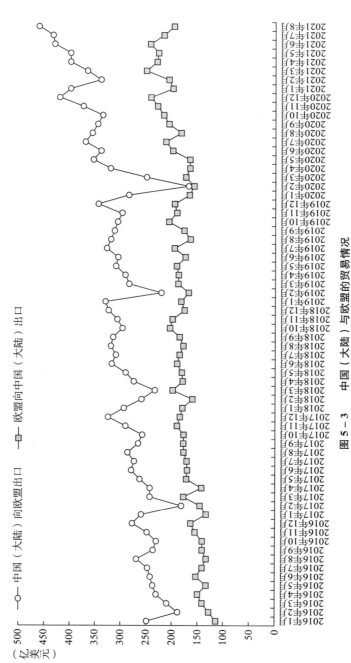

图 5 - 3 中国（大陆）与欧盟的贸易情况

资料来源：国际货币基金组织。

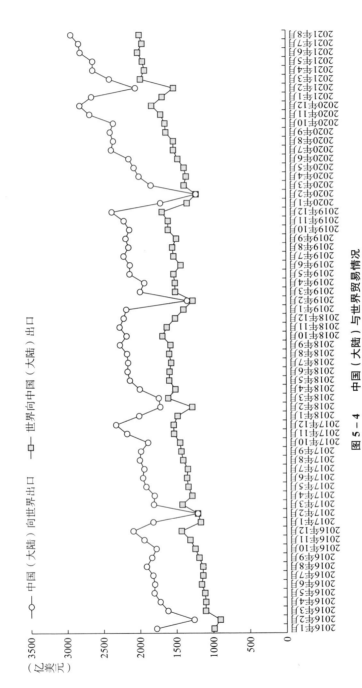

—○— 中国（大陆）向世界出口　—□— 世界向中国（大陆）出口

（亿美元）

图5－4　中国（大陆）与世界贸易情况

资料来源：国际货币基金组织。

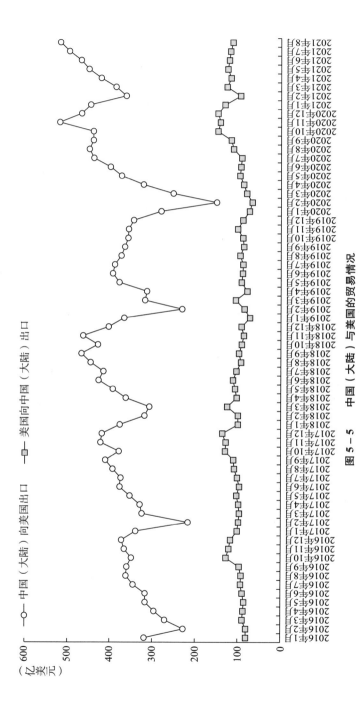

图 5 - 5　中国（大陆）与美国的贸易情况

资料来源：国际货币基金组织。

近年来，以"中欧班列（CR Express）"为代表的贸易与运输互联平台，作为中欧海运贸易的另一种补充形式，不断创造历史。从 2011 年首列从中国重庆开往德国杜伊斯堡的班列成功开通以来，中欧班列十年间发展迅速，并且在新冠疫情时期中欧海运贸易遇阻的情况下，发挥了特殊的作用，如图 5-6 所示。中国经济走进德国，升级中德经济关系，这便是中德经贸互动的第二篇章。

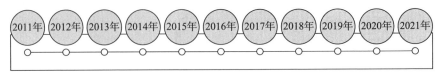

17列　42列　80列　308列　815列　1702列　3673列　6376列　8225列　12406列　15000列*

图 5-6　中欧班列开行数量

* 2021 年开行数据预估。2021 年 1~8 月开行数量达到 10030 列，同比增长 32%，

运输 96.7 万标箱，同比增长 40%。

资料来源：国铁集团。

在中欧班列的推动下，杜伊斯堡、汉堡等德国城市与中国的经贸往来十分频繁。以杜伊斯堡为例，市长索伦·林克（Sören Link）毫不掩饰地称"杜伊斯堡可以成为中国通往欧洲的门户"，"杜伊斯堡是座位于德国的中国城市"。杜伊斯堡在 2018 年仍有 12% 的失业率，高于德国平均水平，经济失去活力。随着中德两国近年在这座城市的合作开展，杜伊斯堡如今被誉为世界上最大的内陆港口，成为中国货物通过中欧班列进入欧洲大陆的主要目的地，更成为"一带一路"倡议连接欧亚大陆的欧洲枢纽。2018 年，林克市长率领代表团（19 人）来到华为深圳总部，宣布合作计划，要将杜伊斯堡打造成由中国 5G 技术驱动的智慧城市。①

杜伊斯堡并不是一个特例。过去几年，数以千计的中国公司在德国设立了分支机构。北莱茵—威斯特法伦州（Nordrhein-Westfalen）是最受中国投资者欢迎的州，中国与北威州的贸易额达 400 亿欧元，是仅次于荷兰的北威州第二大贸易伙伴。从 2013 年至今，中国公司的分支机构数量在北威州增长近 10 倍，达到 1200 多家，华为、三一重工等领头企业的欧洲总部都在北威州，其中约 600 家在首府杜塞尔多夫，200 多家中国企业落户鲁

---

① Noah Barkin, "Germany's Strategic Gray Zone with China," *Carnegie Endowment for International Peace*, March 25, 2020, https://carnegieendowment.org/2020/03/25/germany-s-strategic-gray-zone-with-china-pub-81360.

尔区。另有约 40% 的小企业青睐杜伊斯堡。[1]

事实表明，中德经济合作总是能够找到利益契合点，未来在很多方面都能继续深入合作。目前，作为德国经济的命门，汽车行业发展遇到困难。德国每年约 1/3 的汽车销往中国，但电气化一直是技术短板。面对世界市场对新能源汽车的爆炸式需求，德国正积极推动技术转型，但在新能源转型中面临高容量电池供应链长期依赖海外的问题。在这一点上，中国可以与德国合作。2020 年，全球锂离子电池出货量达 294.5GWh，中国市场为 158.5GWh。[2] 高容量锂电池技术推动中国的新能源汽车发展，使中国在技术转型中走在全球前列。而德国在发动机等零部件领域依然是世界最强的国家。中德可以优势互补，加速转型。

（二）政治层面，德国与中国的官方交流频繁

中德（西德）政治层面的交流虽然以 1972 年建交为开端，但勃兰特和施密特两届政府一直坚持西德的对华政策不能影响其与苏联的缓和的原则。在中苏关系处于低谷的大背景下，德国"苏联优先"的政策对中德开展政府间交往十分不利。1982 年科尔上台以来，改变了这一政策，扩大与中国的政治交往。当年，以两国建交十周年为契机，联邦总统卡尔·卡斯滕斯（Karl Carstens）访华。1983 年，联邦德国的内政部、经济部、邮电部、交通部与经济合作部的五位部长先后访华。三位州长对中国的访问也开启了"城际外交""省际外交"的新阶段。1984 年，已从总理职位退下来的勃兰特以社民党主席身份来到中国，前总理施密特也随后来华。1984 年中德关系开启一个新阶段，科尔总理率领代表团访华，此后中德两国合作的领域不断扩展。早在 1974 年，科尔就以基民盟主席身份访华。1987 年，科尔的访华行程中又增加了西藏这一目的地，具有历史意义。从中足可以看到，科尔是中国人民的老朋友，其也对默克尔的中国观产生了一些影响。

施罗德时期，中德关系继续保持良好态势，中德之间的政治互信通过各个领域和层面的沟通得以加强，其中比较有代表性的是"中德法治国家

---

[1] Alessio Giustolisi & Judith Terstriep, "Chinesische Investitionen im Ruhrgebiet: Eine Chance für den Strukturwandel?" *Forschung Aktuell*, No. 9, 2020.

[2] 中国电子信息产业发展研究院、赛迪智库电子信息研究所：《锂离子电池产业发展白皮书（2021 版）》，2021 年 10 月，第 1 页，https://www.ccidgroup.com/info/1044/33820.htm。

对话"。1984 年两国司法部开始交流；1987 年两国签署《中德司法业务交流协议》；1997 年"中德人权对话"开启；1999 年德国政府提出"中德法治国家对话"，中国政府积极回应，两国于 2000 年 6 月签署《中德法律交流与合作协议》。截至 2017 年 5 月，中德两国签署了 7 个实施计划，开展了 18 次对话，确定了 173 个交流合作项目。[1] 在建设法治国家方面，两国取长补短，增进互信。此外，2002 年建立的中德两军防务战略磋商机制等施罗德时期建立的高层对话平台，成为中德交流的重要机遇。可以说，施罗德时期在各领域都初步建立了中德政治沟通机制，为默克尔时期全方位进行中德政治交流奠定了基础。1999 年 5 月，中国驻南斯拉夫联盟共和国大使馆被北约轰炸，施罗德于事件发生四天后访华。作为首个访华的北约成员国政府首脑，施罗德诚恳地代表北约向中国道歉。[2] 这一表态虽没能解决"炸馆事件"带来的中国与西方的政治危机，但对中德关系而言有一定的促进作用。

2004 年 5 月，中德双方宣布建立两国总理年度会晤机制，两国总理的往来十分频繁。截至 2019 年 9 月，总理默克尔在其 14 年的任期内已经 12 次访华，是任内访华次数最多的西方国家领导人。默克尔与中国国家元首或政府首脑在各种场合的会晤更是不计其数。早在 2006 年默克尔首次访华之际，两国就宣布建立中德战略对话机制。2010 年默克尔访华期间，中德两国发表了《中德关于全面推进战略伙伴关系的联合公报》，决定建立政府磋商机制，提升中德战略对话级别。中德领导人的每次互访，都带着庞大的政治与贸易代表团，同时还特别关注社会、人文、环境、科技等领域的交流。默克尔到访过许多中国城市，在北京抖过空竹、逛过成都菜市场、参观过西安兵马俑、品尝过东北酸菜炖白肉，还在合肥访问过社会主义新农村。中国各地的发展前景与给德国各界带来的机遇，给默克尔留下了深刻印象。

值得一提的是，"政府磋商机制"是两国间政治交流的顶峰之作，被誉为中德合作的"超级发动机"。自 2011 年到 2018 年，两国分别在柏林与北京举行五轮磋商。这种由政府首脑主持的政府各部门部长直接交流的

---

[1] 《中德法治国家对话确定百余个合作项目》，新华网，2017 年 5 月 9 日，http://www. xinhuanet. com/politics/2017 – 05/09/c_129595315. htm。

[2] "Schroeder Apologizes to Chinese," *The Washington Post*, May 12, 1999, https://www. washingtonpost. com/wp-srv/inatl/longterm/balkans/stories/china051399. htm。

机制，是一种密切的政治协调，体现了国家间关系广泛而深刻的内涵，其中最重要的是围绕外交和安全政策问题的对话，以及财政部长和央行行长之间的会谈。对中国和德国而言，只有少数伙伴国家具有这样"全政府"磋商的待遇。

表5-2展现了德国政府磋商机制的对象国。在这些国家中，德国与突尼斯、土耳其等国主要聚焦于具体问题的磋商，如移民、难民问题；德国与荷兰、波兰等欧洲国家主要讨论欧洲一体化建设；只有中国、印度、巴西这样的新兴国家，与德国的磋商是多领域的、面向未来的，而中国的重要性是相对较高的。2021年4月，第六轮中德政府磋商因疫情而在线上举行，两国有25位部长参会，阵容为近年来最大。两国在各个领域达成数十项共识。借着良好的政治氛围，中德在军事、教育、科技、人文等领域的交流不断加深，民间交往频繁。目前，在德国留学的中国学生人数超过4万人，位居在德留学生数量第一，[①] 这些在德国学习与生活的中国留学生成为双边良好关系的体现。

表5-2 德国政府磋商机制的对象国（截至2021年）

国家	轮次	最近一轮时间（地点）	国家	轮次	最近一轮时间（地点）
意大利	31	2016年（马拉内洛）	印度	5	2019年（新德里）
西班牙	24	2013年（柏林）	突尼斯	4	2012年（柏林）
波兰	15	2018年（华沙）	荷兰	3	2019年（柏林）
俄罗斯	14	2012年（莫斯科）	巴西	1	2015年（巴西利亚）
以色列	7	2008年（耶路撒冷）	土耳其	1	2016年（柏林）
中国	6	2021年（线上）			

资料来源：笔者根据公开资料自制。

（三）战略层面，德国与中国的"全方位战略伙伴关系"

2014年习近平出席中央外事工作会议时指出："要在坚持不结盟原则的前提下广交朋友，形成遍布全球的伙伴关系网络。"2017年习近平总书记在中国共产党第十九次全国代表大会上指出："中国积极发展全球伙伴关系，扩大同各国的利益交汇点，推进大国协调和合作，构建总体稳定、

---

① 参见德国学术交流中心发布的《2022年德国高等教育与科学研究中心》报告，https://www.wissenschaft-weltoffen.de/content/uploads/2022/11/wiwe_2022_web_en.pdf。

均衡发展的大国关系框架，按照亲诚惠容理念和与邻为善、以邻为伴周边外交方针深化同周边国家关系，秉持正确义利观和真实亲诚理念加强同发展中国家团结合作。"这是对中国伙伴外交理念的一次全面而深刻的界定。伙伴外交的理念和实践成为"中国大国特色外交"的重要组成部分。

正是在 2014 年，习近平主席在柏林同默克尔总理举行会谈，商定在 2004 年建立的"具有全球责任的伙伴关系"的基础上，将两国关系提升为"全方位战略伙伴关系"。中德"全方位战略伙伴关系"是两国休戚与共的体现。本书总结了截至 2021 年中国与各国的伙伴关系定位，从中可以看出哪些国家具有特殊性。①

按照关系级别，可以分为"（友好）合作伙伴关系"、"全面（友好）合作伙伴关系"、"战略（合作）伙伴关系"和"全面战略（合作）伙伴关系"四档。首先，既然称之为"伙伴关系"，那么自然指双方具有一定的信任水平，在彼此关切的重大问题上没有根本分歧。其次，"合作伙伴关系"主要涉及经济领域，"战略伙伴关系"涉及的合作领域更广泛；最后，以"全面"为修饰词的伙伴关系，级别要高于普通的伙伴关系，但次于"全方位"这一修饰词修饰的伙伴关系。冠以普通名称的伙伴关系见表 5 – 3。

表 5 – 3　中国的伙伴关系汇总（97 个普通名称的伙伴关系）

普通名称的伙伴关系	国家/国际组织
（友好）合作伙伴关系：4 个	阿尔巴尼亚、安提瓜和巴布达、塞内加尔、特立尼达和多巴哥
全面（友好）合作伙伴关系：11 个	埃塞俄比亚、赤道几内亚、东帝汶、荷兰、黑山、克罗地亚、罗马尼亚、马尔代夫、圣多美和普林西比、坦桑尼亚、乌干达
战略（合作）伙伴关系：30 个	阿富汗、阿曼、安哥拉、保加利亚、玻利维亚、东盟、非盟、哥斯达黎加、韩国、加拿大、捷克、卡塔尔、科威特、孟加拉国、摩洛哥、尼泊尔、尼日利亚、塞浦路斯、斯里兰卡、苏丹、苏里南、土耳其、土库曼斯坦、文莱、乌克兰、乌拉圭、牙买加、印度、伊拉克、约旦
全面战略（合作）伙伴关系：52 个	阿尔及利亚、阿根廷、阿联酋、埃及、澳大利亚、巴布亚新几内亚、巴西、白俄罗斯、波兰、丹麦、厄瓜多尔、法国、斐济、菲律宾、刚果（布）、肯尼亚、吉尔吉斯斯坦、津巴布韦、柬埔寨、库克群岛、老挝、马来西亚、蒙古国、密克罗尼西亚、秘鲁、缅甸、莫桑比克、墨西哥、纳米比亚、南非、纽埃、欧盟、

① 本总结参考外交部国家数据库及政府新闻网站，共总结 109 对伙伴关系。

续表

普通名称的伙伴关系	国家/国际组织
	葡萄牙、萨摩亚、塞尔维亚、塞拉利昂、沙特阿拉伯、塔吉克斯坦、汤加、泰国、瓦努阿图、委内瑞拉、乌兹别克斯坦、西班牙、希腊、新西兰、匈牙利、伊朗、意大利、印度尼西亚、越南、智利

资料来源：笔者根据外交部等政府网站公开资料自制。

此外，还有12个国家具有特殊的伙伴关系名称，依然遵循"战略伙伴"高于"合作伙伴"、"全方位"优于"全面"、"协作"强于"合作"的原则进行排序，德国在中国对外伙伴关系中排序十分靠前。冠以特殊名称的伙伴关系见表5-4。

表5-4　中国的伙伴关系汇总（12个特殊名称的伙伴关系）

特殊名称的伙伴关系	国家
全方位合作伙伴关系	比利时
全方位友好合作伙伴关系	新加坡
面向未来的新型合作伙伴关系	芬兰
创新全面伙伴关系	以色列
友好战略伙伴关系	奥地利
创新战略伙伴关系	瑞士
互惠战略伙伴关系	爱尔兰
永久全面战略伙伴关系	哈萨克斯坦
面向21世纪全球全面战略伙伴关系	英国
全方位战略伙伴关系	德国
全天候战略合作伙伴关系	巴基斯坦
新时代全面战略协作伙伴关系	俄罗斯

资料来源：笔者根据外交部等政府网站公开资料自制。

中国外交始终遵循和平共处五项原则，即互相尊重主权和领土完整、互不侵犯、互不干涉内政、平等互利、和平共处。自新中国成立以来，中国的国际政策就是战略自主的。德国虽然长期在北约和美国的庇护下，但随着欧盟整体实力的提升与德国国际地位的提高，德国与欧盟都试图独立于美国以保持"战略自主性"。两国在国际舞台上发出独立的声音，将有助于国际关系民主化与多元化，有助于避免美国的单边行动对国际体系造成损害。在伊朗核问题、气候变化、地区安全、国际援助等具体领域,德国和中国经常是立场一致的。2020年下半年,德国任欧盟轮值主席国,在任期的末尾,德国大力推动了《中欧全面投资协定》的签订,中欧领导人共同宣布如期完成《中欧全面投资协定》谈判。德国在对华关系上面向长远的未来是符合两国利益的。

德国政府认为,当代国家间的伙伴关系应该是"在推进公平正义的全球化和解决全球挑战的过程中,彼此联合、互为伙伴、平等互利"①。互利合作并不足以上升到"战略层面"。因此,中德"全方位战略伙伴关系"的维系全然在于中德两国能够基于共同的基本原则,充分理解彼此。中国追求中华民族的伟大复兴,提出"两个一百年"的战略愿景;德国在战后实现了国家的崛起,"两德统一"又让德意志民族走上了复兴之路,如今德国在战略上则希望进一步实现民族复兴。

两国的发展道路都不是以伤害其他国家为代价的,而是基于一些具有相似性的成功经验。中国的崛起依靠中国人的勤奋、节俭与严谨,这与德国人在国家前进道路上推崇的美德相一致。这种共性在两国的对外实践中也能找到相似的体现。基于这种特殊的默契,中德两国才能够在一些重要方面达成战略共识。

二 德国与中国关系中的"竞争博弈"

然而随着中国的发展,德国在对华政策上逐渐形成了一种"怀疑论"的论调,德国担心一个强大的中国会挑战德国的利益。2019年,欧盟出台的《中欧战略展望》报告称,中国不仅是欧盟"经济上的竞争对手",还是欧盟"向外推行国家治理新模式的制度竞争对手"。②此后,德国官员也在多种场合做出同样表态,认为中国既是合作者,又是竞争者。

(一)经济层面

虽然中国为德国带来经济发展的红利,但德国越来越担心中国在国际舞台上对德国制造压力,特别是在德国领先于世界的一些领域,如机械制

---

① Auswärtiges Amt, *Bundesregierung 2012: Globalisierung gestalten-Partnerschaften ausbauen-Verant- wortung teilen. Konzept der Bundesregierung*, Berlin, 2012.

② European Commission, *EU-China Strategic Outlook*, March 12, 2019, https://commission. euro- pa. eu/system/files/2019 – 03/communication-eu-china-a-strategic-outlook. pdf.

造出口，中国已与德国形成竞争。这在 2019 年德国联邦经济事务与能源部发布的《国家工业战略 2030（*Nationale Industriestrategie 2030*）》中已有体现。2019 年，德国最大的企业联合组织"德国工业联合会（Bundesverband der Deutschen Industrie，BDI）"撰写报告，呼吁德国和欧盟对中国采取强硬政策，还要求欧洲企业减少对中国市场的依赖。① 德国工业联合会作为德国企业的联合组织，代表了德国经济界的立场，曾经大力主张发展对华经济关系。

德国经济界认为，中国通过国家补贴、压价倾销和对技术转移的不公平做法来获得竞争优势，指责中国市场对欧洲没有保持同等程度的开放，甚至还在美国的炒作下，以"国家安全"为借口，打压中国的海外经济活动。例如，在具有划时代意义的 5G 领域，德国虽表示不排除华为设备，但无论是政府还是企业，都对华为的参与设置了一定的障碍。2019 年 3 月，联邦网络局（Bundesnetzagentur）发布了新版安全指南草案，指出所有公司的系统都必须从严格遵守国家安全法规和电信保密条款的供应商处购买，其必须是值得信赖的供应商，与安全相关的网络与系统部件必须通过联邦信息安全办公室（BSI）的安全认证。2019 年，美、英、德、意、日、澳、韩等国宣布成立 Open RAN "5G 联盟"，意图建立统一的技术标准，打压华为等先进的 5G 制造商。沃达丰、爱立信、诺基亚、三星、高通、苹果等 64 家科技巨头宣布加入，德国电信等运营商随后也选择 Open RAN "5G 联盟"成员为供应方。2020 年 12 月，德国通过《信息技术安全法》修订草案，将对电信设备供应商进行更加严格的审查，供应商需要在建设规划、设备装配方面提供详细信息，并且保证数据不会被外国政府所用。2021 年 4 月，德国又通过升级版的"信息技术安全法 2.0"，限制不受信赖的 5G 技术供应商。

德国还逐渐收紧了中资对德国企业的收购，加大了对中资的审查力度。2010 年以来，借着欧美金融危机与中国"一带一路"建设的机遇，中国企业增加海外投资。中资对德国制造业的收购力度不断加大。2011 年联想集团以 2.31 亿欧元收购梅迪昂公司 36.66% 的股份；2012 年，三一重工

---

① BDI, "Partner and Systemic Competitor-How Do We Deal with China's State-Controlled Economy?" January 2019, https://www.wita.org/wp-content/uploads/2019/01/201901_Policy_Paper_BDI_China.pdf.

与中信投资以 3.6 亿欧元收购普茨迈斯特公司 100% 的股权；2015 年，中国化工以 9.25 亿欧元收购克劳斯玛菲集团 100% 的股权；2016 年，美的公司以 46 亿欧元收购库卡公司 86% 的股权。中国对德国企业的收购，不仅在数量上、总额上每年都有较大增加，更是从传统机械制造领域走向数字智能领域，在质量上也有了飞跃。截至 2016 年 10 月，当年中国已经投入103 亿欧元，达成对德企的 47 项收购协议，远超 2015 年全年的 29 项。然而，包括否决宏芯基金对德国晶片设备制造商爱思强的收购案、否决中国国家电网对德国电网运营商"50 赫兹"20% 股权的收购案在内，德国从2016 年下半年起加大了对中资的限制力度，特别是在基础设施领域和以芯片为代表的关键技术领域。

2017 年，德国经济部对 66 起收购案进行审查，其中中资的收购案为29 起，美国企业的收购案为 13 起；2018 年，德国审查了 78 起外国投资并购案，中资有 27 起，排名第一；美国有 26 起，排名第二。考虑到美国对德企的并购数量为中国的四倍之多，德国的审查对中国较为严格。[①] 2018年新修订的《对外贸易条例》规定，欧盟之外的公司购买德企股权超过10%，就会面临审查，以前的门槛为 25%。此举也不利于中国投资。

（二）政治层面

相对于德国政府的审慎与收敛，德国议会与个别党派反华严重。例如，绿党和自民党以联邦议院"人权与人道主义委员会"为纽带，形成以"友台小组"为代表的若干跨党派反华团体。该委员会由跨党派的 17 名议员组成，时常发表联合声明来粗暴干涉中国内政。在跨国层面，来自德国、美国等 18 个西方国家的议员组成"对华政策跨国议会联盟"，从跨国层面协调对华立场。美国的"人权观察"等组织也在德国议院中寻找合作伙伴，以利于美国外交政策的推行。德国反华势力还直接受到个别基金会的财力支持。就目前趋势观察，德国对华政治上的指责越来越多。

从政府层面看，默克尔时代德国对华友善的情况可能出现变化。对于"交通灯联盟"政府而言，三党之中的绿党与自民党历来主张对中国采取强硬态度。组阁后，绿党女主席贝尔伯克任外长，另一位绿党男主席罗伯特·哈贝克（Robert Habeck）任副总理兼经济和气候保护部部长。自民党

---

① 《德国审查 2018 年外资并购中美最多，中资 27 例排第一》，搜狐网，2019 年 3 月 11 日，https://www.sohu.com/a/300367339_114731。

方面，主席克里斯蒂安·林德纳（Christian Lindner）出任财政部长。几乎可以肯定的是，德国对华政策将出现越来越激进的情况。一个原因在于，三个党代表三种意识形态与三个群体利益，在很多国内的具体问题上恐怕难以达成一致意见，那么就要寻找一个立场上较为一致的突破口，度过内阁磨合期。这一点很像美国，其2021年国内一些法案的达成，基本上都建立在反华这一两党共识的基础上。另外一个原因则是，中国的制度建设与发展路径对西方现代化道路形成挑战。德国科学与政治基金会（Stiftung Wissenschaft und Politik，SWP）主任斯蒂芬·迈尔（Stefan Mair）将德国新政府对华政策具象化，提出中国是环保政策上的伙伴、技术与经济政策上的竞争者、安全政策上的制度性对手。德国正在有选择性地与中国合作，而"价值观"区分是一个不合作的最佳借口。

例如，中德之间的贸易基石，就无端受到这一借口的影响。未来德国对贸易的关注点，将在很大程度上放在加强西方民主原则，推动开放市场的自由世界贸易上。首先，价值观原则将使德国与欧盟推动跨大西洋合作，建立广泛的共同标准，这将成为重启美欧自贸谈判的契机，并推动世贸组织的改革。其次，德国将加大国内的贸易规则改革力度，在严格制裁被认定存在补贴、倾销行为的外国企业的同时，依据劳工权、民族权等原则推动制裁。这将增加对中国的制裁风险。此外，德国还提出发展可再生能源，虽然在光伏和风能领域的竞争力不如中国，但德国对氢能寄予厚望。德国将侧重于发展与奖励消耗氢能的行业企业，加大电解氢技术的科研投入力度，与欧洲国家建立氢能网络，发展氢能的电池或热泵等，将此作为制定全球氢能行业标准的机遇。在绿党进入内阁的情况下，更高的绿色标准将成为德国在对华经济上滥用的工具。

以反华为契机，西方"价值观同盟"还在一些前沿领域形成合力。例如，未来德国将以欧洲"数字主权"为口号，在国内推动数字服务法落地，推动光纤等数字基础设施建设，推广行政、健康、教育等方面的数字化，加大对德国中小型科技创新企业的政策倾斜力度等。在欧洲层面，德国已联合其他国家通过欧盟《数字服务法》，建设欧洲云基础设施，建立欧洲数字监管机构，形成欧洲数字单一市场与标准，以欧洲小群体的形式推动创新，排斥与中国的合作。此外，推动数字贸易协定也逐渐提上德国的日程，未来德国将着力形成独立、完整的欧盟数字贸易规则体系，这也是近期全球在数字领域的新趋势。欧盟或美欧之间有可能形成统一的数字贸易标准，这将对中国在全球推进数字技术方面形成巨大打击。

（三）战略层面

西方世界对中国的战略挤压由来已久，最近十年这一战略逐渐明确。从奥巴马的“重返亚太”到特朗普、拜登的“印太战略”，南亚与东南亚成为阻碍中国崛起的关键区域。为此，中国通过与缅甸、孟加拉国等建立经济走廊，维护国家利益。但这遭到西方国家的联手反扑。如今，包括德国在内的西方主要国家都出台了印太政策，主张联手制华。

总体上，西方的战略是各国分工：欧陆国家对抗俄罗斯、英美国家对抗中国。美国不断强化“盎格鲁-撒克逊”国家的核心盟友体系。2021年9月，美国与英国、澳大利亚建立三边安全伙伴关系（AUKUS），塑造印太安全体系的核心圈。美国通过 AUKUS 提升了对澳大利亚的定位，除情报收集、军舰联络外，还提升澳大利亚的军事远程投送能力，澳大利亚与英、美分享核潜艇技术，澳军舰上还会部署远程武器系统。美国还希望澳大利亚变成一个军工产业制造业的区域中心，制造美国设计的武器。美国和西方一直把中国在经济、军事等能力上的增长，理解为美国和西方在相应能力上的损失。同年9月，美国与印度、日本、澳大利亚建立的“四边安全对话（QUAD）”举行首次领导人线下会晤，协调对华政策，声称要在关键科技、基建投资、应对气候变化等方面开展合作，试图建立排斥中国的供应链，加大与中国的脱钩力度。此外，美国、英国、加拿大、澳大利亚、新西兰组成的“五眼联盟”这一情报共享机制，也长期威胁中国安全、干涉中国内政。这三个机制已经成为西方国家遏制中国的三张大网。

德国虽对美国极力打压中国持不同的立场，同时对英美小团体不顾西方大家庭利益的行动感到不满，但在对华战略上的大方向差别不算大。冷战的“胜利”以及一系列“颜色革命”的“硕果”让德国和西方看到“以经促变（Wandel durch Handel）”的巨大可能。它们想将经验复制到中国，让中国走上西方设定的道路，即便这条路并不符合中国的需要。随着中国不断发展，中国对自己的制度和道路充满信心，而西方却在一场又一场危机中迷失方向。如今，德国和西方已逐渐放弃对华“以经促变”的政策。

近年来，中东欧国家加强了与中国的合作，令德国深感不满。中国与中东欧国家的合作发展迅速，根据中国商务部的数据，2020年中国与中东欧国家的贸易总额达到 1034.5 亿美元，首次突破千亿美元，增长 8.4%。截至 2020 年底，中国累计对中东欧国家直接投资 31.4 亿美元，中东欧国家累计对华投资 17.2 亿美元。自 2012 年中国—中东欧国家合作机制成立以来，中国同中东欧国家的贸易额增长近 85%，年均增速 8%。① 虽然近年来，在美欧的煽动下，出现了立陶宛与中国台湾地区互设代表处等负面事件，但总体上中国在中东欧的影响力是不断提升的。中国与中东欧国家等处于西方势力范围内的国家的合作，是务实的，是不以任何第三国为假想敌的，但西方并不这样认为。正因如此，德国选择在中国的周边，特别是东南亚区域寻找战略机遇。

一方面，德国批评中国在公司的市场准入、财务透明度、法律保障和知识产权保护等方面的"糟糕"表现，同时积极筹谋寻求在印太地区的供应链多样化。中国对德连年处于 200 亿~300 亿欧元的贸易顺差，使德国经济民族主义者一直有种"中国依赖德国多于德国依赖中国"的感觉。部分德国经济精英们认为中美脱钩大势所趋，中国与澳大利亚等国交恶，德国弱化对华经济是"及时止损"，因此在经济战略上，寻求向越南等国进行转移。另一方面，在军事安全领域也出现一些新的动向。2021 年 8 月，德国"巴伐利亚号"护卫舰起航前往印太地区，11 月访问日本，12 月穿过南海，这是自 2002 年以来德国军舰的首次南海航行。德国国防部宣称其并不与美、日、英、法一同巡航，只是返程时途经南海，以期减少中国的不满。同时德国国防部也向中国提出访问上海，试图缓解尴尬，但遭到中国的拒绝。此前，英国航母"伊丽莎白女王号"已在南海航行过。德国的军事行动呼应了西方盟友，但伤害了中德关系。

综上可见，未来中德关系既存在"确定性"又存在"不确定性"，且不确定性的方面逐渐增加。面对中国"和合共生"的文明，中西双方意识形态和发展模式的差异化越来越显著。遵循"二元对立"这一形式逻辑的西方人无法接纳模式迥异的中国，从而采取围追堵截的手段，以期瓦解中国。

中德关系想重回默克尔时代的良好氛围，似乎较为困难。但这也为中德之间重新确定彼此的利益边界提供机会。未来，在德国不断施压以表明

---

① 《中国与中东欧国家贸易额再创新高，投资领域不断拓宽》，中国政府网，2021 年 3 月 19 日，http://www.gov.cn/xinwen/2021 - 03/19/content_5593800.htm。

其利益的时候，中国也需要向德国展现国家利益的红线，指明挑战红线的代价。这种结构性调整既是国际关系发展的根本动力，更是中华民族复兴所必经的一道关隘。

中德关系，对彼此而言，都是一种"大国的试炼"。

第六章
四海纵横——德国在全球空间的战略部署

愿这个世界因德意志的存在而得到治愈。[①]

——伊曼纽尔·盖贝尔（Emanuel Geibel）

自德国统一以来，尤其是进入 21 世纪，人们明显感觉到德国在全球治理中的行动越来越多，对国际政治的参与越来越深入。从援助非洲落后国家到在伊核问题上积极斡旋，从参与印度洋海啸治理到亚马孙雨林保护，德国对全球事务的参与、与全球各国的互动进入一个新阶段。默克尔执掌德国大权后，德国对非洲、拉美、亚太/印太、中东等区域的关注度大幅度提升。这种对世界政治的深入参与，一方面是德国自身定位变化的结果，另一方面来自自信了的德国人的世界主义情怀。

这种世界主义情怀使德国政府、企业、民间等方方面面都主张增加对全球变化的关注，主张尽德国的一份力来帮助改变世界的面貌。作为重要的西方政治哲学思想，世界主义（Cosmopolitanism）由希腊语"宇宙、世界（Kosmos）"和"公民（Polites）"构成。世界主义者主张，人类对待他人拥有同等的道德义务和政治义务，这种义务仅建立在人性的基础上，而

[①] 原文为 Am deutschen Wesen mag die Welt genesen，可以追溯到 1861 年伊曼纽尔·盖贝尔的诗歌《德国的天职（Deutschlands Beruf）》。盖贝尔在诗中呼吁在德国皇帝威廉一世的领导下形成一个统一的德国，为欧洲和世界带来和平。此后这句话成为一句著名的政治口号，在不同时期有不同的诠释。

非国籍、民族认同、宗教信仰、种族或他们的出生地等基础上,[①] 世界公民共同的核心关注是全人类,不考虑其政治归属（political affiliation）,他们都应该属于同一共同体的公民。[②]

2017 年, G20 峰会在德国汉堡举行。汉堡就体现了德国的世界主义情怀,积极将自身的发展融入全球变化,获得世人认可。默克尔曾表示,她相信此次峰会的举行与汉堡的"世界主义"情怀完美匹配。德国作家及学者楞次（Siegfried Lenz）曾言,在汉堡这座城市很难找到本地人。[③] 当然也不仅是汉堡,现今的德国各处都是多元化的城市,都是具有世界主义情怀的城市。这种精神情怀与大国责任,共同推动德国的翅翼挥向全球各个角落。

第一节　吹响非洲冲锋号：低回报的狂热？

德国的非洲问题专家罗伯特·卡佩尔（Robert Kappel）曾不止一次说过：非洲既不是未来的大陆,也不是机会的大陆。[④] 当东亚国家集体崛起的时候,非洲大陆上的人仍在为食物而焦虑,经济机遇严重不足,追不上世界发展大潮。虽然制定非洲政策如今已经成为西方大国的热点议程,但非洲是否能不负所望,为西方大国带来实际利益？答案可能并不那么乐观。

在非洲很多地方,政治与社会动荡不安,投资回报率低,经济持续发展的动力弱。除了一些中产阶级不断壮大的枢纽城市拥有现代工业与服务业外,即便在这些大城市的城郊地带,人们都能深刻感觉到,其与毗邻的"城市内围"在发展上有天壤之别。2017 年,非洲 54 个国家和地区的 GDP 仅为 2.263 万亿美元,相当于中国经济总量的 18%。截止到 2016 年,非洲得到的外国直接投资（FDI）连续第五年下降,当年仅仅增长了 3%,为 590 亿美元。非洲的外国直接投资只占全球的 3.4%。相比之下,亚洲的外国直接投资占比为 25.3%,拉美为 8.1%,欧洲为 30.5%。[⑤] 外国对非投

---

① Iain McLean & Alistair McMillan, *The Concise Oxford Dictionary of Politics*, Oxford: Oxford University Press, 2009, pp. 123 – 124.

② 蔡拓：《世界主义的新视角：从个体主义走向全球主义》,《世界经济与政治》2017 年第 9 期, 第 17 页。

③ Siegfried Lenz, *Leute von Hamburg*, Hamburg: Hoffmann und Campe, 1968.

④ Robert Kappel, "Africa: Neither Hopeless Nor Rising," *GIGA Focus*, No. 1, 2014.

⑤ UNCTAD, *World Investment Report 2017*, Geneva: United Nations, 2017.

资大体上集中于化石燃料领域，服务业很少。非洲拥有非常丰富的油气及其他资源，这是吸引西方国家的主要经济动因。但这些领域对就业的刺激不足，且由于西方资本存在偏重，其经济结构严重固化。迄今为止，西方人并没能帮助非洲人改善生活条件。除此之外，一些西方国家的非洲政策还来自特殊的情结。例如，对法国而言，前殖民地与法语文化圈的吸引力是巨大的。很多非洲国家的制度沿袭或效仿"法国模式"，法国的当代文化也为这些前殖民地国家所喜闻乐见。法国的影响力深远，因此寄希望于势力范围之内的非洲"兄弟"能够成为其国际权力的稳定支撑。那么德国的非洲利益在哪里？

一 德国历史上的非洲政策：殖民时代的"折戟"

德国早期对非洲的认知是充满偏见的。虽然康德不认可种族压迫，但还是认为，黑人是最低等的人种，"在体力上无法承担重活，也没有勤劳的品质和领会所有文化的能力"。[1] 黑格尔甚至更进一步认可了非洲奴隶贸易的合法性。这些具有"种族论"底色的观点，展现了当时德国人对非洲具有的普遍性的观点，也体现了人们对德国在海外进行殖民扩张的一种集体态度。

17 世纪 80 年代，随着勃兰登堡非洲公司在海外谋求据点，德国借机在非洲获得零散的殖民地，但这些势力区域往往与英国、荷兰的驻点同时存在，如在今天加纳境内的大腓特烈堡（Friedrichsburg）、在今天毛里塔尼亚境内的阿尔金岛（Arguin）以及在今天多哥境内的维达（Whydah）等。1871 年德意志帝国建立后，民族国家形成，德国在工业化进程中成为一个经济超级大国。越来越多的德国精英以西班牙和葡萄牙为榜样，认为有必要建立德国海外殖民地，获取资源并开拓市场。但此时非洲已几乎被列强瓜分完毕，民族主义声浪强烈呼吁德意志帝国不应在瓜分世界的大潮中退缩，应跨过"殖民"这一通往世界强国的门槛。这些诉求通过当时报纸上的无数小说和连载故事传达给公众，"殖民化"被描述为种种扣人心弦的冒险故事，传达了一种共同的使命感，即德国人应在"文明上"向落后的非洲传教，无论是出于基督教徒的优越感，还是出于经济利益考虑。当时许多德国人都热烈盼望移民，参与对非洲的殖民征服。

---

[1] Emmanuel Kant, *Abhandlungen nach 1781*, Ausgabe der Preuβ ischen Akademie der Wissenschaften, Berlin, 1990, S. 176.

起初，俾斯麦出于外交政策和财政原因反对殖民地计划，直到 1884 年才开始支持殖民运动。他想利用英国与法国争夺势力范围的矛盾，借助"殖民地狂热"使其在选举中获得成功。在 1884～1885 年柏林的"刚果会议"上，德国等欧洲殖民列强相互保证了在非洲的领土权利。德国将东非（今布隆迪、卢旺达和坦桑尼亚）、西南非洲（今纳米比亚）、多哥和喀麦隆纳入其殖民范围，还称之为"保护区（Schutzgebieten）"，并由德皇授予"保护书（Schutzverträge）"。此后，德国与非洲反殖民武装之间爆发了长期的斗争。德国以与"三光政策"大同小异的"焦土政策（Politik der ver-brannten Erde）"镇压非洲民众。在德国殖民者洛萨·冯·特罗塔（Lothar von Trotha）的一封书信中，写尽了殖民者的凶残：

> 我对非洲的部落了解得足够多了。它们的思想路线都是一样的，都是要坚持暴力的。它们以粗暴的恐怖主义甚至残酷的方式行使这种暴力。当然，这也一直是我的政策。我要以血液和金钱的河流来消灭这些叛逆的部落。[1]

当时德国国内针对殖民政策的论战也极为激烈，甚至"殖民政策"成为竞选的核心议题。社民党强硬反对为保护部队提供额外资金，对殖民颇有微词；保守派则希望继续推进殖民政策。1911 年，随着喀麦隆殖民地的扩大，帝国的殖民扩张达到高潮。一战结束后的《凡尔赛条约》的签订，使德国失去了所有殖民地，包括远及中国的殖民利益。德国于是放弃了对其海外财产的所有权利和要求。虽然德国的殖民时代正式结束了，但德国的殖民企图远未结束，德国人显然没有放弃殖民非洲的旧梦。在魏玛共和国和纳粹时期，殖民协会不停地大力宣传殖民。1931 年 5 月 16 日《周刊》杂志的"殖民地"特刊指出："德国必须——德国将要再次成为殖民国家。"甚至在 50 年代还出现一个名为"德意志—多哥兰邦（Bund der Deutsch-Togoländer）"的组织，其意图让多哥成为德国的联邦州，在德国引发了不小响应。

① Noah Sow，"Ist deutscher Rassismus Geschichte?" in Susan Arndt, Nadja Ofuatey-Alazard, Hrsg. , *Wie Rassismus aus Wörtern spricht.* （*K*）*Erben des Kolonialismus im Wissensarchiv deutsche Sprache. Ein kritisches Nachschlagewerk*, Münster：Unrast Verlag, 2011, S. 126-135.

二 当前及未来德国对非洲的战略布局：夯实发展的结构基础

通过历史可以看到，非洲与德国的关系起源于残酷的殖民统治，德国对非洲的关系有着不道德、不正义的开端。但反殖民压迫只是个别非洲国家面对德国时的主流叙事。德国统一后，非洲大陆渴望得到德国的经济关怀，渴望借欧洲最富有国家的力量实现腾飞。但令非洲失望的是，德国在非洲的经济投入很少，远不及美、英、法、中这四大主要对非洲投资的大国。非洲只占德国外贸的 2%，德国每年仅向非洲出口 230 亿欧元左右的商品，主要出口汽车、机器、化学产品及服务。① 以 2016 年为例，德国对外直接投资的目的地如表 6-1 所示。

表 6-1 2016 年德国对外直接投资情况

单位：%

投资目的地（全球）	占比	投资目的地（非洲）	占比
美国	24	南非	59.4
欧盟成员国（欧元区）	38	埃及	13.8
欧盟成员国（非欧元区）	14	利比亚	9.9
欧洲的非欧盟国家	9	毛里求斯	3.3
加拿大、加勒比及拉美地区	7	阿尔及利亚	2.4
中国	4	摩洛哥	2.4
其他亚洲国家、近东及中东	3	突尼斯	1.7
澳大利亚、新西兰、非洲	1	其他	7.1

资料来源：德意志联邦银行。

德国工商协会（Deutsche Industrie-und Handelskammertag，DIHK）称，目前约有 1800 家德国公司活跃在非洲大陆，但其中只有 800 家为投资额超过 100 万欧元的公司。截至 2016 年底，德国在非洲的投资总额约为 110 亿欧元，不到德国对外投资总额的 1%。其中 2/3 投资到了南非，约 600 家德国公司驻扎在南非，其中宝马、戴姆勒和大众等汽车制造商都在南非有工厂，拜耳和西门子等众多 DAX 股指上的大公司也在南非设有生产基地或分支机构。在南非以外的地方德国的经济参与很少，主要集中于北非地

---

① 数据来源：德国联邦统计局，https://www. destatis. de/DE/Presse/Pressemitteilungen/2017/04/PD17_137_51. html。

区。例如,埃及有70家德国公司投资,投资额约为10亿欧元;在摩洛哥、阿尔及利亚和突尼斯,德国的投资额略高于5亿欧元。[①] 德国的投入之于非洲,不过是雷声大、雨点小。图6-1与图6-2展示了德国在非洲的投资份额越来越少,越发被中、美等经济体超越。

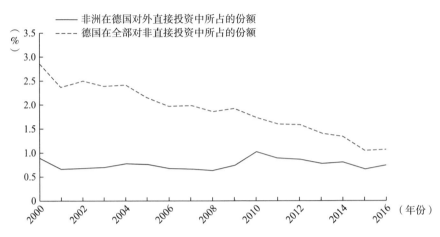

图6-1 2000~2016年德国对非直接投资的变化情况

资料来源:德意志联邦银行。

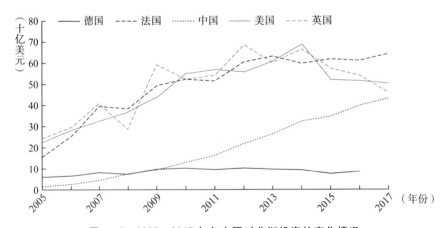

图6-2 2005~2017年各大国对非洲投资的变化情况

资料来源:德意志联邦银行。

从20世纪60年代开始,德国就在全球范围内与伙伴国家广泛签订双

---

① GIZ, "Impulse aus der internationalen Zusammenarbeit, Deutsche Wirtschaft in Afrika," Mai 2018, https://www.giz.de/de/downloads/giz2018-de-impulse-afrika.pdf.

边投资协定（Bilateral Investment Treaty，BIT），目前签署了147份双边投资协定，这有力保证德国与对象国的直接投资，为经济发展创造条件。其中，德国已经与44个非洲国家签署双边投资协定，但德国与非洲都没有从中获益。一份针对外国企业的调查指出，将近60%的企业认为腐败是投资非洲最大的风险，近50%的企业认为政治不稳定是投资非洲的最大风险，超过30%的企业认为法律因素是投资非洲的最大风险，只有不到10%的企业认为基础设施不足和缺乏技术工人才是投资非洲的最大风险。[①] 当然，除了政治与社会因素影响德国在非洲的投资外，非洲具体的经济生态对德国投资十分不友好。例如，一些国家设置较高的市场准入门槛，使中小型企业难以进入当地市场；在没有私人关系的情况下，投资与企业落地是很难的事情；德国与部分非洲国家存在税法争议，时而会出现双重征税的情况；非洲当地的银行要么不提供融资服务，要么就是融资利率极高，银行业的风险也很大。投资环境不佳这一难题，实际上也是由政治、社会等方面的负面因素带来的结果。非洲是脆弱性极高的大陆，是风险与危机的代名词。因此，德国直到2015年才与非洲召开第一次经贸峰会，双方经济合作的机制较为滞后。

德国知道非洲的发展问题是一个结构性难题，因此从官方层面提出若干优先事项，以打造经济发展的良好基础。这些事项包括：第一，进一步加强区域一体化，推动非盟（AU）、西非国家经济共同体（ECOWAS）、东非共同体（EAC）等非洲或次区域一体化组织发展；第二，推动保障非洲国家的和平与安全，支持非洲和平与安全架构（APSA）；第三，降低脆弱性，减少冲突和暴力，防止侵犯人权行为；第四，消除贫困和饥饿，确保营养供应，促进农业、农村发展和可持续城市化；第五，促进法治和善治，打击腐败；第六，保障人的权利，实现社会保护，促进可持续就业；第七，解决难民外迁的根源问题，更好地保护难民，以预防和发展导向的方式制定移民政策；第八，有针对性地支持北非国家和处在转型伙伴关系下的阿拉伯国家；第九，负责任地开发利用原料，将之作为稳定和经济发展的工具，保护自然资源；第十，支持经济增长、贸易和投资；第十一，为德国经济挖掘非洲市场的潜力；第十二，支持各级教育、科学合作并加强研究；第十三，加强全球治理，保护自然资源和环境，保护生物多样

---

① World Bank, *Global Competitiveness Report 2017-2018*, Washington, D. C.：World Bank, 2017.

性；第十四，共同遏制气候变化，提升非洲适应气候变化的能力；第十五，开展文化合作；第十六，深入了解非洲的利益攸关方；第十七，加强与非洲的战略伙伴的协调，如中国、美国、印度等；第十八，积极融入并推进七国集团与非洲的伙伴关系。[①]

上述事项以改善非洲当地的政治与社会条件为先，在改善非洲条件的基础上提出推进在非洲经济合作的种种举措，最终表达了德国欢迎全球合作的立场。近十年来，德国逐渐提升了与非洲对话的全面性，体现了新时期德国对非政策的新特征，也为后默克尔时代的德非关系打下基础。这一特征体现为三点：第一，从价值导向向利益导向转变；第二，从单向施与向平等的伙伴关系转变；第三，从经贸、能源、援助领域合作向多领域合作转变。我们可以从如下实践中看到这些特征。

2011年，在外交部的主导下，各部委集体起草新的对非战略报告，这份《德国和非洲：联邦政府方案》改变了原先非洲政策分散的状况，集中了整个联邦的力量，并改变了原先一味输出援助的方案，涉及政治、经济、社会等全面的行动领域，各部委共同应对挑战。同时该文件还指出："德国的非洲政策基于对非洲的现实分析，建立在普世价值和利益导向基础上。"[②] 此后的一系列文件都强调了德国对非政策需要建立在这"两个导向"上，我们可以明显看到，德国不再一味追求价值导向，而越来越多地考虑务实利益。2014年，联邦政府发布《德国对非洲政策指南》，明确提出德国与非洲之间需要建立平等的伙伴关系。至此，德国与非洲的合作不再是援助那样单方面的施与，而是向更平等的关系转变，即从依附关系走向伙伴关系。2017年7月的二十国集团（G20）领导人汉堡峰会上，德国利用东道国的身份，将非洲发展问题列为当届会议的重要议题之一，大力推动德国在非洲发展中发挥关键作用，打造G20非洲伙伴关系。G20非洲伙伴关系包括三个重要的方面：一是促进包容性经济增长和就业；二是推动高质量的基础设施建设，尤其是在能源领域；三是通过"非洲契约"

---

① BMVg, "Afrikapolitische Leitlinien der Bundesregierung," https：//www. bmvg. de/resource/blob/12808/227e3ae06ed32cb4d81d61a1bbc8b206/afrikapolitische-leitlinien-der-bundesregierung-data. pdf.

② Die Bundesregierung, *Deutschland und Afrika: Konzept der Bundesregierung*, 2011, https：//www. bmvg. de/resource/blob/12804/1a1f8991061fc0ea10663e8df344075d/deutschland-und-afrika-konzept-der-bundesregierung-data. pdf.

（Compact with Africa），强化私人融资。2018 年 10 月，德国主持召开 12 个非洲国家领导人参加的"非洲投资峰会"，成立 10 亿欧元基金，为中小企业提供贷款与担保。

为践行战略规划，德国在各个领域均进行了有益的尝试。以教育为例，德国联邦教育与研究部于 2014 年与 2018 年先后推出了两份《非洲战略》报告，规划了两轮丰富的合作，积极促进非洲教育与科研发展。2017 年 1 月，德国联邦经济合作与发展部发布《新的非洲—欧洲关系：发展、安全和更美好的未来——非洲马歇尔计划》，提出德国对非洲的政策需要进行范式转变，德国要以更加积极有为的方式来促进非洲的安全与发展。这一战略包括三个重要支柱：贸易与就业、和平与安全、民主与法治。多危机时代以来，随着德国与法国在欧洲地区实力的相对变化，德国还逐渐主导了欧盟对非合作。如在 2017 年"欧盟—非洲和平与安全伙伴关系"、欧盟"非洲和平基金"等若干项目中，德国都是领导者。德国还尝试采取三方共建的形式推进非洲合作。2017 年 7 月，中国和德国商定在安哥拉建设水电站，此类在非洲的共建项目具有一定程度的互补性，使多方受益。

三 德国"非洲政策"的原因：大国身份的造梦之地

2014 年后，德国提出要向"积极的外交政策"转变，在非洲的战略步伐因而加快。长期以来，德国人眼中的非洲形象可用"3K"来表述——危机（Krise）、战争（Krieg）和灾难（Katastrophe）。所以说德国扩大对非合作是以"救世主"的理想主义为基调的，它的现实收益经常"隐藏"在人道主义情怀中。

（一）经济机遇：经贸投资与能源转型

如果说非洲没有任何经济机遇，那么这是无法解释德国在非洲的长期投入的。非洲人口规模将在 2050 年达到 25 亿人，在欧洲老龄化严重的背景下，非洲具有劳动力潜力。另外，在非洲原材料丰富的国家，政府越来越注重投资基础设施、能源、物流、水和卫生等领域来促进可持续和有韧性的增长，并应对原材料价格的下跌。这是吸引中国近年加大对非基础设施投入力度的重要因素，对德国来说也是个重大的机遇。同时，制造业的机遇正在增加，越来越多的非洲国家正在推动国内原材料在本土加工，如咖啡豆、可可、棉花等，然后以成品形式出口，而非原先只出口初级原料。德国企业开始利用资本进行加工业投资,并在全球进行分销。

为提高劳动效率,非洲还有强烈的信息化需求。但德国深知,在信息技术领域与中美等相比并不占优势,德国企业必须选择具有竞争优势的领域。目前,德国在非洲的利益增长点主要在可再生能源方面,如太阳能、水电等。这是因为在新的时代要求下,非洲的价值链需要按照环保、绿色与可持续原则而重建。而德国的能源公司是具有行业创新优势的。在向"绿色时代"转型的背景下,有不少德国企业都获得了较好的收益。无论是初创公司还是老牌企业都广泛涉足该领域,以求占得先机。德国的非洲绿色技术公司(Africa Green Tec)于2015年9月在马里建造了第一座移动太阳能发电厂,并计划未来5年内为尼日尔的1000个村庄供电;西门子公司也于2015年在摩洛哥南部委托建造了塔法亚(Tarfaya)风电场,并在摩洛哥北部建造了一家专门生产风力涡轮叶片的工厂。非洲国家也在寻求发展,卢旺达、科特迪瓦等国利用自身优势,希望能够吸引外资。

(二)实际困境:移民、恐怖主义与气候问题

非洲与德国、欧洲的安全稳定密切相关。在地理上,非洲与欧洲隔地中海相望。北非的利比亚、摩洛哥、突尼斯等国已经成为欧洲移民的重要来源,德国的移民中有很多来自非洲。大量难民和移民的涌现往往是极端贫困的结果,人们在自己的国家无法生存,便试图去往发达的欧洲谋生。而极端贫困与极端犯罪,甚至与恐怖主义有明显的关联,同时暴力的发生也是一个融入难题。以穆斯林移民及二代移民为典型,他们不仅没有稳定就业的机会,也难以融入当地人的社会文化,这造成极端事件不断发生。因此,抗击贫困在某种意义上就是个反恐问题。解决移民问题既要治标,又要治本。一方面,为已经在德国本土生活的移民和二代移民创造更好的融入条件,使他们能够充分就业,在德国获得幸福感;另一方面,德国也力求在移民的源头创造发展的机遇,减少去往欧洲的移民数量。

例如,在2015年,德国承诺向非洲每年提供6500万欧元,支持"非洲技能倡议(Skills Initiative for Africa)"。难民危机之后,2016年默克尔访问马里、尼日利亚、埃塞俄比亚,都提出了建立非洲移民伙伴关系,管控移民问题。2019年默克尔访问布基纳法索、马里和尼日尔,并出席"萨赫勒五国集团(G5 Sahel)"领导人峰会,她也同样表达了对移民与反恐问题的关切。此外,气候问题也是德国关心的现实难题之一。在2016年摩洛

哥举行的气候会议上，德国与非洲建立气候伙伴关系。当年德国就为非洲提供 12 亿欧元的援助金，促进低碳环保，维护生态环境。德国还与 15 个非洲国家在南部非洲与西部非洲建立气候变化的科研基地，培训当地科技人才。在气候领域，德国是对非洲投入最多的国家之一。[①]

（三）政治宏愿：德国的"大国梦"

非洲有 54 个国家，按照无论国家大小强弱，只要是主权国家就都能在联合国拥有投票权的规则，非洲显然是德国国际权力的重要支撑。默克尔时期，德国谋求在国际组织中拥有举足轻重的话语权，希望实现政治"大国梦"。二战结束后，非洲国家逐渐进入去殖民化的独立自主新阶段。但是殖民者的撤出在短期内造成政治真空，非洲很多国家与地区出现动荡，加上未得到妥善解决的民族宗教矛盾，导致非洲大陆的一些国家至今仍缺乏稳定的发展环境。对德国来说，以安全合作为抓手，在一些非洲国家进行军事部署，将有助于德国成为政治大国。冷战时期的非洲一直处在德国对外政策的边缘。[②] 两德统一后，尤其是进入 21 世纪以来，德国意识到，帮助动荡非洲走向稳定与发展，一方面可以展现一个国家的世界人道主义情怀；另一方面可以展现一个国家的治理能力，这一能力只有大国才可具备，特别是借由军事部署实现地区和平，既有极高的正当性，又能展现政治地位。

1993 年，德国参加联合国在索马里的维和行动。2006 年，德国打破军事禁忌，首次独自派出联邦国防军参与非洲安全行动，领导了欧盟在刚果（金）的军事行动。[③] 随后，德国在非洲的军事规模不断扩大，虽然仍坚持克制政策，但德国的政治雄心已经显露，至少从 2011 年安理会在利比亚设立禁飞区的决议表决中可以看出。当时德国与中、俄、印等国投了弃权票，罕见地未与北约盟友站在一起。2014 年，在国内舆论要求德国承担更大的国际责任的声浪下，联邦议院军事委员会主席汉斯·皮特·巴特尔斯（Hans-Peter Bartels）直言不讳地说："我们在非洲不能只是旁观者。"[④] 参

① BMZ, "Africa Renewable Energy Initiative," Berlin, October 2017.

② Ulf Engel, "Germany between Value-based Solidarity and Bureaucratic Interests," in Ulf Engel & Gorn Rye Olsen, eds., *Africa and the North*, London and NY: Routledge, 2005, p. 83.

③ Denis Tull, "Deutsche Afrikapolitik Ein Beitrag zu Einer Überfälligen Debatte," Friedrich-Ebert Stiftung, 2014, p. 1.

④ 原文为：Wir können in Afrika nicht nur Zuschauer sein。

与非洲的安全建设是德国提升大国地位的重在方式。

四 余论：拉美对德国的重要性与非洲相同吗？

说到非洲，我们常常将拉美作为类比。二战后，亚洲、非洲、拉丁美洲等地曾经受殖民侵略和奴役的国家掀起民族解放运动，后又在现代化的道路上波折反复。拉美曾经有过高速发展的辉煌时期，但 20 世纪 80 ~ 90 年代，拉美国家在债务陷阱中挣扎，并导致政治上的动荡。因此，拉美的状况和非洲有一定程度的相似性。许多拉美国家目前面临重大挑战，如政治不稳定、经济增长缓慢、社会不平等现象加剧等。新冠疫情的大流行对拉美造成严重的打击，大量人群被感染，增加了卫生基础设施的压力，一些国家的债务急剧增加。而拉美的一体化协调机制又不强，使各国没法形成发展合力。如 2019 年成立的"南美进步论坛（Prosul）"只有 8 个成员国，覆盖度不够；原先被视为拉美合作重要机制的南美国家联盟（UN-ASUR）如今也已名存实亡；2011 年成立的西半球最大的一体化组织"拉美和加勒比国家共同体"虽然囊括地区所有 33 个国家，但并不灵活、精简与高效。拉美国家发展水平不一、利益诉求各异，导致内部凝聚力不够。近年来拉美中右翼政治力量上台，地区格局出现新的变化，挑战了原先以左翼民粹主义政党为主流的政治生态。一些国家的选举成为彼此攻讦的把戏，其对国家发展置之不顾。

如果说非洲是先天不足，那么拉美就是千疮百孔。非洲什么都没有，一切都需要重新建立，更像是一张白纸。而拉美曾一度是西方投资人眼中的热土，20 世纪 80 年代债务危机爆发，拉美元气大伤，至今仍然受到那时遗留的经济负担的拖累。"改造拉美"的成本显然高于"新建非洲"。拉美自身问题严重，不能像非洲那样逐渐成为大国争抢的区域，因此拉美对德国而言，优先性地位较低。拉美低迷的经济和随时可能下调的经济预期使德国企业不愿在拉美进行过多的经济活动。虽然一些拉美国家提供相对较好的保护外国直接投资的法规，德国还与除巴西和哥伦比亚以外的地区大国签订了双边投资条约，但是投资依然存在障碍，比如个别国家经常改变税收制度，平白增加德国企业的成本，使之望而却步。同时，美国在拉美地区的影响力巨大，而且为实现其私利而不断采取内部分化政策，培植亲美力量，制造拉美国家内部紧张。德国无法通过积极有为的拉美政策，实现其政治地位的提升。

因此，德国与拉美的关系大体上还是以贸易为主，以德国的需求为导向。拉美是世界上工业和能源部门最重要的原材料供应地之一，世界上大约一半的锂、银和金在拉美。除了丰富的原材料外，拉丁美洲还有大片农业区。德国与拉美的贸易基本是围绕这些初级产品而进行的。当然，拉美人口超过 6.5 亿人，其中大部分是年轻人，居住在 2000 万平方公里的地区，面积几乎是欧盟的 5 倍。这为德国向拉丁美洲出口创新技术或在当地进行生产提供了机会，尤其是在机械工程、农业、医疗保健、运输、采矿、石油和天然气以及能源等行业领域。现代化的工业和多元化的经济有助于将大部分拉美人口融入劳动力市场，使之更加繁荣，减少社会紧张。但德国的理想似乎与现实间有很大的差距，德国在该地区的投资仅为其对外投资的 3%。德国今天对拉美的出口与二十年前相比增量不大，在一些国家甚至逐年下降。[①] 图 6-3 为 1997~2017 年美国、中国与德国在拉美投资的复合年增长率变化情况。"拉美魔咒"不仅困扰着拉美，也让德国观望不前。

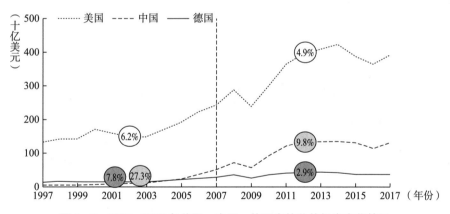

图 6-3 1997~2017 年美国、中国、德国在拉美的投资变化情况

注：圆圈中数据为 1997~2007 年与 2008~2017 年的复合年增长率。

资料来源：Lateinamerika-Ausschuss der Deutschen Wirtschaft, McKinsey & Company, "CEO Agenda for Germany's Economic Cooperation with Latin America and the Caribbean," 2019, https://ladw.de/wp-content/uploads/2019/05/Publication-LADW-McKinsey.pdf。

根据联邦统计数据，2018 年德国对拉美的出口总额为 346 亿欧元，约

---

① Centurion Plus, *Trade and Investment Relations between Latin America and Germany*, June 6, 2021, https://centurionlgplus.com/trade-latin-america-germany/.

占德国出口商品总额的 2.6%。德国对智利的出口增长 16%，达到 27 亿欧元，对墨西哥的出口也以 139 亿欧元的总额和 8% 的增长交出不错的答卷，这使墨西哥再次成为德国在该地区最重要的出口对象。然而，2018 年德国对委内瑞拉的出口下降了 26%，对哥伦比亚的出口也下降了 11%。这说明德国与拉美国家的经济关系持续性不足、稳定性不佳，容易受到很多因素的干扰。而且，德国对墨西哥和巴西两个国家的出口就占据了德国在该地区总出口的 2/3。① 图 6 - 4 展示了德国对拉美各国的投资情况。

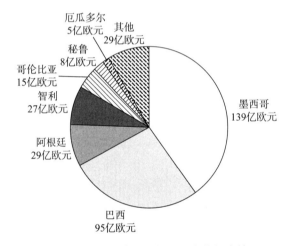

图 6 - 4   2018 年德国对拉美国家的投资情况

资料来源：德国联邦统计局。

因此，与非洲完全不同，德国对拉美不仅不是全方位的关注，而且在经济合作上也没有充足的动力。2019 年，欧盟与南方共同市场（阿根廷、巴西、巴拉圭和乌拉圭）结束了 20 年的谈判历程，达成全面的自由贸易协议，该协议覆盖 7.8 亿人口。德国似乎意识到欧盟—南方共同市场协议可能会促进提高德国在地区潜在的影响力，便抓紧布局。德国的策略是，通过积极推动欧盟—南方共同市场协议的批准和生效，以欧盟整体之力，加持德国与拉美的经济合作。这一策略还有助于维持德国与地区重要的经济伙伴的经济关系，如巴西，并拓展在拉美其他国家的经济网络。因此在 2019 年，德国主持并召开了有二十多个拉美和加勒比国家外长参加的会

---

① 参见德国联邦外贸与投资署数据，https://www.gtai.de/gtai-de/trade/wirtschaftsumfeld/bericht-wirtschaftsumfeld/mexiko/deutscher-export-nach-lateinamerika-steigt-langsamer - 154408。

议，提出新的外交倡议，规划了德国与拉美地区未来的合作纲要，在经济、文化、妇女权益、气候变化等领域展开了富有成效的对话。此外，2019 年以来还有一系列部长级会谈和双边会晤举行。当然，这段时期的密集外交行动可以视为德国"后默克尔时代"拉美战略布局的开端，但似乎也不应有过多期待。德国已明显地将战略视野从亚太转向印太，与美、法等盟友保持一致步调，同时印太地区又是全球增长的引擎，因此印太地区才是未来大国竞逐的主战场。

第二节 冒险家的新航路：德国的"印太指针"

印度洋—太平洋地区（Indo-Pacific）本是生物地理学上世界海洋动物区系的一个分区，或称印度洋—太平洋暖池（Indo-Pacific Warm Pool），大约位于北纬 40 度与南纬 40 度之间。印太作为一个政治概念或国际关系概念，最早是在 2005 年左右被提出的，当时被印度和澳大利亚的国际关系学者与政策专家所使用，随后被两国政府接纳。紧随其后的是日本，日本首相安倍晋三在 2007 年在印度议会发表的题为"两海交汇"的演讲中也提出这一概念，后来围绕"自由开放的印度洋—太平洋（Free and Open Indo-Pacific）"的理念形成了相关政策。在美国，"印太"在 2011 年进入其外交政策词典，是在美国奥巴马政府"重返亚太"政策实施背景下产生的。在特朗普政府时期，美国在 2017 年总统访问该地区期间将"自由开放的印度洋—太平洋"作为政策概念主流化。随后西方国家越来越多地接受这一概念。2018 年 5 月 2 日，在澳大利亚花园岛海军基地，法国总统马克龙介绍了法国在印太地区的战略，随后法国国防部在政策文件中阐述了其主要聚焦于安全领域的印太构想。2020 年 9 月，德国外交部发布了一份德国的印太政策文件。2020 年 11 月，荷兰外交部也发布了其印太政策。2021 年 5 月，欧盟理事会发布《欧盟印太合作战略报告》，表达了对印太地区的关切。英国政府也已经表示"印太转向"是其脱欧后"全球英国"战略的一部分。

除了南亚、东南亚国家已然成为全球经济增长热土这一原因外，对抗中国也是一个重要的原因。美国借南海问题、台湾问题、中印边界问题等大做文章，企图挑拨中国与邻国的关系，不仅对中国的海上贸易和能源运输造成威胁，还声称中国破坏了南海的"航行自由"。虽然美国共和党与民主党在诸多问题上存在严重矛盾，但在对华关系上具有高度一致性。2021年1月16日，美国副总统迈克·彭斯（Mike Pence）在离任前的公开讲话充分表明了这一点。

他说："自由开放的印太地区对美国的繁荣与安全至关重要，经过几代人的共同努力，美国携手盟友捍卫了亚太地区国家的航行自由和利益，而中国则通过军事挑衅和债务外交来扩大其在该地区的影响力。作为比以往任何时候都更为重要的新一届政府，拜登应该继续坚持我们已付出的努力，对抗中国的军事侵略和贸易滥用，坚定支持自由开放的印太，将美国和热爱自由的盟友放在第一位。"①

诚然，自拜登上台以来，虽然对特朗普政府实施的政策几乎做了全盘否定，但在对华政策上坚持两党共识，并没有做出显著改善中美关系的尝试。拜登不仅延续了特朗普的印太政策，还似有变本加厉之势。2021年3月，美、日、印、澳举行"四国峰会"，这次峰会是"四边安全对话"于2004年成立后，首次从外交级别会议上升到政府首脑级别会议。表明美国新政府对印太关注的强化。同时，在一些与区域国家代表举行的双边会晤中，美国也不失时机地灌输其反华理念。而英、法、美等德国的盟友也先后表示，已派军舰或将派出军舰到南海航行，施压中国。因此，西方国家的印太战略在一定程度上为美国遏制中国而服务。

一 德国亚洲政策的变迁：从亚太到印太

自两德统一以来，中国就处于德国亚洲政策的中心位置。1993年5月，德国发布《德国的亚洲政策纲要》文件，并成立"德国亚太经济委员会"。德国认为中国正在致力于国内建设，不仅需要持久和平的国际环境，还需要资金、技术与管理经验，德国可以从与中国的交往中获益。德国提出了若干指导德中经济合作的具体措施，鼓励德国企业到中国投资。截至1998年，世界500强中的德国企业都在中国进行了投资，西门子、奔驰、大众、拜耳等耳熟能详的德国企业为中国的经济增长发挥了重要作用。整个20世纪90年代，德国在亚洲战略中对中国的倾斜都是十分明显的，虽

---

① C-span, "Vice President Pence Remarks on Trump Administration Foreign Policy Achievements," January 16, 2021, https://www.c-span.org/video/？508048-1/vice-president-pence-remarks-trump-administration-foreign-policy-achievements.

然在政治领域存在一些问题，但这些问题都没有阻碍德中关系发展的大趋势。2002年，德国政府依据"9·11"事件后的新的国际形势，制定了新版《亚洲政策纲要》，纲要包括《东亚政策纲要》、《南亚政策纲要》和《东南亚/太平洋政策纲要》等部分，虽然文件中称东亚政策仍是德国亚洲政策的核心，但由于其他次区域重要性的相对提升，中国在德国亚洲政策的中心位置不可避免地遭到弱化。2007年，执政的联盟党议会党团推出"亚洲战略"文件，指出中国不仅是德国的合作伙伴，更与德国存在竞争性关系，德国应加强与日本、韩国、印度、澳大利亚、新西兰等国的互动。这份文件标志德国亚洲政策发生重大变化。2012年，德国政府公布"新伙伴关系理念"这一新的外交理念。德国提出将原有的以欧盟、北约和G8为重点的外交政策转向以增长动力巨大的新兴市场国家为重点。充满活力的亚洲自然成为德国这一"新伙伴关系"的重要落地区域，德国对东盟的投入随之增加。2015年，德国联邦经济合作与发展部发布"亚洲新政策"，要以气候保护、保持生物多样性、塑造符合社会和生态的市场经济、消除产生难民的根源等为合作领域。东南亚国家是德国合作的重点，中国在德国对外经济合作中的地位出现下降，体现德国的亚洲政策逐渐从"亚太"走向"印太"。德国推动的亚洲政策路线表明，德国试图与关系密切的中国保持距离，并加深与东南亚国家和日本等国的关系。表6-2列出了2015年德国联邦经济合作与发展部"亚洲新政策"的伙伴关系。

表6-2　2015年德国联邦经济合作与发展部"亚洲新政策"的伙伴关系

合作关系	国家
双边国家计划伙伴 （A类）	阿富汗、孟加拉国、柬埔寨、印度、印度尼西亚、吉尔吉斯斯坦、老挝、蒙古国、尼泊尔、巴基斯坦、塔吉克斯坦、乌兹别克斯坦、越南
重点区域或专项合作伙伴 （B类）	缅甸、菲律宾、斯里兰卡、东帝汶、哈萨克斯坦和土库曼斯坦
发展伙伴	中国

资料来源：德国联邦经济合作与发展部，"Die neue Asien-Politik des BMZ，"2015，https://www.bmz.de/en/news/publications/publikationen-reihen/strategiepapier355-05-2015-23736。

2020年9月，德国发布《印太指针》。德国外交部指明印太地区的重要性，称近几十年来，越南、中国、印度等国的经济增长迅速，印太地区的经济和政治重要性在增加，与此同时，印太地区的战略竞争也日益激烈，成为塑造 21 世纪国际秩序的关键，地缘政治权力结构的变化对德国产生了直接影响。按照外长马斯的话说，印太已成为德国"外交政策的优先事项"。这份文件的内容丰富，提出要在政治、经济、安全、教育、科学、文化等领域推动合作，体现了德国对印太地区一个较为综合的战略设计。文件指出，德国在印太的利益涉及和平与安全、国际关系的多样性、公海航线畅通、开放市场和自由贸易、数字互联互通、气候和生态保护等方面。德国在印太的政策和行动还必须遵循七大原则：第一，强调需通过欧盟框架统一行动，以更好地捍卫德国的利益；第二，强调多边主义；第三，重申基于规则的秩序，指出强权力量应该服从法律力量，努力维护《联合国海洋法公约》，维护航运自由；第四，促进联合国发展目标的实现，致力于《联合国 2030 年议程》设定的 17 个可持续发展目标，推进《巴黎气候协定》和《生物多样性公约》；第五，保护人权；第六，提出包容性的区域合作倡议，以应对共同挑战；第七，在二十国集团内开展涉及印太地区的第三方合作。因此，为了实现其利益目标，在遵守行动原则的前提下，德国在各个领域提出若干倡议，加强与相关方面的合作。

早在默克尔的第一个任期，当时执政的联盟党就推出过《印太战略白皮书》，认为德国在开展对外交往时，要考虑对方国家是否具有自由和民主价值观，因此得出结论：要与印度多合作，减少与中国的合作。不公的是，包括德国在内的美欧国家在全球主导的所谓"基于规则的秩序（rules based order）"本来就是西方规则，具有西方价值观，是要求后发国家拼命服从的秩序规则，因此西方与中国的冲突是必然的。人们想当然地认为德国《印太指针》是针对中国的。但德国的印太规划也多次提到与中国合作，如：要与中国合作实施气候保护与实现减排目标；以 2020 年联合国生物多样性大会为框架加强与中国的紧密合作；支持中国与东盟国家践行《南海各方行为宣言》；在军控与安全领域与中国展开对话；积极推进《中欧全面投资协定》；等等。因此，这份文件引发了持续的争论：德国的印太战略是为了遏制中国，还是不以任何国家为假想敌，只为了独立扩大自身影响力？德国到底有没有与美国打配合，合谋算计中国？

这份文件出台的时候，让德国备受折磨的特朗普依然是美国总统。特朗普政府的印太政策是针对中国的，这毋庸置疑。美国印太战略鲜明的特色体现为如下几点：以美国核心利益为优先考虑、以重构贸易网络为主攻方向、以加强与盟友的军事合作为制衡方式。[①] 在当时看来，美国的印太战略与德国的交集不大，美国也无意为盟友考虑。因此德国印太战略的制定动机更像是：独立于中美两国，拒绝与美国站队，也有意疏远中国，在地区扩大自己的影响力。但拜登上台后，美国在印太地区的战略发生变化，逐渐以自由民主价值为纽带笼络旧时盟友和伙伴、以重建民主国家的供应链为主打方向，这对德国在很大程度上具有吸引力。

在中美大国博弈的背景下，未来具体要怎么实施印太战略，主动权在德国。但中国作为地区攸关方，有提醒德国等域外大国的义务。"逆风放火——引火烧身"，如果想独善其身，就要继续推进地区的和平稳定。

二 印太"三剑客"：德国与东盟、日本和印度的关系

在印太区域，除中国之外，德国的重要伙伴主要有以东盟（ASEAN）成员国为代表的东南亚国家、日本和印度等。近年来，这些国家在德国对外关系中的重要性不断提升，这体现了德国今后一段时间的对外交往方向。

（一）与东盟的关系：憧憬未来

欧盟与东盟的伙伴关系是从 1977 年开始的。1996 年，由欧洲、亚洲及大洋洲国家参与的亚欧会议（ASEM）建立，目前发展为拥有 53 个成员国的大家庭。1997 年设立亚欧基金（Asia-Europe Foundation），德国提供了巨额资金，以推动记者交流、人权领域交流和艺术交流项目等。2005 年以来，德国资助东盟秘书处的资金高达 9700 万欧元，是全世界第五大东盟资助国。2009 年，德国任命了首位驻东盟大使。2016 年，德国获得欧盟国家中唯一的东盟发展伙伴（Development Partner）的地位。2019 年，德国加入《东南亚友好合作条约》，深化了与整个东南亚的关系。事实上，东盟在国际舞台上的位置变得越来越重要。1967 年成立之初，东盟 GDP 仅为200 亿美元，占全球经济的比重为 3.3%。2018 年东盟 GDP 达到 3 万亿美元，占全球经济的比重达 6.9%，目前为世界第五大经济体，在亚洲仅次于中国和日本。东盟经济增长常年保持平均 5.4%，远高于全球水平。新加坡总理李显龙预测，东盟到 2030 年将超越日本，成为世界第四大经济体。东盟的战略位置十分重要，每一年都有总价值约 5.3 万亿美元的贸易

---

① Ashley J. Tellis, "Waylaid by Contradictions: Evaluating Trump's Indo-Pacific Strategy," *The Washington Quarterly*, Vol. 43, No. 4, 2020, pp. 123 – 154.

通过东盟地区的海上航线，每天有 1500 万桶石油通过马六甲海峡。这个拥有约 6.5 亿人口的区域正在快速发展。① 2020 年，《区域全面经济伙伴关系协定》完成签署，2022 年 1 月 1 日正式生效，凸显了东盟在区域的经济领导作用。在这样的背景下，德国积极支持东盟一体化，主张加强与东南亚国家的合作。

在经贸领域，德国已与印度尼西亚、马来西亚、新加坡、泰国、越南等东南亚主要伙伴国家建立了良好的贸易和投资关系。2016 年，德国对东盟的出口额达到 240 亿美元。东南亚对集成电路、汽车、医疗器械等德国优势商品的需求巨大。德国从东盟的进口额为 335 亿美元，德国从东盟进口的主要商品为服装和鞋类产品等。②

在投资领域，除了大量投资亚洲开发银行（ADB），在 2015 年创建的亚洲基础设施投资银行（AIIB）中，德国也是出资较多的国家。德国热衷于参与社会保障和环境保护的项目。据亚洲开发银行预算，直到 2030 年，印太地区每年需要 1.4 万亿欧元投资于基建项目。③ 东南亚对德国资本的吸引力巨大，宝马、奔驰等公司在东南亚的投资逐渐增加。

在发展领域，德国通过德国国际合作机构（GIZ）、德国联邦物理技术研究院（PTB）和德国复兴信贷银行（KfW）等，在外交部和联邦经济合作与发展部的资助下，在农业、林业、港口、能源、基础设施等领域与东盟国家实施了各种发展项目。最近十年，德国对这些发展项目提供的资金总额约为 1.76 亿美元。④

在安全领域，德国始终力促阻止危机、化解冲突与推动和平。自 2014 年以来，德国为此投入印太地区的费用就达 1.29 亿欧元。例如，菲律宾南部棉兰老岛（Mindanao）基督徒族群与穆斯林族群之间发生暴力冲突，德国出面调停与资助，通过提供职业教育等方式让参与武装的人重回正常生活。

---

① 数据来源：世界银行数据库，https://www.worldbank.org/en/home。

② German Asia-Pacific Business Association, "Deutscher Handel mit Asien 2016 weiter im Aufw?rtstrend," Februar 24, 2017, https://www.oav.de/en/news/read-article/deutscher-handel-mit-asien-2016-weiter-im-aufwaertstrend.html.

③ 数据来源：亚洲开发银行，https://www.adb.org/publications/asia-infrastructure-needs。

④ Adyuta Banurasmi Balapradhana, "Germany Relations with ASEAN: From the Business Partner into the Main Development Partner," *The German Diplomat*, June 27, 2020, https://germandiplomat.com/2020/06/27/germany-relations-with-asean-from-the-business-partner-into-the-main-development-partner/.

在社会领域，德国积极支持东盟生物多样性中心（ACB），为东盟成员国制定保护区域生物多样性和应对气候变化的策略，还通过支持泰国的国家公园、野生动物和植物保护部（DNP）和德国亥姆霍兹环境研究中心（UFZ）的合作，在泰国与老挝实施生物多样性和生态系统的保护项目。德国还支持东盟灾害管理人道主义援助协调中心（AHA Centre）建设，以及东盟地区灾害应急模拟演习（ARDEX）开展的灾情管理和人道主义援助活动。

在第三方合作领域，德国也表现得十分积极。例如，参与北约的"伙伴遍布全球（Partners Across the Globe）"项目，与印太地区的澳大利亚、新西兰、日本和韩国等国一道，推进该地区的网络安全、海上安全、人道主义救援、自然灾害救援、遏制恐怖主义的活动，同时还开展妇女、青年等相关的社会交流项目。

从德国未来的战略规划来看，2017 年 1 月，首届东盟—德国发展伙伴关系委员会（AG-DPC）会议在东盟秘书处所在地雅加达举行，双方设定了未来可能合作的领域，如技术和技能培训、旅游、绿色和可再生能源、可持续发展等，德国还宣布要努力促进中小企业发展，推进人道主义援助和救灾、支持《东盟互联互通总体规划 2025》的实施和《第三份东盟一体化倡议（IAI）工作计划》等。2018 年 3 月，第二届东盟—德国发展伙伴关系委员会会议则描绘了更加具有远见的蓝图，以《东盟—德国发展伙伴关系务实合作领域 2018—2022》的文件形式划定了未来合作的重点领域。第一，在政治安全上，反恐、打击暴力极端主义和跨国犯罪是重点。此外，海上安全合作、促进地区和平与和解、加强善治和保护人权等都是未来德国与东盟合作的优先项。第二，在经济合作上，双方的合作包括促进贸易投资、促进中小微企业发展、开展粮农与林业合作、保障能源安全、发展旅游、进行创新和技术合作等。第三，在社会文化上，教育、文化交流、环境与气候变化、职业教育与技术培训、灾害管理和人道主义援助、扶贫等为双方重点关注之处。除了在这三个方面双方提出了具体的合作领域外，德国和东盟双方对第四、第五和第六方面，即互联互通合作、支持东盟缩小发展差距和推动一体化、推进可持续发展，还没有明确的战略规划。[①]

---

① 参见东盟网站，https://asean.org/wp-content/uploads/2017/04/PCA-for-ASEAN-Germany-Development-Partnership – 2018 – 2022. pdf。

实际上，由于德国在东南亚面临制度与文化差异、与中国等国的激烈竞争等，以及东南亚良好投资环境和产业链基础的建立尚需时日，此外社会政治局势不稳定的因素始终存在，这些都为德国与东南亚展开经济合作制造变数。2019 年双边贸易总额为 636 亿美元，与上年的 654.7 亿美元相比，下降 2.86%。德国对东盟的直接投资也出现负增长，从 2018 年的 13.6 亿美元下降到 2019 年的 2.6 亿美元。① 因此，德国与东南亚当前的合作倡议依然是面向未来的，是憧憬式的合作。德国显然看到了东南亚的潜力，也愿意投入精力布局，但这个过程肯定是长期的，是默克尔之后的德国需全方位打磨的印太战略的重要构成。

(二) 与印度的关系：善意忽视

所谓"雅利安人"的人种说并不能定义德国与印度关系的渊源，这只是种族主义者的不明就里的混淆。印度与德国的交往史大致可以追溯到 500 年前，有两条比较清晰地描绘德印关系的历史路径。第一条是贸易之路。16 世纪，来自奥格斯堡 (Augsburg) 的商人和银行家雅各布·富格 (Jakob Fugger) 赞助了第一艘前往果阿邦 (Goa) 的德国船只，开辟了德国和印度之间的贸易路线。随后这条贸易路线为德国带来了不尽的来自东方的珍稀货品。16 ~ 18 世纪，许多德国公司在印度和其他亚洲国家开设了商行，保证商品供应。19 世纪，德国西门子公司在加尔各答和伦敦之间建立了第一条电报线，这条电报线途经柏林。德国与印度的经贸往来更加便利化。第二条是文化之路。德国人对印度学的研究随着贸易关系的开拓而得到深入。17 世纪，被称作德国第一位印度学家与梵文学者的传教士海因里希·罗斯 (Heinrich Roth) 在印度长期生活，他精通梵语及印度哲学。但真正的印度学研究始于 19 世纪，著名学者有威廉·冯·洪堡 (Wilhelm von Humboldt)、施莱格尔兄弟 (Schlegel)、弗朗茨·波普 (Franz Bopp) 等。马克斯·穆勒 (Max Müller) 是其中最负盛名的一位，甚至于今天印度的歌德学院都被叫作"穆勒学院"。20 世纪 50 ~ 60 年代，许多印度男性来到德国接受教育，学习工程学，成为战后德国与印度关系的新开端。

可以看到，德国与印度之间没有政治上的瓜葛，这是由于印度曾一直在英国的殖民统治之下。印度的民族主义者曾想过与德国进行秘密合作，

---

① 参见东盟网站，https://asean.org/storage/2017/04/Overview-of-ASEAN-Germany-Development-Partnership-as-of-Sept – 2020.pdf。

以削弱大英帝国在印度的存在，但最后却无疾而终。二战结束后，印度是第一个与德国结束交战状态的国家，奠定了两国关系良好的政治基础。自2011年以来，德印政府磋商每两年举行一次。2017年，印度总理莫迪（Narendra Damodardas Modi）访问德国，强调"民主和多样性是基于规则的世界秩序真正得以建立的支柱"，认为"遵守这些规则很重要"①。莫迪的言辞与德国的价值观主导的外交不谋而合，使印度成为德国印太战略的重要伙伴国。但印度远非一个尊重人权、民主、法治与多元化的国家，特别是莫迪政府对穆斯林的打压广受德国人权组织的批评。但德国政府之所以对此视而不见，主要是因为德国与印度在政治上已经绑定。一来两国共同谋求安理会常任理事国席位；二来德国推行印太战略必须维护同"印度洋老大"的关系；三来与印度保持良好政治联系也是美国主导的"价值观同盟"的必然结果。令人诧异的是，印度作为人口庞大的国家，与德国之间的经济往来却很少。德国除了政治存在外，似乎难以拓展在该地区的经济存在。

虽然德国与印度在1955年就签订了第一份贸易协定，2001年又宣布建立"战略伙伴关系"，但两国的经贸往来直到2005年默克尔上台后才逐渐增多。2018年，德国对印度的出口额为125亿欧元，进口额为89亿欧元；2019年，德国对印度的出口额降至119亿欧元，对印度的进口额略有提升，达94亿欧元。2020年，德国对印度的出口和进口额双双下降，出口额为107亿欧元，进口额为84亿欧元。② 德国是印度在欧盟内最重要的贸易伙伴，是印度在全球的第七大贸易伙伴。但在德国的贸易伙伴排名中，印度仅仅居第25位。今天有1700多家德国公司活跃在印度，直接和间接地创造了约40万个工作岗位，在德国开展业务的印度公司也达到200多家。但德国对印度的投资额并不算多。2000年至2016年，德国对印度的直接投资额总计90亿欧元，而德国对中国的投资在2004年就已达到了这一水平。甚至于截止到2016年，连印度都对德国投资了总计65亿欧元。③ 图6-5展示了德国与印度之间的贸易变化。德国对印度的经济期待

---

① "Deutsch-indische Beziehungen sollen enger warden," Deutsche Welle, Mai 30, 2017, https://www. dw. com/de/deutsch-indische-beziehungen-sollen-enger-werden/a - 39041667.

② 参见德国联邦外贸与投资署数据，https://www. gtai. de/gtai-de/trade/wirtschaftsumfeld/meldung-wirtschaftsumfeld/indien/deutsch-indischer-handel-ist-2020-ruecklaeufig - 615514。

③ Rohit Singh, *India-Germany Trade and Investment Opportunities*, PHD Chamber, 2017.

虽高，但具体行动却很少，令印度感到头疼。

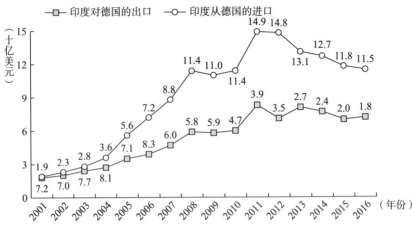

图 6 - 5　2001～2016 年印度与德国的贸易变化

资料来源：Rohit Singh，*India-Germany Trade and Investment Opportunities*，PHD Chamber，2017。

　　为了改变这一窘境，莫迪政府对内做了一系列改善经济环境的改革，对外则希望美欧国家加大对印度的经济投资力度。2017 年对德印关系而言似乎是重要的一年，当年莫迪两次访问德国，印度与德国的关系达到历史最佳。莫迪甚至夸张地表示，"印度和德国是天造地设的一对"。在 2017 年举行的德印首脑会议上，双方签署了 12 份各个领域的合作文件。[①] 借着这一良好势头，2019 年双方在各个领域共签署了 21 份合作协议或谅解备忘录，而且两国的合作逐渐走向新兴领域，如人工智能、智慧城市、城市绿色交通等。2021 年，在搁置了 8 年之后，印度与欧盟继续就印欧自贸协定展开谈判。

　　虽然两国在尝试改变原先的合作状况，但默克尔对印度的态度似乎依然不温不火。默克尔自上台以来，只在 2007 年、2011 年、2015 年和 2019 年访问过印度，基本保持每四年访问一次印度的惯例。默克尔清楚，德国与印度之间是存在经济互补性的。印度对德国的出口产品主要为劳动密集型消费品，对德出口占出口总额的 54%；印度从德国进口的 61% 的产品则

---

① Indrani Bagchi，"India and Germany Are Made for Each Other, Says PM Narendra Modi," *The Times of India*，May 31，2017，https://timesofindia.indiatimes.com/india/india-and-germany-are-made-for-each-other-says-pm-narendra-modi/articleshow/58916444.cms.

集中在资本商品上。① 此外，据世界银行的统计，目前约 11.3% 的印度人口生活在每天 1.9 美元的贫困线以下，47% 的人口每天可支配的生活费不足 3.2 美元。② 并且印度正处在排放严重的工业化进程中。这些事实对德国来说既构成了经济机遇，但也制造了难处。德国知道，印度的经济环境很难在短期内达到中国或东南亚国家的水平，投资印度在短期内将导致德国企业被迫付出更多的成本，除非莫迪有能力改善印度的经济环境。但到目前为止，莫迪推行的经济改革更像是"雷声大、雨点小"。如针对土地改革这一工业化发展的根本条件，莫迪先后三次提出动议，均遭到国内政治势力的否决。因此，《经济学人》杂志评述莫迪的改革为"幻觉（illusion）"，这种挪揄充分表达了西方国家对印度政治、经济与社会的总体看法。2021 年，疫情的打击更是使印度的经济雪上加霜。

早在冷战时期，就有德国外交官将德国与印度的双边关系描述为一种"善意忽视（benign neglect）"③。印度是一个大国，德国也乐于展开与印度的合作，并在多种场合表达合作的意愿，但行动上却不积极。这其实也是当前德国与印度关系的一个难题。随着德国印太战略的深入推行，德国对印度的重视程度肯定会有所提升，但德国到底在多大程度上愿意采取实际行动与印度展开务实合作，答案可能并不那么乐观，这需要印度首先彻底解决传统糟粕与现实发展的矛盾。

（三）与日本的关系：鲁卫之政

日本和德国的交往史始于明治维新的时代。明治维新之前，日本经历了长达两百年的闭关锁国。由于西方天主教的传入大大削弱了其统治根基，而葡萄牙和西班牙商人借宗教力量进入日本，日本的对外贸易迅速被葡、西两国商人垄断，天主教的传播范围也随之扩大，至 1582 年日本已有天主教徒 15 万人，教堂 200 所。④ 因此 1603 年德川幕府建立后，执行锁国政策。幕府末期，日本国内相对稳定的社会结构开始瓦解，阶级分化加速、阶级冲突出现，传统幕藩体制的国家形态在国体、政体及国家结构

---

① Rohit Singh, *India-Germany Trade and Investment Opportunities*, PHD Chamber, 2017.

② 数据来源 世界银行数据库：https://www.worldbank.org/en/home。

③ Gupta Das Amit, "Divide Nations: India and Germany," in Andreas Hilger & Corina R. Unger, eds., *India in the World Since 1947: National and Transnational Perspectives*, Frankfurt am Main: Peter Lang, 2012, p. 322.

④ 伊文成、马家骏主编《明治维新史》，辽宁教育出版社，1987，第 85 页。

等方面皆面临由国内各种社会政治力量之间矛盾冲突所产生的共同作用的危险，这种内部混乱的局面，为外部国家的介入提供机遇。1854年日本与美国签订《神奈川条约》，日本被迫打开大门。虽然此后一系列不平等条约使日本国家主权受到极大损害，且西方国家的政治与经济入侵也间接地加速了日本国内的阶级分化，激化社会矛盾，但日本却因西化而迅速崛起。1860年，普鲁士向日本派出使节，德日的官方接触开始了。

德日关系在一战时期经历了冲突，日本攫取了德国在亚洲的地缘利益。在二战时期，德国与日本结盟，深远地影响了20世纪的历史进程。二战后，两国在惨败后迅速复苏，被誉为"经济奇迹"。2011年，德日两国政府纪念德日交流150周年。讽刺的是，150年前的1861年，日本被迫接受的是一份致力于所谓睦邻友好和贸易通商的"不平等条约"。2021年，两国共同庆祝德日交流160周年。德国和日本举行了许多文化活动以纪念这一历史时刻。显然两国并不愿纠缠于双边关系起源的那段不平等的历史，这是因为当前的德国和日本在政治上具有深度交流和密切合作的特点。其一，作为自由和多元化的民主国家，德国和日本有着共同的基本价值观，在政治、经济和社会方面都具有多元性。其二，德国与日本合作最重要的多边论坛包括G7、G20、联合国、亚欧会议等，日本还是欧安组织和北约的重要伙伴，借由欧盟和东盟等提供的区域论坛场合，德国和日本还积极协调与自身利益相关的政策议题。其三，德国与日本对联合国安全理事会改革寄予厚望，希望能够成为安理会常任理事国，因此在政治上两国是报团取暖的。

在经济上，虽然日本是德国在亚洲的第二大贸易伙伴，但由于受2020年以来新冠疫情的影响，两国经贸往来骤然下降。2019年，德国与日本的贸易额为447亿欧元；2020年则下降至388亿欧元，其中，德国对日本的出口额为212亿欧元，下降16.8%，而德国从日本进口的商品总额为176亿欧元，下降14.9%。① 德国和日本由于工业模式和工业优势领域相近，都是具有竞争力的出口导向型经济体，不免存在市场竞争，最著名的当属德系车和日系车之争。也正是由于相似的经济结构和后工业时期相似的人口结构，两国面临相似的任务，如破解老龄化难题、推动数字化转型、促进可再生能源发展等，两国都需要依赖对方的专业知识，与中国等弯道超

---

① 数据来源：德国联邦统计局，https://www.destatis.de。

车的新兴国家展开较量。因此，德国和日本认为有必要在多方面进行密切合作，而不是扩大国际市场竞争。推进自由贸易、进一步消除贸易壁垒和实行自由汇率符合两国的共同利益。2019 年 2 月 1 日，日本与欧盟的经济伙伴关系协定（EPA）生效，这份日本与欧盟共同达成的自由贸易协定积极推动双向市场准入，为经济恢复创造条件。

在社会文化领域，德国人经常说"日本是亚洲的德国"，日本人也喜欢这种说法，他们也认为"德国是欧洲的日本"。这种民间的好感一方面来自相似的历史经历和相似的发展过程，另一方面也是民间积极推动的结果。目前，大约有 3 万名日本人住在德国，在这 3 万人中，有 7000 人仅居住在杜塞尔多夫，这座莱茵河畔的城市成为仅次于伦敦和巴黎的欧洲第三大日本人聚居区。自 1985 年以来，日德柏林中心（JDZB）对维护双边关系起到了重要作用，促进了政治、商业、文化和科学领域的双边交流等，日德柏林中心还是年度德日论坛（DJF）的德国秘书处所在地。此外，55 个日本的"日德社团"和 50 个德国的"德日社团"共同维护了两国在多个领域的友好往来。两国 800 多所大学有双边合作协议，为学术交流和人员往来创造条件。两国还有 50 对姐妹城市，其中柏林和东京的姐妹城市关系缔结于 1994 年，城市间的外事活动丰富多样。当代德国年轻人对日本的游戏、动漫和娱乐产业十分热衷，这些日本的优势文化资源为其在德国营造了一个良好的国际形象，两国有一个十分紧密的社会文化网络。

然而两国在政治、经济与社会文化方面的关系都不是特别突出的。最近两年来，德国和日本的军事合作关系出现了新的飞跃，这是"后默克尔时代"最值得关注的两国动向。一方面，军事是两国的禁忌，两国是曾给人类带来灾难的"轴心国"，两国的军事合作不免让世人感到疑虑。另一方面，两国的军事合作聚焦于印太地区，似有对抗中国之意。2020 年 12 月 15 日，德国国防部长卡伦鲍尔（Annegret Kramp-Karrenbauer）与日本防卫大臣岸信夫举行会谈，提出以共同价值观为纽带推进安全合作，德国表示想在印太地区展示更多的存在，如增加与各国的安全对话、加强军事演习、访问港口或海军基地，甚至表示积极研判向印太地区派遣海军舰艇事宜。德国有意与日本在网络防御和军队数字化等方面进行合作，日本则希望德国政府能够介入所谓的"航行自由"议题。2021 年 4 月 13 日，两国首次举行由外长与防长共同参加的"2＋2"会谈，德国也成为继英国、法国之后第三个与日本建立"2 + 2"机制的欧洲国家。2021 年 11 月，德国海军护卫舰"巴伐利亚"号访日，为德国军舰 20 年来首次来到日本。两国还与美国、加拿大和澳大利亚一起举行印太联合军演。

德国与日本的友好关系是顺理成章的，是从政府首脑级别到民间草根级别所共同维持的。值得关注的是两国的军事安全动向，特别是拜登上台后两国的价值观纽带更加紧密。德国将日本称为"价值观伙伴（Wertepartner）"，两国在安全领域虽没针对中国，但中国还是被德国与日本话里话外地影射，如德国提出"在印太地区建立以规则为基础的透明和包容的秩序"，"遵守自由贸易路线和领土完整规则，以及加强与民主伙伴关系符合德国和欧洲的利益"。① 中国就像"房间里的大象"——很大，无处不在。对抗中国将为德国和日本营造一种新的共同身份。至少将德国拖入反华包围圈是符合日本利益的，但是对德国是否有益处？答案可能恰恰是相反的。当然也有人认为，这似乎只是德国的一个与中国议价的筹码。无论何故，"后默克尔时代"的德国需要在涉华安全问题上小心谨慎，不能被美日等西方集团的反华国家彻底牵着鼻子走，要具备战略远见。

第三节 探索伊斯兰世界：前行中的德国

一 德国与伊斯兰世界交往的历史与现状

德国与伊斯兰世界的最早接触始于公元 788 年，穆斯林使节拜访了位于亚琛的查理曼大帝，从而使查理曼大帝与伊斯兰教第二十三代哈里发，同时也是阿拔斯王朝第五代哈里发的哈伦·拉希德（Harun al-Rashid）建立了良好联系。中世纪及近代早期，神圣罗马帝国不断受到来自东方的袭扰，特别是恐惧于奥斯曼土耳其帝国。18 世纪以来，得益于第一个伊斯兰聚居区在德国建立，德国与伊斯兰国家的交往逐渐频繁，与一些国家建立了外交关系，同时与奥斯曼帝国也保持了较为稳定的双边关系。德国统一后，1877 年德国驻君士坦丁堡大使馆开放；1915 年，德国本土落成了第一座真正意义上的清真寺。二战期间，与犹太人相比，德国的穆斯林并没有

---

① BMVg, "Konsultationen der Außen-und Verteidigungsminister Deutschlands und Japans," April 13, 2021, https://www.bmvg.de/de/presse/konsultationen-deutschland-japan – 5054610.

受到基于宗教的迫害。二战结束后，大量穆斯林移民作为劳动力而移居德国，成规模的穆斯林社区、组织团体等形成，在德国政治生活中已占有一席之地。2001年"9·11"事件后，德国出现反穆斯林的极端声浪，将恐怖主义与伊斯兰教画等号，局面愈演愈烈。2010年，时任德国总统的克里斯蒂安·伍尔夫（Christian Wulff）在德国统一20周年纪念活动中发表讲话称，"伊斯兰教属于德国"①。默克尔在难民危机来袭的2015年也表达了与伍尔夫的相同看法，甚至语气有所加强，称"伊斯兰教无疑（unzweifelhaft）属于德国"②。这种立场既受到多元价值的影响，也反映了德国人的忧心忡忡。因为多元文化已经对德国的稳定、团结与发展构成新的挑战，甚至引发社会问题，德国已经不能忽视那些曾经不被关注的现象。

　　一方面，德国与伊斯兰国家的交往总体上还是基于国家利益原则，维持双边经贸与能源关系，提供发展援助，进行文化交流等，这些都有助于德国获得其所预期能够实现的收益。相比于美国的咄咄逼人，德国对近东、中东国家的态度中立，主张外交斡旋以维护地区的稳定与和平，这有利于维护其商业利益。而德国安全上一直搭美国的"防务顺风车"，德国因此并非伊斯兰国家的仇视对象，这有利于维护德国国家形象。但另一方面，德国与伊斯兰国家的关系同德国其他对外关系不同，在很大程度上受到国内穆斯林群体的影响。这才是当前比较值得注意的问题。

　　·德国目前约有穆斯林550万人，占总人口的6.5%左右。穆斯林在2008年还只有400万人，当时只占德国人口的约5%。目前的调查表明，82%的穆斯林认为自己是非常虔诚的伊斯兰教信徒，他们与外部母国的关系十分微妙。③这些客居他国的少数民族被称为流散族裔（diaspora），由于战乱迁徙、政治变迁、天灾动荡等，流散族裔散居全球多地，但他们依然保有浓烈的故土情怀，无法完全同化于客居国，并且自认为无法被客居

---

① "Der Islam gehört zu Deutschland," *Handelsblatt*, Oktober 3, 2010, https://www.handelsblatt.com/politik/deutschland/wulff-rede-im-wortlaut-der-islam-gehoert-zu-deutschland/3553232.html?ticket=ST-853956-USARxleJ2RzrhtSebL2E-ap3.

② "Islam gehört unzweifelhaft zu Deutschland," *Abendblatt*, Juli 2, 2015, https://www.abendblatt.de/politik/article205435863/Islam-gehoert-unzweifelhaft-zu-Deutschland.html.

③ BAMF, "Muslimisches Leben in Deytschland 2020," April 28, 2021, https://www.bamf.de/SharedDocs/Anlagen/DE/Forschung/Forschungsberichte/fb38-muslimisches-leben.html; jsessionid=315DFFECC4D8BDBC7604BB3E0F0C60B1.internet551?nn=282388.

国完全接纳。① 流散族裔对母国有一种"长距离民族主义（long-distance Nationalism）"情绪，他们对故乡的"记忆、想象或迷思"是普遍存在的。他们认为，客居国的融合政策并不是多元主义的，而是主体民族的文化抹杀。不愿被同化的流散族裔建立社区将自己隔绝于主体民族，称为文化旅居（sojourner）。德国目前就面临这样的本土人与穆斯林社群之间的融合难题。因此，德国在处理国内穆斯林问题或展开与伊斯兰国家的交往时，都不能避开由母国、客居国与移民构筑的"三元关系（triadic nexus）"框架。②

二 德国在伊斯兰世界的战略利益

德国与伊斯兰国家的关系如何发展，在一定程度上受到国内穆斯林群体的驱动。当然，这并不能称为根本原因。德国开展与西亚、北非国家的关系，无论其趋势和走向如何，在更大程度上都是国家利益驱动的结果。

（一）政治利益

近年来，德国在利比亚危机、叙利亚危机等国际热点问题的斡旋议程中保持非常高的活跃度。即便面临美英等国的武力干涉，德国的参与还是提升了国际社会通过和平方式解决热点问题的可能性。叙利亚危机前期，美国通过支持叙利亚反对派打了较长时间的"代理人战争"，以期推翻阿萨德政权。美国同时还不断增兵叙利亚，协助当地库尔德人打击"伊斯兰国"。2017年以后，特朗普政府频繁以"化武威胁"为借口强势攻击叙利亚境内的目标点。2018年4月13日晚，美、英、法三国在未经联合国授权的情况下对叙利亚首都大马士革等地发起了以空袭为主的军事行动。德国明确拒绝参与对叙利亚的空袭，并在后续的叙利亚重建中提供大量援助。学者指出，德国之所以不参与空袭叙利亚的行动，主要原因在于叙利亚并非德国的核心利益范围，因此其选择道义支持。③ 这一基于所在国身

---

① Melvin Ember et al. , eds. , *Encyclopedia of Diasporas: Immigrant and Refugee Cultures around the World*, Berlin：Springer, 2004, pp. 35 – 36.

② Louk Hagendoorn, Hub Linssen, Sergei Tumanov, *Intergroup Relations in States of the Former Soviet Union: The Perception of Russians*, London：Psychology Press, 2013；Ammon Cheskin, "Identity and Integration of Russian Speakers in the Baltic States：A Framework for Analysis," *Ethnopolitics*, Vol. 14, No. 1, 2015, pp. 72 – 93.

③ 《空袭叙利亚，德国咋没参与？》，海外网，2018年4月17日，http：//m. haiwainet. cn/middle/3542938/2018/0417/content_31300240_1. html。

份定位的分析视角是有道理的。反过来，基于德国的主动性视角，这些非核心利益的问题能够为德国提供一定程度的政治利益，这可以用来解释为什么德国虽然不愿参与军事行动，但却积极运作，谋求显著的政治存在感。

在伊朗核问题的斡旋过程中，德国也充分展现了其政治抱负。2002年，国际原子能机构调查发现，伊朗正在进行核计划，这一事件引发伊朗"宿敌"以色列和美国的不安。为防止两国对伊朗采取军事行动，从而造成地区冲突和人员伤亡，德国联合英国、法国发出倡议，三国外长访问伊朗，进行谈判，最终伊朗同意不再进行铀浓缩活动。德国在以色列和伊朗之间扮演了关键调停者的角色。2005年马哈茂德·艾哈迈迪－内贾德（Mahmoud Ahmadi-Nejad）上台后，宣布重启铀浓缩活动，2006年联合国五大常任理事国和德国共同形成了伊核问题的六国磋商机制。德国的国际地位大大提升。在随后近十年的外交磋商中，德国既努力保证了美国不采用单边的武力手段，又在俄罗斯与西方关系紧张的背景下挽留了俄罗斯，使伊核问题的解决能够充分得到大国的参与。2015年7月14日，在伊朗核问题最后阶段谈判中，各方终于达成历史性的全面协议。德国随即派出以联邦经济部长兼副总理西格马尔·加布里尔为首的代表团，其成为伊核协议达成之后首位访问伊朗的西方高官。[①] 德国的政治影响力逐渐得到世界的认可。德国还利用这种公认的"调停者"身份，多次成功促成巴勒斯坦和以色列交换战俘。

此外，在阿富汗驻军虽然在德国国内有非议之声，但在一定程度上也实现了德国政治影响力的拓展，帮助德国推行其价值观。"9·11"事件后，美国在阿富汗的行动得到联合国的授权，北约安全部队的驻扎也得到了阿富汗政府的授权，德国联邦议院于是批准1200名德国联邦国防军官兵参与阿富汗的国际维和行动以及战斗任务。2006年，驻阿德军曝出亵渎阿富汗人遗骸的"骷髅门"事件后，总理默克尔大为震惊，称之为"令人厌恶的行径"，外长施泰因迈尔亲赴喀布尔向阿富汗政府致歉，表示将严加惩戒以捍卫德国价值观。2009年7月，为了保障阿富汗的民主选举，德国向塔利班武装展开了前所未有的攻势。这一大规模军事行动被认为是德国

---

① 郑春荣：《伊核问题上，不容忽视的德国角色》，《世界知识》2015年第18期，第50～51页。

捍卫阿富汗来之不易的民主价值的体现。无论德国在阿富汗的行动受到多大的非议，但与美国、英国相比，德国的行动都是克制自律的，而非霸权主义的。① 这有助于以一种良好的形象提升德国的国际政治地位。

（二）经济利益

德国在伊斯兰国家中的经济利益不断增加。2018 年德国与西亚、北非阿拉伯国家的双边经贸总额接近 430 亿欧元。德国从该地区的进口额同比增长 9.6% 至 126 亿欧元，但德国的出口额下降了 17.4% 至 302.8 亿欧元。2019 年，德国与西亚、北非阿拉伯国家的双边经贸总额自 2015 年以来大幅增加，接近 444 亿欧元，其中，进口额增长 3.3% 至 129.6 亿欧元，出口额增长 3.2% 至 314.2 亿欧元。近年来，德国从伊斯兰世界进口的显著增加主要是由于与利比亚的石油贸易。作为传统上德国重要的石油供应国，2018 年利比亚对德国的出口总额增加了 38.4%，达 34.4 亿欧元。突尼斯、埃及、摩洛哥、阿联酋、沙特和伊拉克等石油供应国的排名紧随其后。2019 年德国从利比亚进口的石油又增长 14.1%，达到 39 亿欧元。② 但是随着全球能源转型导致石油价格下跌等，德国正在减少对阿拉伯国家的石油需求，这将在未来抑制德国与地区国家的经贸关系。另外一些投资项目也在短期内推动了德国与相关国家的经贸往来，如 2018 年西门子在埃及建造的三座大型燃气发电厂实现交付，这为当年德国与埃及的经济数据增添了漂亮的一笔。但是囿于西亚、北非国家政治不稳定、产业链失衡、消费需求不足等限制性因素，德国与地区国家的经贸往来仍具有不确定性。

在目前阿拉伯地区的贸易伙伴中，阿联酋和沙特分居第一位和第二位。自 2004 年 4 月德国与阿联酋达成战略伙伴关系以后，阿联酋与德国的经贸往来不断增加，2020 年双边贸易额为 75.1 亿欧元。③ 德国重要的出口商品是飞机、汽车、机械以及电气和化学产品。德国主要从阿联酋进口铝制品和石化产品等。2019 年阿联酋阿布扎比王储谢赫·穆罕默德·本·扎耶德·阿勒纳哈扬（Sheikh Mohamed bin Zayed bin Sultan Al Nahyan）访问德国，两国签署新的合作意向书，为未来的增长奠定基础。德国与沙特

① 钮松：《德国中东政策与欧盟中东政策的相互影响》，《德国研究》2010 年第 1 期，第 12 ~ 18 页。
② 数据来源：德国联邦统计局，https://www.destatis.de。
③ 数据来源：德国联邦统计局，https://www.destatis.de。

的贸易结构大体和德国与阿联酋的贸易结构类似。此外德国与土耳其的贸易也保持了良好势头，2019 年经贸总额达到 334 亿欧元，2020 年两国顶住疫情压力，实现了经贸总额的增长，达到 366 亿欧元。自 1980 年以来，德国在土耳其的投资总额达到 155 亿美元，德国成为土耳其的最大投资国。①

实际上，德国在伊斯兰世界的经济利益主要有如下特征。第一，贸易领域集中于石油进口。第二，只与个别贸易伙伴往来密切。第三，影响贸易关系稳定性的因素较多。第四，军售是德国与阿拉伯国家贸易的"灰色领域"。德国被认为是世界第五大武器出口国。2014 年起，德国联邦安全委员会批准了对阿拉伯国家的大量武器出口，理由是这些国家必须保护其免受"伊斯兰国"恐怖组织的威胁，包括阿联酋、卡塔尔、约旦、沙特等。虽然德国政府会根据对象国的局势调整其军售政策，如 2018 年初决定不再向沙特等参与也门战争的国家出口武器，但还是有军备可以通过其他途径得到销售批准，从而绕过出口禁令。在军备贸易方面，德国向欧盟和北约以外的一百余个国家出售军备，中东国家政治动乱严重，对武器装备需求巨大。2020 年，德国联邦安全委员会批准了价值 58 亿欧元的军备出口许可证，其中对欧盟国家的出口占 32.7%，对北约国家的出口占 17.2%，对第三国的出口占 50.1%，其中中东国家占比较大。② 德国的军售始终在经济利益和道德良知的两端不断摆动，这是一个非常具有政治争议性的问题。绿党籍女外长贝尔伯克刚一上任，就宣布要对德国武器出口的管制进行改革，声称要避免武器落入侵犯人权的政权之手。这一新措施使默克尔十分尴尬，因其任内最后几天刚批准了数十亿欧元的军火出口。

（三）安全利益

在德国，穆斯林人口处于不断增加的过程中，2015 年至 2019 年，人数增加了约 90 万人。当然，其中很大一部分的增长人口是由难民危机带来的，这表明了德国人口结构逐渐发生变化。但是研究发现，穆斯林社群非常多样化。大约 70% 的人遵守伊斯兰教的饮食规则；39% 的人每天做祷

---

① 数据来源：德国联邦统计局，https://www.destatis.de。

② 参见联邦经济事务与能源部《2020 年武器出口报告》（*Rüstungsexport Bericht 2020*），https://www.bmwk.de/Redaktion/DE/Publikationen/Aussenwirtschaft/ruestungsexporte-bmwi – 070221. pdf?_blob = publicationFile&v = 1。

告,而 1/4 的人从来没有做过;另有不到 1/3 的女性戴头巾,其中大多数是 66 岁以上的女性。同时,即便移民来自伊斯兰教国家,也并非所有人都信教,10% 的人认为自己是无神论者或不可知论者。[①] 即便德国的穆斯林社群出现"本土化"现象,但联邦政府依然警惕本国的穆斯林社群受到外国政府的影响。通过近年的统计数据可以看到,土耳其、东南欧、近东、中东、北非都是德国穆斯林人口的重要来源地,如图 6-6 所示。其中,土耳其为德国穆斯林人口的最大来源地。

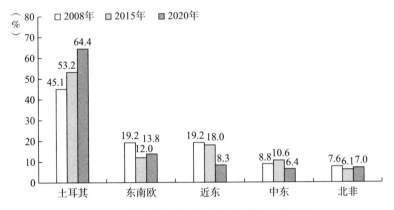

图 6-6 德国穆斯林人口的来源地占比及变化

资料来源:德国联邦移民与难民局。

从欧洲层面来看,皮尤研究中心 2017 年的数据指出,希腊对穆斯林难民及移民的担忧达到 67%,匈牙利为 66%,意大利为 65%;法国对恐怖袭击的忧虑为 88%,意大利为 85%,德国为 77%。[②] 德国人认为难民危机和恐怖组织同样危险,波兰人认为移民和难民的涌入提高了本土恐袭概率。欧洲大多数人认为难民的涌入提升了恐怖袭击发生的可能性。[③] 对此,欧洲开始加大关注如何防范恐怖分子的问题,特别是穆斯林群体中的恐怖分子,如英国设立了旨在发现危险目标个体、评估威胁等级及对危险人群

① BAMF,"Muslimisches Leben in Deytschland 2020," April 28, 2021, https://www.bamf.de/SharedDocs/Anlagen/DE/Forschung/Forschungsberichte/fb38 - muslimisches-leben.pdf; jsessionid = ECF36D7B14060F4A85B61C7DFE93694D. internet551? __ blob = publicationFile&v = 12.

② 参见皮尤研究中心 2017 年 8 月报告,http://assets.pewresearch.org/wp-content/uploads/sites/2/2017/07/31101043/Pew-Research-Center_ 2017.07.13 _ Global-Threats_ Full-Report.pdf。

③ 参见皮尤研究中心 2016 年 9 月报告,http://www.pewresearch.org/fact-tank/2016/09/16/european-opinions-of-the-refugee-crisis-in-5-charts/。

施以援手的"渠道项目（Channel）";① 德国也设立了"民主生活（Demokratie Leben）"项目，通过对极端分子的教育等方式试图将他们感化。恐怖袭击事件不断升级，去极端化（de-radicalization）等相关防御研究也在欧洲多国不断展开，以保障社会安全。虽然2014年之后欧洲出现了一波较大规模的恐怖袭击事件，但很多研究都发现，恐袭的增多不能完全归咎于所谓的伊斯兰极端主义。随着穆斯林群体在欧洲的规模日益扩大，本土人发现其政治影响力日趋不可小视。

早在默克尔的第一个任期内，德国就意识到外国政府越来越有可能干预德国内部政治。2006年默克尔责成当时的内政部长沃尔夫冈·朔伊布勒（Wolfgang Schäuble）发起成立了德国伊斯兰会议（Deutscher Islam Konferenz），标志着德国政府与居住在德国的穆斯林之间长期对话的开始，以实现"穆斯林人群中更好的宗教和社会政治融合、所有德国人之间的良好合作，无论信仰如何"②。2006年开始的第一阶段工作包括加强穆斯林群体对德国社会秩序和价值观共识的理解、加强穆斯林群体对宪法中宗教问题的理解、加强商业与媒体领域对穆斯林群体的公平对待等。2010年开始的第二阶段工作包括在政府与穆斯林群体间建立制度化合作、努力推进性别平等、防止极端主义和激进主义等。2014年开始的第三阶段工作包括关注社会福利问题、教牧关怀与合法参与宗教活动等方面。自2018年以来，第四阶段工作已经开始，德国继续在神职人员培训、加强社群开放、加强穆斯林与犹太人社区的交流方面努力。③ 德国认为，只有坚持不懈地推进融合政策，才能阻断外国势力对德国政治干预的可能。这一"既内又外"的挑战是德国未来长期面临的难题。

但我们也不能忽视的是，现有的多元文化的融合策略并不被看好。德国国内一直有推动"主导文化（Leitkultur）"的声音，主张用德国的传统价值观来抵抗移民文化。支持者认为，德国的欧洲特征和价值观不可侵犯，德国不能被外来者改变；移民数量应被严格控制，且移民要受到德国

---

① Uriya Shavit & Sören Andersen, "Can Western Muslims be De-radicalized?" *Middle East Quarterly*, Vol. 23, No. 4, 2016, pp. 1 – 10.

② 德国伊斯兰会议网站，https://www.deutsche-islam-konferenz.de/DE/Startseite/startseite_node.html。

③ 参见德国伊斯兰会议网站，https://www.deutsche-islam-konferenz.de/DE/Startseite/startseite_node.html。

的价值同化。推动"主导文化"的观点在 2000 年刚提出的时候显得离经叛道、格格不入。但如今,其倡导者弗里德里希·默茨(Friedrich Merz)都成为曾经"拥抱难民"的联盟党的主席。主流转右,大势不可改矣。

三 德国与土耳其的关系

在默克尔 2021 年 10 月的"告别之旅"中,土耳其是访问的目的地之一。她试图向新政府传达的是,土耳其是未来中东政策的关键之一。

1961 年,西德与土耳其签署劳工协议,土耳其人开始大规模地以劳工身份进入德国,随后便成为德国最大的穆斯林群体来源国。如果加上库尔德人、亚美尼亚人等非穆斯林人口,来自土耳其的各类移民总计约有 700 万人。[1] 移民或二代移民在德国出生,婚育,终老,他们的亲人、好友也从土耳其老家来到德国,重复着相同的生活,但很多人没有把德国视为自己的国家。这充分反映了土耳其人的文化融合难题。根据柏林人口与发展研究所(Berlin-Institut für Bevölkerung und Entwicklung)2009 年的一项研究,德国的土耳其移民是迄今为止融合程度最低的移民群体。[2] 根据 2010 年的一项统计,1/5 的土耳其移民不会讲德语,年轻的土耳其移民的受教育水平较低。[3] 土耳其移民无论是就业率还是收入水平,均低于平均水平。土耳其移民的现状也是穆斯林群体的一个集中体现。但不同的是,土耳其移民拥有强大的母国。土耳其正在通过特殊的政治手段,在德国施加影响。

2017 年,土耳其进行修宪公投,要改共和制为总统制,以强化总统的个人权力与威望,甚至还要求恢复死刑,这显然与德国的价值观背道而驰。土耳其不断在海外进行宣传活动,希望在德国进行公开的政治动员,以争取在德土耳其人的支持,但多场宣传活动被德国叫停,土耳其因此与

---

① George K. Zestos & Rachel N. Cooke, "Challenges for the EU as Germany Approaches Recession," *Levy Economics Institute Working Paper*, No. 948, 2020, http://www.levyinstitute.org/pubs/wp_948.pdf.

② "Migranten-Studie: Türken sind mit Abstand am schlechtesten integriert," *Spiegel*, Januar 24, 2009, https://www.spiegel.de/politik/deutschland/migranten-studie-tuerken-sind-mit-abstand-am-schlechtesten-integriert-a–603294.htm.

③ C. Lauer, D. Siems, D. Ehrentraut, "Türken sind die Sorgenkinder der Integration," *Die Welt*, April 17, 2010, https://www.welt.de/politik/deutschland/article7222075/Tuerken-sind-die-Sorgenkinder-der-Integration.html.

德国产生深刻矛盾。最终，德国同意在本土设置 13 处投票点，允许 140 万名有投票资格的土耳其人参加公投。同年，土耳其总统埃尔多安（Recep Tayyip Erdogan）因不满德国的民族政策，指责德国为"纳粹"，并通过其强大的海外威望煽动土耳其裔上街游行。2018 年，土耳其裔的德国足坛名将梅苏特·厄齐尔（Mesut Özil）因私下与埃尔多安会晤，被德国民众炮轰，厄齐尔最终宣布退出德国国家队。土耳其位于欧亚之间，与北非隔海而望，始终有恢复往日辉煌的大国梦想。德国一方面对土耳其没有好感，另一方面又不得不加强与土耳其的合作以解决叙利亚、利比亚等地区的问题。

正因如此，历届德国政府与土耳其的关系比较复杂，土耳其"入盟"问题是集中体现。1963 年土耳其与欧共体签署联系国协议；1987 年土耳其申请加入欧共体；1995 年土耳其与欧盟签署关税协定；1999 年土耳其正式成为欧盟候选国；2005 年欧盟启动与土耳其的入盟谈判。虽然土耳其的入盟进程不断取得进展，但土耳其与欧洲的价值观南辕北辙，目前遭遇严重困难。从德国方面看，科尔政府对此明确不支持；施罗德则因社民党拥有较多的土耳其裔选民，而选择支持；默克尔不仅明确不支持，还就亚美尼亚问题、库尔德问题、北塞浦路斯问题及土耳其国内的"民主倒退"而对土政府多次表示强烈不满。除此政治利益问题外，对德国而言还在另外两方面有不容忽视的利益。

首先，经济利益。2020 年德土双边贸易额为 366 亿欧元，德资在土耳其独立经营或参与经营了超过 7500 家企业。① 通过"双边经贸委员会"和"德国—土耳其能源论坛"等平台，在政治关系动荡的背景下，两国还是维持了较好的经济往来。其次，安全利益。土耳其是中东难民流向欧洲的最后一道关卡。2016 年土耳其与欧盟达成历史性的"难民协议"，欧盟提供 60 亿欧元的对土援助，换取土耳其遏制难民潮。随着近年双方关系恶化，土耳其又开始利用"难民武器"相威胁。说到底，由于加入欧盟的愿景被德国所阻挠，土耳其最终选择了更为多元的外交政策，希望发挥大国的主导性作用。② 土耳其与阿塞拜疆、哈萨克斯坦、土库曼斯坦、乌兹别

---

① 数据来源：德国外交部，https://www.auswaertiges-amt.de/de/aussenpolitik/laender/tuerkei-node/bilateral/201968。

② Burak Çopur, "Deutsch-türkische Beziehungen im Spiegel außenpolitischer Paradigmenwandel der Türkei（1998 – 2018），" *Zeitschrift für Außen-Sicherheitspolitik*, Bd. 11, 2018, S. 135 – 148.

克斯坦和吉尔吉斯斯坦参加的更名后的"突厥语国家组织"就是一例。德国让土耳其与欧盟渐行渐远,这种强行剥离联系的政策与其说是惩罚了土耳其,倒不如说是防碍了自己。

面临咄咄逼人的土耳其,德国逐渐失去了议价能力。早在 2019 年,面对在叙利亚北部打击库尔德工人党的土耳其,德国外长马斯就曾表示,如果因为叙利亚问题而将土耳其从北约除名,让土耳其投入俄罗斯的怀抱,这就是战略错误。① 德国显然意识到土耳其与欧盟渐行渐远的风险,但那时看已经为时已晚。作为欧洲的领导者,未来德国不是考虑如何"驯服"土耳其,反而应该考虑如何防止被利用各种武器的土耳其所"驯服"。

---

① 《德国外长:不能因叙问题将土耳其从北约推到俄中怀抱》,人民网,2019 年 11 月 7 日,https://baijiahao.baidu.com/s? id = 1649507451999237813&wfr = spider&for = pc。

结　语

> 人可能以两种方式使自身处于对立状态：或者当他的感情支配了他的原则的时候，成为野人；或者当他的原则破坏他的感情的时候，成为蛮人……只有在有能力和有资格用"自由的国家"代替"必然的国家"的民族那里，才会找到性格的完整性。
>
> ——席勒《审美教育书简》（第四封信）

人们对默克尔的东德身份有着非常浓厚的兴趣。有一些报端的声音认为，在东德的经历是默克尔最恨之入骨的人生回忆，称共产主义时期的经历是默克尔仇恨当下非自由世界的根源，言之凿凿。但默克尔对东德的一切从来都保持沉默，直到卸任仪式上她亲自挑选了那首来自东德的热门歌曲《你忘带彩色胶卷》——默克尔说，这首歌是她青年时代最精彩的回忆。她的眼里转瞬之间有了回望韶华的光彩。

顿时，人们恍然大悟，那些评论家终究还是错了。默克尔曾经的身份不是她的枷锁，反而是她深思这个世界、平衡两种逻辑的独特方式形成的根源。没有什么"二律背反"，更不在经验之外。只是身处柏拉图洞穴中的人们，被先验迷住了眼。

"后默克尔时代"还是来了，朔尔茨在"默克尔模仿秀"中胜出，他表现得像是默克尔的门徒，至少在外人看来，从手势姿态到话语风格，朔尔茨有意借鉴默克尔的成功经验。当然，这种路径依赖一般的评价似有不公，从新近的一些表现来看，朔尔茨当然有自己的性格、理念与抱负，只是他洞悉这个世界的方式，大体接近于几乎每位前任。

这种被称作"德式秩序感"的东西是会延续的,恰如威廉·亨尼斯(Wilhelm Hennis)的"德式国家观"的思索。① 一个强有力的、理性的、位于社会之上且对宗派化的社会利益具有免疫功能的理想国家,不仅对保守主义而言,而且对自由主义来说,都是思考的基准。② 这种政治哲学思考的意义在于,可能会有益于我们理解一种新的德意志特殊道路(Sonderweg)。

于是,本书想要说明的东西也很明了,即德国的对外关系是有历史延续性的,它是一个矛盾的混合体,是保守与开放、谋私与利他、民族观与世界观的融合。德国的对外行动并不取决于钟摆本身,而是钟摆的两端。德国的对外关系虽植根于西方,但其却往往独立于西方集团,自主地发展国家间关系。并且,非西方国家越来越成为德国关注的重点,这种关注是对德国外交传统的扭转。

在德国,有两个文化地理学词语:Abendland 和 Morgenland。前者为"日落之地",指代欧洲与西方;后者为"日升之地",指代中东、印度、中国等东方世界③。东方的崛起与西方的迟暮使这两个词语不再仅是地理学名词,而具有了深刻的国际政治内涵。在北美洲尚还是殖民地的 18 世纪早期,哲学家乔治·贝克莱(George Berkeley)就已看到了一个新的帝国文明的雏形,并留给后世一个西方历史中长久存在的理论观点:文明不断处于西迁的状态,从古希腊到古罗马,再到西欧,最终到美国。④ 这种观点只是在比较哪里的日落更晚一些罢了。西方人好像忽略了地球是圆的,本没有东西之分,只是人为的区隔造成世界的撕裂。

德国人不喜欢"文明"这个词,但还是想知道历史给国际政治带来了什么。在 2014 年默克尔六十大寿的生日会上,嘉宾们畅谈全球化时代的国际关系,讨论时空与人类命运的互动,以及政治生涯带来的人生感悟。在"六十而耳顺"的年纪,默克尔什么话都听得下去,更能辨明是非曲直。当天的默克尔没有接受任何礼物,只提出两个要求。一是请嘉宾们为白血

---

① Wilhelm Hennis, "Zum Problem der deutschen Staatsanschuung," *Vierteljarhshefte für Zeitgeschichte*, Bd. 7, 1959, S. 1–23.

② Jan-Werner Müller, *A Dangerous Mind. Carl Schmitt in Post War European Thought*, New Haven: Yale University Press, 2003.

③ Morgenland 虽特指近东,但随着概念的频繁使用,如今也远及东亚。

④ 参见 George Berkeley 的诗作 "On the Prospect of Planting Arts and Learning in America"。

病基金会募捐，二是请尤尔根·奥斯特哈默（Jürgen Osterhammel）这位历史学教授做一个关于历史和政治的演讲。值得思考的是，奥斯特哈默是一名中国史学家。

奥斯特哈默教授对默克尔说道："太阳不围绕着地球运行，历史不只关于民族国家、欧洲或'西方世界'。"他用大段的文字讲述中国的历史与政治变迁，娓娓道来。默克尔听得津津有味，她似乎想告诉德国，应该对非西方的国家时刻保持好奇心和感悟力，以及历史是会回归的，中国逐渐找回其光荣之路，悄然影射着德国的当下与未来。这亦是对"后默克尔时代"的德国政治家们的提醒与暗示。

参考文献

外文文献

Asmus, R. D. , "Rebuilding the Atlantic Alliance," *Foreign Affairs*, Vol. 82, No. 5, 2003, pp. 20 – 31.

Blumenwitz, Dieter, *Denk ich an Deutschland: Antworten auf die Deutsche Frage*, München: Bayerische Landeszentrale für politische Bildungsarbeit, 1989.

Böttger, Katrin, Mathias Jopp, "Fundamentals of German European Policy," *German European Policy Series*, Vol. 1, No. 17, 2017, pp. 1 – 11.

Brechtefeld, Jorg, "Mitteleuropa als Option deutscher Außenpolitik," *Welt Trends*, Bd. 6, 1995, S. 76 – 97.

Calleo, David P. , *The German Problem Reconsidered: Germany and the World Order, 1870 to the Present*, Cambridge: Cambridge University Press, 1978.

Çopur, Burak, "Deutsch-türkische Beziehungen im Spiegel außenpolitischer Paradigmenwandel der Türkei (1998 – 2018)," *Zeitschrift für Außen-Sicherheitspolitik*, Bd. 11, 2018, S. 135 – 148.

Engel, Ulf, Gorn Rye Olsen, eds. , *Africa and the North*, London and NY: Routledge, 2005.

Feld, Werner J. , *West Germany and the European Community: Changing Interests and Competing Policy Objectives*, Santa Barbara: Praeger, 1981.

Fischer, Joschka, *Risiko Deutschland: Krise und Zukuft der deutschen Politik*, Köln: Kiepenheuer und Witsch, 1994.

Forsberg, Thomas, "From Ostpolitik to 'Frostpolitik'? Merkel, Putin and German Foreign Policy towards Russia," *International Affairs*, Vol. 92, No. 1, 2016, pp. 21 – 42.

Grundmann, H., Hrsg., *Handbuch der Deutschen Geschichte*, München: dtv Verlag, Bd. 1, 1991.

Hacke, Christian, *Weltmacht wider Willen*, *Die Außenpolitik der Bundesrepublik Deutschland*, Frankfurt am Main: Ullstein, 1993.

Hanrieder, Wolfram F., ed., *West German Foreign Policy: 1949 – 1979*, Boulder: Westview Press, 1980.

Hellmann, Gunther, "Goodbye Bismarck? The Foreign Policy of Contemporary Germany," *Mershon International Studies Review*, Vol. 40, 1996, pp. 1 – 39.

Hendriks, Gisela, ed., *The Franco-German Axis in European Integration*, Cheltenham: Edward Elgar, 2001.

Hyde-Price, Adrian, *European Security in the Twenty-First Century: The Challenge of Multipolarity*, London: Routledge, 2007.

Kaiser, Karl, John Roper, eds., *Die Stille Allianz: deutsch-britische Sicherheitskooperation*, Bonn: Europa Union, 1987.

Kamp, Karl-Heinz, "Die Zukunft der deutsch-amerikanischen Sicherheitspartnerschaft," *Aus Politik und Zeitgeschichte*, Bd. 46, 2003, S. 16 – 22.

Katzenstein, Peter, *Policy and Politics in West Germany: The Growth of a Semi-sovereign State*, Philadelphia: Temple University Press, 1987.

Kirste, Knut, *Rollentheorie und Außenpolitikanalyse. Die USA und Deutschland als Zivilmächte*, Frankfurt/Main: Peter Lang, 1998.

Knapp, Manfred, Werner Link, Hans-Jürgen Schröder, Hrsg., *Die USA und Deutschland 1918 – 1975*, München: Beck Verlag, 1978.

Kohler-Koch, Beate, "Deutsche Einigung im Spannungsfeld internationaler Umbrüche," *Politische Vierteljahresschrift*, Bd. 32, 1991, S. 605 – 620.

Lees, Charles, "The 'Alternative for Germany': The Rise of Right-wing Populism at the Heart of Europe," *Politics*, Vol. 38, No. 3, 2018, pp. 295 – 310.

Lippert, Barbara, ed., *German Unification and EC Integration-German and British Perspectives*, London: Pinter Publishers, 1993.

Maull, Hanns W., "Germany and the Use of Force: Still a Civilian Power?"

Survival, Vol. 42, No. 2, 2000, pp. 56 – 80.

Merkl, Peter H. , *The Origin of the West German Republic*, Oxford: Oxford University Press, 1963.

Niclauß, Karlheinz, *Kanzlerdemokratie, Regierungsführung von Konrad Adenauer bis Angela Merkel*, Wiesbaden: Springer, 2015.

Overhaus, Marco, "In Search of a Post-Hegemonic Order: Germany, NATO and European Security and Defence Policy," *German Politics*, Vol. 13, No. 4, 2004, pp. 551 – 568.

Ratnner, Steven, "The Secret of German's Success," *Foreign Affairs*, July/August, 2011.

Rittberger, Volker, "Nach der Vereinigung-Deutschlands Stellung in der Welt," *Leviathan*, Bd. 20, 1992, S. 207 – 229.

Sandschneider, Eberhard, "Deutschland: Gestaltungsmacht in der Kontinuitätsfalle," *Aus Politik und Zeitgeschichte*, 2012, Bd. 5, S. 3 – 9.

Schöllgen, Gregor, "Die deutsche Außenpolitik in der Ära Schröder," *Aus Politik und Zeitgeschichte*, Bd. 32, 2005, S. 3 – 8.

Schwarz, Hans-Peter, *Helmut Kohl, Eine politische Biographie*, München: Deutsche Verlags-Anstalt, 2012.

Seitz, Konrad, "Deutschland und Europa in der Weltwirtschaft von morgen: Partner in der Triade oder Kolonie?" *Merkur*, Bd. 48, 1994, S. 828 – 849.

Senghaas, Dieter, "Deutschlands verflochtene Interessen," *Internationale Politik*, Bd. 50, 1995, S. 1 – 37.

Smyser, W. R. , *From Yalta to Berlin-The Cold War Struggle over Germany*, New York: St. Martin's Press, 1999.

Sperling, James, "Germany and America in the Twenty-first Century: Repeating the Post-War Patterns of Conflict and Cooperation," *German Politics*, Vol. 19, No. 1, 2010, pp. 53 – 71.

Stevenson, Patrick, Jenny Carl, *Language and Social Change in Central Europe: Discourses on Policy, Identity and the German Language*, Edinburgh: Edinburgh University Press, 2010.

Vogt, Martin, Hrsg. , *Deutsche Geschichte: Von den Anfängen bis zur Wiedervereinigung*, Stuttgart: J. B. Metzler Verlag, 1996.

中文文献

〔德〕埃米尔·路德维希：《德国人：一个民族的双重历史》，杨成绪、潘琪译，文汇出版社，2019。

〔英〕安东尼·史密斯：《全球化时代的民族与民族主义》，龚维斌、良警宇译，中央编译出版社，2002。

陈乐民主编《西方外交思想史》，中国社会科学出版社，1995。

顾俊礼：《德国（Germany）》，社会科学文献出版社，2007。

洪霞：《欧洲的灵魂：欧洲认同与民族国家的重新整合》，中国大百科全书出版社，2010。

黄永祥、代天宇主编《不要忘记德国》，中国城市出版社，1997。

李宏图：《西欧近代民族主义思潮研究——从启蒙运动到拿破仑时代》，上海社会科学院出版社，1997。

李乐曾：《历史问题与联邦德国外交政策的选择——以德法、德波和德以关系为例》，《德国研究》2015年第2期，第4~16页。

连玉如：《德国默克尔政府的外交与欧洲政策辨析》，《德国研究》2006年第1期，第15~20页。

孙恪勤、侯冠华：《德国对华政策中的美国因素》，《国际展望》2020年第5期，第23~45页。

〔德〕沃尔夫·勒佩尼斯：《德国历史中的文化诱惑》，刘春芳、高新华译，译林出版社，2010。

伍贻康等：《欧洲经济共同体》，人民出版社，1983。

辛蔷：《融入欧洲——二战后德国社会的转向》，上海社会科学院出版社，2005。

邢来顺、吴友达主编《德国通史》，江苏人民出版社，2019。

熊炜：《德国对华政策转变与默克尔的"外交遗产"》，《欧洲研究》2020年第6期，第1~15页。

熊炜：《德国"嵌入式崛起"的路径与困境》，《世界经济与政治》2021年第1期，第106~125页。

熊炜、姜昊：《"价值观外交"：德国新政府的外交基轴?》，《国际问题研究》2022年第1期，第105~131页。

杨解朴：《德国在欧盟角色的演变：从科尔到默克尔》，社会科学文献出版社，2022。

杨烨、高歌主编《冷战后德国与中东欧的关系》，社会科学文献出版社，2017。

张北根：《国民党与德国的关系（1912—1945）》，社会科学文献出版社，2017。

张海冰：《从"非洲契约"看德国对非洲政策的转型》，《西亚非洲》2019年第2期，第68~84页。

郑春荣：《德国安全政策新动向分析》，《欧洲研究》2017年第1期，第126~143页。

郑春荣、李乐曾主编《德国发展报告》，社会科学文献出版社，2012、2013、2014、2015、2016、2017、2018、2019、2020、2021。

郑春荣、周玲玲：《德国在欧洲难民危机中的表现、原因及其影响》，《同济大学学报》（社会科学版）2015年第6期，第30~39页。

朱绍中主编《德国在扩大的欧盟中》，同济大学出版社，2006。

图书在版编目（CIP）数据

走过"默克尔时代"：德国对外关系的理论与实践／
彭枭著. -- 北京：社会科学文献出版社，2023.10
（世界发展研究丛书）
ISBN 978 - 7 - 5228 - 2296 - 9

Ⅰ.①走…　Ⅱ.①彭…　Ⅲ.①对外关系 - 研究 - 德国
Ⅳ.①D851.602

中国国家版本馆 CIP 数据核字（2023）第 194071 号

世界发展研究丛书
走过"默克尔时代"
——德国对外关系的理论与实践

著　　者／彭　枭

出 版 人／冀祥德
责任编辑／郭白歌
文稿编辑／邹丹妮
责任印制／王京美

出　　版／社会科学文献出版社·国别区域分社（010）59367078
　　　　　地址：北京市北三环中路甲 29 号院华龙大厦　邮编：100029
　　　　　网址：www. ssap. com. cn
发　　行／社会科学文献出版社（010）59367028
印　　装／三河市尚艺印装有限公司

规　　格／开　本：787mm × 1092mm　1/16
　　　　　印　张：15.75　字　数：262 千字
版　　次／2023 年 10 月第 1 版　2023 年 10 月第 1 次印刷
书　　号／ISBN 978 - 7 - 5228 - 2296 - 9
定　　价／98.00 元

读者服务电话：4008918866